DEUTSCHLANDS BEKENNER

This is a volume in the Arno Press collection

THE ACADEMIC PROFESSION

Advisory Editor
Walter P. Metzger

Editorial Board
Dietrich Goldschmidt
A. H. Halsey
Martin Trow

See last pages of this volume
for a complete list of titles.

DEUTSCHLANDS BEKENNER

Hans Peter Bleuel

ARNO PRESS

A New York Times Company

New York / 1977

Editorial Supervision: MARIE STARECK

———◆———

Reprint Edition 1977 by Arno Press Inc.

Copyright © 1968 by Scherz Verlag

Reprinted by permission of Hans Peter Bleuel

THE ACADEMIC PROFESSION
ISBN for complete set: 0-405-10000-0
See last pages of this volume for titles.

Manufactured in the United States of America

———◆———

Library of Congress Cataloging in Publication Data

Bleuel, Hans Peter.
    Deutschlands Bekenner.

    (The Academic profession)
    Reprint of the ed. publshed by Scherz, Bern.
    Bibliography: p.
    Includes index.
    1. College teachers--Germany--Political activity
--History. 2. Germany--Politics and government--
20th century. I. Title. II. Series.
[LA727.B55 1977]   378.1'2'0943   76-55206
ISBN 0-405-10032-9

Deutschlands Bekenner

Hans Peter Bleuel

DEUTSCHLANDS BEKENNER

Professoren zwischen Kaiserreich
und Diktatur

Scherz
Bern München Wien

Inhalt

Vorwort

Auch als Universitäten, so sagte 1945 der Heidelberger Professor Karl Jaspers, haben wir 1933 unsere Würde verloren. Es hat in den ersten Jahren nach dem Kriege an deutschen Hochschulen ernsthafte Versuche gegeben, sich mit dem eigenen Verhalten zum Dritten Reich auseinanderzusetzen. Man suchte sich Rechenschaft abzulegen und die Erklärung zu finden, weshalb die Hochschulen und ihre Lehrer sich kampflos dem nationalsozialistischen Regime und seinen Lehren ausgeliefert hatten und damit vor ihren Grundgedanken der Wahrhaftigkeit und der Humanität schuldig geworden waren. Karl Jaspers hat in einer Rede vom August 1945 der deutschen Universität die Aufgabe ihrer Erneuerung gesetzt: Unsere in dieser Würdelosigkeit einzig noch bleibende Würde ist die Wahrhaftigkeit. Wir müssen Abstand nehmen von einer Vergangenheit um uns und in uns.

Die deutsche Universität, und das ist in diesem Falle die Gemeinschaft ihrer Lehrer, hat sich dieser Aufgabe nicht gestellt. Nur wenige Professoren waren bereit, einzusehen, daß ihre passive Haltung im Dritten Reich ein Versagen war, welches vielleicht sogar die Idee der Universität selbst, gewiß aber deren Auslegung durch ihre Lehrer in Frage stellte. Die Mehrzahl der Gelehrten jedoch rechtfertigte sich – wie seit Jahrzehnten – damit, nur der Wissenschaft verpflichtet zu sein und ihr mit unveränderter Wahrhaftigkeit gedient zu haben. Sie erklärten, in eine innere Emigration geflüchtet zu sein, weil äußerer Widerstand sinnlos gewesen sei. Sie beteuerten, niemals Anhänger, doch bald schon Gegner des Nationalsozialismus gewesen zu sein.

So verständlich oder sogar richtig diese Behauptungen im einzelnen waren, so verheerend waren ihre Folgen. Deutschlands Professoren lösten sich mit beklemmender Verständnislosigkeit von ihrer jüngsten Vergangenheit und knüpften mit unfaßbarer

Bedenkenlosigkeit an ihre Vorvergangenheit an. Die Diskussion um die Rolle der Universität im Dritten Reich schwand binnen weniger Jahre von der akademischen Tagesordnung. Zunächst in aller Stille, eingangs der fünfziger Jahre bereits in aller Ungeniertheit, restaurierten die deutschen Hochschulen ihre alten autonomen Rechte gegenüber dem Staat, ihre innere hierarchisch-autoritäre Struktur und ihr elitäres gesellschaftsfremdes Selbstverständnis.

Sie bewiesen dabei beachtliches Geschick. Erstens konnten sie sich auf das Ansehen stützen, welches das deutsche Bildungsvolk seinen Professoren auch über die Katastrophe des Tausendjährigen Reiches hinweg bewahrt hatte; sie wußten diesen Ruf in einer Nation schlechten Gewissens noch dadurch zu betonen, daß sie ihre wissenschaftliche Lauterkeit auch als eine geistig-moralische nahelegten. Zweitens war nach den schlechten Erfahrungen mit einem totalitären Staatssystem ihr Bekenntnis zu einer demokratischen Grundordnung durchaus glaubhaft und aufrichtig. Und drittens konnten sich die Hochschulen darauf berufen, mit dieser Restauration eine akademische Tradition fortzusetzen, die 1933 unterbrochen worden war. Was so zu verstehen war, als habe sich die so beschaffene Universität bereits in der ersten deutschen Republik bewährt. Aber gerade dies war nicht der Fall.

Durch ihre Haltung in den Jahren der Weimarer Republik sind Deutschlands Professoren zu Geburtshelfern des Dritten Reiches geworden. Sie wurden es, weil sie in rückwärts gewandten Denkgewohnheiten und in politischen Traditionen befangen waren, die mit einer demokratischen Gesellschaftsverfassung unvereinbar waren. Das Wort vom »unpolitischen Professor« paßt nicht auf die Hochschullehrer der Weimarer Zeit – wenn es überhaupt jemals in den vergangenen anderthalb Jahrhunderten zutraf. Die Professoren besaßen längst fest umrissene Auffassungen von ihrer Rolle in Staat und Gesellschaft, und sie verfügten über ausgeprägte Vorstellungen, wie Staat und Gesellschaft in Deutschland beschaffen sein sollten. Das Verhängnis war nur, daß diese Anschauungen sich immer weniger mit der Wirklichkeit der neu entstehenden pluralistischen Industriegesellschaft und ihrer politischen Ordnung deckten. Je größer dieser Widerspruch wurde, desto schärfer trat die politische Einstellung der Hochschullehrer, desto engagierter traten

8

die Professoren selbst hervor. Die Universitäten wurden zu einem Stück Vergangenheit in einer veränderten Welt.

Die deutschen Hochschulen haben es nach 1945 versäumt, sich diesen Widerspruch bewußt zu machen und sich von ihm zu befreien. Sie traten freiwillig in das Erbe einer untauglichen Tradition ein und stehen heute in der Gefahr, ein zweites Mal und aus ähnlichen Ursachen vor den Aufgaben und Notwendigkeiten zu versagen, die Zeit und Gesellschaft von ihnen verlangen. Mit der Behauptung politischer Abstinenz, mit einem Bekenntnis zu Ruhe und Ordnung, mit zähem Festhalten an überkommenen Formen kann die Universität den Anforderungen ihrer Gegenwart nicht gerecht werden.

Diese Darstellung beschreibt die Tradition und die gesellschaftlich-politische Einstellung deutscher Professoren zwischen Kaiserreich und Drittem Reich. Sie versucht, darin die Gründe zu zeigen, weshalb dem Nationalsozialismus an den deutschen Hochschulen so bedrückend wenig Widerstand entgegengesetzt wurde. Anspruch auf wissenschaftliche Vollständigkeit kann sie nicht erheben, und das nicht nur, weil es den selbstgesteckten Rahmen eines anschaulichen Überblicks sprengen würde. Die Vorarbeiten in diesem Themenbereich sind viel zu unvollkommen, und erst die Universität selbst kann durch eingehende Untersuchungen sowohl der einzelnen Wissenschaftsdisziplinen wie der lokalen Hochschulgeschichte die zahlreichen Lücken schließen. Das angefügte Literaturverzeichnis stellt lediglich eine Auswahl der benutzten Quellen dar; es enthält vor allem Schriften mit unmittelbar politischem Bezug.

Kapitel I

Der politische Professor

»Der Universität ist vorbehalten, was nur der Mensch durch und in sich selbst finden kann, die Einsicht in die reine Wissenschaft. Zu diesem Selbst-Actus im eigentlichsten Verstande ist notwendig Freiheit und hülfereich Einsamkeit, und aus diesen beiden Punkten fließt zugleich die ganze äußere Organisation der Universitäten.«[1]

Natürlich: Wilhelm von Humboldt. Es ist guter akademischer Brauch, daß jede Auseinandersetzung um die deutsche Universität mit diesem Namen und einem humanistischen Bekenntnis beginnt. Es ist, wie ein schärferer Blick meist erweist, ein recht wohlfeiler Glaubensartikel, eher der Vernebelung denn der Klärung dienend. »Freiheit und hülfereich Einsamkeit«: Welcher akademische Laie kann sich denn unter solchen Berufsbedingungen etwas Rechtes vorstellen? Ihm bleibt nur staunende Verehrung, was dem Fachmann recht ist.

Doch auch bei den Gelehrten wird man hinter solch hehren idealistischen Maximen oft genug vergebens nach konkreten Vorstellungen fahnden: sie bekennen sich zu ihnen eher aus geheiligter Überlieferung und korporativer Solidarität denn aus Überlegung und Überzeugung. Und aus einem ganz pragmatischen Grund: Nachdem diese Begriffe anderthalb Jahrhunderte glorifiziert wurden, stellen sie einen scheinbar unantastbaren Schild dar, hinter dem man unter Ausschluß der Öffentlichkeit »interne« Zänkereien austragen kann, die in Wahrheit den Charakter mit der Wirklichkeit schwer vereinbarer Wissenschafts- und Gesellschaftsvorstellungen tragen.

Dem inneren Gesetz von Einsamkeit und Freiheit entspricht ein äußeres: Forschung und Lehre sind frei. Unter der schützenden Glocke dieser autonomen Stellung im Staatsganzen haben die Hochschulen sich eine gesellschaftspolitische Enklave eingerichtet, deren immer krasser zutage tretende Fragwürdigkeit hundert Jahre lang weder Einsichten noch

11

Konsequenzen gezeugt hat. Sie wird noch heute oft genug mit glaubhafter Naivität bestritten. Humboldt muß als Taufpate und Kronzeuge dafür herhalten – auch wenn er diese Exklusivität gar nicht gemeint hat.

In der Tat hat der Philosoph von Tegel der Universität im Staate einen neuen und relativ unabhängigen Platz angewiesen. War er schon überzeugt, daß der einzelne seine Fähigkeiten nur entfalten könne, wenn der Wirksamkeit des Staates enge Grenzen gezogen seien, so galt noch ungleich entschiedener, daß die Wissenschaft Aufgabe und Ziel nur erreichen könne durch Befreiung von staatlicher Unterdrückung und gesellschaftlicher Geringschätzung.

Aber Wilhelm von Humboldt war – trotz seiner geradezu phänomenal eigenwilligen persönlichen Lebensgeschichte – kein im reinen Reich der Gedanken über den Niederungen und Anforderungen des Alltags schwebender Geist. Er verpflichtete nicht nur den Staat, der Wissenschaft freie Bewegung einzuräumen und ihr damit auch soziales Ansehen zu sichern. Es war ihm ebenso bewußt, daß die von ihm institutionalisierte Universität in ihrer Doppelrolle als Forschungs- und als Lehranstalt zugleich eine gravierende Funktion im Staate übernehme, dessen künftige Träger sie ausbildete. Der Universität wurde nicht nur als Wissenschaftsorgan eine Freiheit vom Staat konzediert, sondern gleichermaßen als Ausbildungsstätte eine kritische Verpflichtung zum Staat auferlegt. »Nur die Wissenschaft bildet auch den Charakter um, und dem Staat ist es ebensowenig als der Menschheit um Wissen und Reden, sondern um Charakter und Handeln zu tun.«[1a]

Die Universität kann sich in dieser zweifachen Aufgabenstellung nicht Selbstzweck sein. Sie hat sich nicht nur in ihrer Fähigkeit zur Wissenschaft zu bewähren, sondern ebensosehr – und wie sich gezeigt hat: sogar mit größerer Dringlichkeit – in ihrem Verhältnis zu Staat und Gesellschaft. Das wird um so deutlicher, als sich die Universität der Humboldtschen Zeit wie selbstverständlich dieser Aufgabe gestellt hat.

Der Staat muß durch geistige Kräfte ersetzen, was er an materiellen verloren hat . . .

Humboldts Erneuerung der Universität

Zu Beginn der Aufklärung schien das Absterben der deutschen Universitäten wahrscheinlicher als die Möglichkeit einer Wiedergeburt. Die Wissenschaft war in die gelehrten Akademien abgewandert, in deren Gründungen die absolutistischen Fürsten zur Erhöhung höfischen Glanzes wetteiferten. Die vielen kleinen Universitäten kümmerten dahin. Ihre Professoren betrieben eine weitschweifige und umständliche Gelehrsamkeit und übten sich darin, möglichst viele, möglichst dickleibige Folianten zu füllen. Ihre wissenschaftlichen Dienste wurden hauptsächlich erbeten, wenn es mehr oder minder verzwickte oder abstruse landesherrliche Gebiets- oder Rechtsansprüche gegenüber den oft ebenso waghalsigen Behauptungen des Kontrahenten aus der Vergangenheit zu rechtfertigen galt. Die Beweisführungen der Gelehrten waren Legion und dementsprechend. Von Forschung konnte kaum die Rede sein. Die Universitäten waren erstarrte und kleinkarierte Staatsanstalten, an denen schlecht gestellte Professoren ihren Studenten eine nach Zweck und Nutzen der Kleinstaaten orientierte pragmatische Bildung übermittelten. Sie lieferten im Untertanengeist erzogene junge Leute für den öffentlichen Dienst.

Mit der Aufklärung des 18. Jahrhunderts drangen die Grundsätze der modernen Wissenschaft langsam auch bis zu den Kathedern der Universitäten vor. In Halle zeigten sich erste Ansätze, einen universalen Überblick zu gewinnen und die Methoden und Probleme der verschiedenen Wissensgebiete zu fassen. Vor allem aber ging die Erneuerung von Göttingen aus, wo die Universalität des Wissens in engem Zusammenhang mit der Praxis gepflegt und die Forschung fortgeführt wurde. Der Zweck der Erziehung wurde über die Wissensvermittlung hinaus in der Bildung des Menschentums gesehen. Und schließlich trat als berauschender Impetus noch der Neuhumanismus hinzu, die wiedererwachende Beschäftigung mit der Antike. Aus den Quellen des Altertums hatten die Gelehrten des Barock bereits einen ersten Anflug von patriotischem Geist geschöpft: sie schwärmten von der Größe des alten »Teutsch-land«, das sie in Tacitus' Schriften erkannt zu haben meinten. Der Neuhumanismus aktualisierte diesen Ansatz und transponierte ihn ins Ideale. Er fand in der Verbindung von griechischem und deutschem Geiste die Vollendung des Menschentums und konstruierte daraus zwangsläufig eine besondere geistige Sendung des deutschen Volkes. Und damit ist ein politisch höchst wirksames Element des deutschen Geistes geschaffen, dessen Entstellung in einem machtstaatlich bezogenen Denken nur allzu nahelag.

Die Universität erneuerte nicht nur sich selbst, sondern sie wurde unversehens und mitten im Zusammenbruch auch Ausgangspunkt einer allgemeinen geistigen Erneuerung. In Jena lehrten die Philosophen Fichte, Schelling, Hegel und Friedrich Schlegel und proklamierten die Einheit des Wissens. Die hauptsächlich auf die Verstandesbildung gerichteten Absichten der Aufklärung wurden erweitert: Ziel der Erziehung sei die Menschenbildung zur harmonischen Persönlichkeit. Die Universität erhielt eine sittliche Bestimmung: die Suche nach Wahrheit – denn die macht frei.

Zu eben dieser Zeit gingen in den Wirren des napoleonischen Einbruchs zahlreiche der überalterten deutschen Miniatur-Universitäten unter. Andere gestalteten sich unter dem Einfluß der durch vertriebene Lehrer zugetragenen neuen Ideen um. Der Verlust der Universität Halle löste die entscheidende Neugründung aus. Die Hallenser Professoren kamen bei ihrem geflohenen König in Königsberg um Verlegung ein. Friedrich Wilhelm III. raffte sich zu einem großen Wort auf, das zum recht dissonanten Fanfarenstoß aller stramm nationalen Professoren geworden ist: »Der Staat muß durch geistige Kräfte ersetzen, was er an materiellen verloren hat.« Das Wort war schon damals doppelbödig, denn der Preußenkönig meinte gewiß nicht, daß materielle Verluste durch geistigen Zuwachs ausgeglichen werden könnten, sondern hoffte in seiner Notlage eher darauf, die Geistesherren möchten die Jugend so erziehen, daß er ihnen nachher desto leichter wirkungsvollere Waffen in die Hand geben könne: Vorbereitung zum kriegerischen Denken.

Dieser Effekt wurde auch erzielt, doch folgenschwerer war der unmittelbare. Friedrich Wilhelm erließ ein Edikt, das die

Errichtung einer allgemeinen Lehranstalt in Verbindung mit der Akademie der Wissenschaften in Berlin befahl. Von Fichte stammt der erste Entwurf, und nichts macht deutlicher, wie sehr sich der Staat plötzlich in seinen Bildungsanstalten engagierte. Der neue Bildungsgedanke wurde mit dem eben erwachten nationalen Staatsgedanken verknüpft – bei Fichte sogar sehr rabiat. In Berlin sollte die einzige, die Staatsuniversität, entstehen, die den Zwecken des allmächtigen, geschlossenen Staates untergeordnet werden müßte. »Die Erziehung sollte die nationale oder völkische Kulturgemeinschaft erwecken, sie sollte jenseits der Familie und jenseits aller Gruppen und Sonderinteressen die Idee der Einheit in die Seele der Kinder pflanzen.«[1b] Natürlich ist das bei dem Philosophen Fichte verbunden mit der Idee einer sittlichen Hebung des Volkes und nicht zuletzt veranlaßt durch die üblen Zustände, gegen die es dem Moralisten anzukämpfen galt. Als erster Berliner Rektor legte er sich sofort heftig mit den veralteten und phrasendreschenden Korporationen an und erregte wegen seiner sittlich fundierten Unduldsamkeit so viel Unwillen, daß er nicht einmal die offizielle Amtszeit überstand. Die persönliche Haltung mag sein Konzept verständlicher machen, aber sie mildert kaum das Erschrecken, das einen angesichts dieses Ausmaßes absoluter Staatsgesinnung und ihrer möglichen Folgen für die Universität ergreift. Auch ohne die von ihm erstrebte akademische Institutionalisierung hat Fichtes Staatsdenken in Gelehrtenkreisen noch Nachwirkungen gehabt, die nicht gerade zu den Ruhmeskapiteln deutscher Universitätsgeschichte zählen.

Der Berliner Gründung und damit der deutschen Universität überhaupt hat schließlich Wilhelm von Humboldt 1809 in seiner kurzen Amtszeit die Prägung gegeben. Es war im Gegensatz zu seinem König wirklich – und wie sich erwies: richtig – politisch gedacht, wenn er konstatierte: »Die Bildung einer großen und gut organisierten Universität, die, wenn sie gelingt, Studierende aus allen Teilen von Deutschland versammeln muß, ist eines der vorzüglichsten Mittel, durch welches Preußen die Aufmerksamkeit und Achtung Deutschlands für sich gewinnen kann.«[2]

Er traf sich mit Fichte und den anderen Reformern in der Überzeugung von der zweckfreien Bildung und der voraussetzungslosen Wissenschaft: der junge Mensch sollte sich auf der Universität ohne pragmatische Tendenzen wissenschaftlichem Lernen und der Erkenntnis widmen. Anders als Fichte aber wollte er – wie auch Schleiermacher – nicht die völlige Eingliederung der Universität in den Staat. Der Staat sollte vielmehr zwar für die Pflege der Wissenschaften aufkommen und sorgen, doch weiterer Einsprüche hatte er sich zu enthalten. Die Universität bekam ihre Selbstverwaltung: Freiheit des Forschens, Lehrens und Lernens, deren Summe die akademische Freiheit ist.

Damit war die deutsche Universität geboren, wie sie sich noch heute kaum verändert darstellt. Damit war aber zugleich auch ihr eigentümlicher Dualismus fixiert, der bis heute ungelöst ist. Denn die Universitäten sind ja Staatsanstalten, und der Staat erwartete von ihnen nicht nur die Züchtung weiterer Gelehrtengenerationen und Hingabe an die zweckfreie Forschung, sondern er erwartete von ihnen auch die Ausbildung fähiger Berufsbeamter, Hingabe an das Volk und die höhere geistige Sendung, die diesem Volk immanent sei. Zur Absicherung dieses legitimen Interesses hatte er sich einige entscheidende Rechte vorbehalten. Er besaß das Prüfungsmonopol, das über die Zulassung zu den Staatsämtern entschied. Und er wählte die Männer aus, die ihm für das akademische Lehramt geeignet schienen. Das Recht der akademischen Selbstergänzung, wonach in der Regel derjenige berufen wird, den die Professoren selbst vorschlagen, wurde für Preußen erst 1838 eingeführt. Die Universitätsreformer um Humboldt lehnten es ab. Schleiermacher tadelte 1808 den »Geist kleinlicher Intrigen«, der sich dann prompt auch an der neugegründeten Berliner Universität wieder zeigte: die Professoren zankten sich nach Kräften, wie sie das zu ihrem eigenen Schaden schon in den alten Gelehrtenrepubliken getan hatten. Humboldt verfuhr bei Berufungen ganz nach eigenem Gutdünken und übte überhaupt eine recht unumschränkte Personalherrschaft. In der Selbstverständlichkeit dieser Praxis zeigt sich deutlicher als in theoretischen Abhandlungen, daß von vornherein eben doch die Freiheit der Universität ihre Grenzen an den Interessen des Staates fand. Das war unerheblich, solange die gesellschaftlichen Vorstellungen und Interessen von Staat und Universität sich deckten, wie es in der Überzeugung Humboldts und seiner

Mitarbeiter der Fall war. Aber es barg eine Fülle an Konflikten, in denen die Freiheit der Universität sich bewähren mußte, wenn diese Intentionen divergierten. Beide Möglichkeiten führten schon die nächsten Jahrzehnte drastisch vor Augen.

Die geistige Leibwache der Hohenzollern...

Das Erwachen des Nationalgedankens

Die Hoffnungen des Preußenkönigs und seiner reformwilligen Berater, der Staat werde in seinem Befreiungskampf gegen die napoleonische Fremdherrschaft an den neugestalteten Universitäten tatkräftige Unterstützung finden, erfüllten sich schneller, als zu erwarten war. Der nationale Gedanke fand in den Hörsälen ein weithallendes Echo. Die Professoren wurden zu einer politischen Kraft und entflammten die Jugend zu patriotischer Begeisterung. Fichte war mit seinen aufrüttelnden Reden an die deutsche Nation hervorgetreten, Schleiermacher predigte die nationale Erneuerung, der Philosoph Henrik Steffens proklamierte den nationalen Geist und der Historiker Heinrich Luden die Freiheit der Nation. In Greifswald wirkte Ernst Moritz Arndt mit seiner Lehre vom Volksgeist als bitterer Kritiker am absolutistischen Staat, der freilich auch vor völkischer Unduldsamkeit nicht zurückscheute. Doch auch bei Friedrich Christoph Dahlmann steigerte sich 1815 die nationale Emphase ins Extrem, als er in der Kieler Universität erklärte: »Wer unter uns in Zukunft noch Franzosen und Deutsche bloß als zwei feindliche Parteien betrachtet, die mit gleichem Rechte hadern, wer noch vernünftelt, daß, wenn er als Franzose geboren wäre, er es ebenso machen würde – wer noch dieses von einer besseren Vorzeit so schmählich entartete, dieses meineidige, gottesleugnerische, raubgierige Volk dem edlen aufopfernden Sinn der Deutschen vergleicht, der ist ein Franzose neuester Art, wo er auch geboren worden, und verdient in Deutschland als solcher geachtet zu werden.«[3]

Aus der idealistischen Philosophie zu Beginn des 19. Jahrhunderts hatte sich der Gedanke des nationalen Staates so entwickelt, daß er zusammenstimmte mit der Freiheit des Gewissens, mit den Ideen des Christentums und der Menschlichkeit. Schon in der ersten politischen Phase des deutschen Professorentums aber wurde klar, daß diese Prinzipien in Gefahr gerieten oder schlicht mißachtet wurden, sobald in der konkreten Situation kritischer Bewährung nationale Emotionen und völkische Irrationalismen ins Spiel gerieten. Diese Schwäche ist in der Zeit der Befreiungskriege sowohl bei den fortschrittlichen Verfechtern eines konstitutionellen Liberalismus wie bei den Anhängern eines romantischen Konservatismus zu finden, die mit dem Staatsphilosophen Adam Müller an eine Mission des deutschen Geistes glaubten, aber gegen liberale Reformen für ein organisches Staatsgebilde eintraten. Auf der konservativen Seite ist neben dem antiwestlichen Affekt auch bereits der antisemitische vorgeprägt. Der Berliner Geschichtsprofessor Christian Friedrich Rühs schlug 1815 vor, die Juden sollten – zwecks leichterer Erkennung des »hebräischen Feindes« – einen gelben Flecken auf ihrer Kleidung tragen.

Die Professoren waren in den Freiheitskriegen zu Ansehen gelangt. Sie hatten sich in der nationalen Bewegung bewährt, und für die unmittelbaren Ziele der vaterländischen Befreiungskämpfe war es unwesentlich gewesen, ob sie sich außerdem für liberale und konstitutionelle Reformen erklärten oder für einen konservativen Staat und sich, wie einer der Berliner Kollegen, als »geistige Leibwache der Hohenzollern« bezeichneten.

Das einst so kümmerliche gesellschaftliche Prestige der Professoren stieg weiter an. Das staatliche Erziehungswesen war nun dank der liberalen Reformer ganz auf die Universitäten ausgerichtet. Sie wurden zum Maßstab für die geistige Befähigung und entschieden über die Qualifikation für ein Amt im Staate. Es war nur natürlich, daß diese Aufwertung vor allem diejenigen traf, die zu solcher Ausbildung berufen waren: die akademischen Lehrer. Mit der Bestätigung von außen ging eine Steigerung ihres Selbstbewußtseins parallel, die auch auf politische Wirkung drängte. Die ideelle und materielle Absicherung durch den Staat hatte den Professoren nicht nur Freiheit und Muße zur Forschung gebracht, sondern ihnen auch eine gesellschaftliche Sonderstellung gewährleistet, die in Verbindung mit dem Gedanken der Nationalerziehung und der gerade

erprobten vaterländischen Aufgabe zu politischer Wirksamkeit
geradezu herausforderte. Und damit war der erste Konfliktfall
zwischen Staat und Universität gegeben.

Alles unnötige Räsonieren ist zu vermeiden . . .

Die Bewegung des Vormärz

Vor allem die gebildeten Schichten waren in den Kriegen
gegen Napoleon von dem Gedanken nationaler Einheit erfaßt
worden und forderten nun nach dem Siege, den die deutschen
Staaten mit ihrer begeisterten Hilfe errungen hatten, energische Schritte zu einer deutschen Einigung. Man dachte an eine
konstitutionell verankerte nationale Autorität, die über den
achtunddreißig Nachfolge-Staaten des zerbrochenen Heiligen
Römischen Reiches deutscher Nation stünde. Die Hoffnungen
wurden bitter enttäuscht. Preußen war durchaus nicht willens,
für einen solchen Zusammenschluß Abstriche an seinen
souveränen Rechten hinzunehmen, und für das Österreich
Metternichs blieb der Großmachtgedanke bestimmend. Die sehr
lockere Vereinigung des Deutschen Bundes, der schließlich ins
Leben gerufen wurde, bedeutete eine Mißachtung der neuen
politischen Strömungen und Kräfte und diente als Barriere
sowohl wider den nationalen wie gegen den konstitutionellen
oder gar liberalen Geist. Die neugeschaffenen Verfassungen in
den süd- und mitteldeutschen Staaten waren als Vorbeuge
gegen liberale Forderungen entworfen und rückwärts gewandt;
lediglich Württemberg fand mit der Anknüpfung an die alte
landständische Verfassung freiere Formen, und Baden erlaubte
sogar ein allgemeines Wahlrecht, worauf sich prompt parlamentarisches Leben mit politischer Diskussion entwickelte. In Preußen hingegen breitete sich tiefes Schweigen über die Errichtung
einer »Repräsentation des Volkes«, die Friedrich Wilhelm 1815
in Aussicht gestellt hatte. Der Deutsche Bund war kein Ansatz
zu nationaler Einheit, er war unter der Direktive Metternichs
ein Instrument der Restauration.
  Am stärksten war die Verbitterung an den Universitäten. Die

akademische Jugend, die für die Gemeinsamkeit des Vaterlandes jubelnd in den Krieg gezogen war, sah sich in ihren Erwartungen genarrt. Mit der Gründung der Burschenschaft, einer national gedachten Vereinigung aller deutschen Studenten, wollte sie mehr als eine nur studentische Erneuerung einleiten, und ihre Protesthaltung fand die mehr oder minder offene Zustimmung vieler Professoren. Beileibe nicht aller, denn Loyalität gegenüber dem Landesherrn zählte auch zu den Traditionen der Aufklärung, und eine Strömung wie die Romantik kam der Restauration entgegen. Der deutsche Konservatismus wirkte auch an den Universitäten als Gegenbewegung zu den freiheitlich-egalitären Ideen der Französischen Revolution und gebar das Rechtfertigungsdenken des alten Staates, in dem für staatsgefährdende nationale Tendenzen kein Platz war.

Wie groß dennoch das Mißtrauen der restaurierten Staaten gegen ihre Universitäten war, bewiesen schon 1819 die Karlsbader Beschlüsse. Die Ermordung Kotzebues durch den Studenten Karl Sand nahm Metternich zum Anlaß, gegen den »Ultraliberalismus« der Studenten und Professoren vorzugehen. Preußen zog mit, ging sogar bei der »Demagogenverfolgung« voran. Der Bundestag sanktionierte die Verfügung, wonach gegen staatsfeindliche Lehrer vorgegangen und den Universitäten »landesherrliche Bevollmächtigte«, also staatliche Gesinnungskontrolleure auferlegt wurden. Arndt und Schleiermacher wurden gemaßregelt, De Wette und Fries – der wie die Philosophen Luden und Oken mit den Burschenschaften sympathisierte – entlassen. Die preußische Regierung erließ an die Universitäten die Order: »Alles unnötige Räsonieren und Diskutieren mit der Jugend ist zu vermeiden, damit sie früh lerne, ohne Widerspruch den vorgeschriebenen Gesetzen zu folgen und sich willig der bestehenden Obrigkeit zu unterwerfen.«[4]

Der zweite Zusammenstoß folgte ein gutes Jahrzehnt später. Eine einheitliche liberale Bewegung hatte sich im System der Polizeistaaten nicht formieren können, aber das konstitutionelle Verlangen war in Professorenkreisen wach geblieben. Das Spektrum der Verfassungsideen reichte von Dahlmann, der sich am englischen Liberalismus orientierte, bis zu Karl von Rotteck, der sie sich im Sinne der französischen Aufklärung dachte. Die Pariser Juli-Revolution 1830 löste auch in Deutschland neue Unruhen aus, in deren Verlauf Kurhessen eine – freilich kaum praktizierte – Verfassung erhielt, an der der Marburger Professor Silvester Jordan entscheidend mitwirkte und die den Ständen das Recht der Steuerbewilligung, der Gesetzesbeistimmung und der Gesetzesinitiative zubilligte.

Die legalen Folgen sind denkbar mager – die politische Wirkung dagegen groß. Der Liberalismus flammte an vielen Orten wieder auf, und ganz offensichtlich bestand dabei ein enger Zusammenhang mit den Universitäten. Am Hambacher Nationalfest 1832 nahm eine starke Gruppe von Heidelberger Studenten teil; Siebenpfeiffer, einer der Wortführer, war Schüler Rottecks. Dieser veranstaltete zwar bei Freiburg eine Parallelfeier, doch von einer unmittelbaren Beteiligung der Universitäten läßt sich nicht reden. Dennoch war Metternich überzeugt, hier die eigentlich Schuldigen zu finden: »Der Zweck heiligt die Mittel, ist die deutsche Universitätslehre, und sie trägt heute ihre Früchte in den herangereiften Burschen der früheren Zeit.«[5] Eine neue Serie von Unterdrückungen war das Resultat. Der Deutsche Bund verfügte die Überwachung aller Universitätslehrer. In Baden empörte sich Rotteck gegen diese Maßnahmen; er und sein Mitstreiter Welcker wurden entlassen, die Universität Freiburg geschlossen. Im folgenden Jahr 1833 stürmten Burschenschafter die Frankfurter Hauptwache – eine gegen den in der Stadt tagenden Bundestag gerichtete Aktion, die erneuten Anlaß zur Reglementierung der umstürzlerischen Universitäten bot und in Preußen eine neue Verfolgungswelle auslöste. Die Wiener Ministerkonferenz 1834 sah eine lückenlose Zensur und für alle deutschen Staaten gleichmäßige Kontrolle von Universitäten, Dozenten und Studenten vor.

Damit war die Kulmination restaurativer Entwicklung erreicht – im selben Jahr, als Rottecks und Welckers Staatslexikon erschien und manifestierte, daß an den deutschen Universitäten tatsächlich so etwas wie eine liberale Schule der Geschichtswissenschaft und des Gegenwartsverständnisses entstanden war. Dieses Werk entstammt dem südwestdeutschen Liberalismus, es beurteilt den Staat nach dem gesunden Menschenverstand des Bürgers und sieht vernunftrechtlich die Regierung als natürlichen Feind der Regierten, die sich ihm gegenüber ihre Rechte sichern müssen. Ganz eindeutig ging es von den bestehenden Zuständen aus, und ebenso eindeutig verfolgte es politische Zwecke. Die populär-wissenschaftliche Schule, zu der auch Zimmermann, Raumer, Johannes Scherr, Friedrich Christoph Schlosser und Gervinus zählen, ist denn auch in der Historiographie ihrer liberalisierenden und moralisierenden Tendenz wegen wenig angesehen – zu Recht, denn das politische oder sittliche Ziel verstellte die wissenschaftliche Objektivität.

In ihrem Engagement in die Zeitverhältnisse und in ihrer Wirkung auf die Zeit sind diese Professoren dennoch bedeutender – und auch sympathischer – als die Ranke, Niebuhr und anderen Begründer der exakten historischen Wissenschaft. Sie galten in der Öffentlichkeit als die Vertreter der Universität und als Beweis für den Zusammenhang von Wissenschaft und Leben. Sie haben Entscheidendes für das Ansehen der Universität geleistet und ihre unmittelbare Funktion in der Gesellschaft wahrgenommen.

In den vierziger Jahren nahm die politische Bewegung des gebildeten Bürgertums einheitliche Züge an, nationalstaatliche und liberale Elemente verbanden sich. Die ersten »gesamtdeutschen« Veranstaltungen, die in der Zeit der Restauration als umstürzlerisch gegolten hatten und mit strengen Restriktionen verhindert wurden, fanden in der Welt der Gelehrten statt. 1846 wurde ein Germanistentag in Frankfurt am Main veranstaltet, 1847 in Lübeck. Die Professoren hatten allen Grund, sich zusammenzuschließen und in der bürgerlichen Reformbewegung voranzugehen. Besonders im Preußen Friedrich Wilhelms IV. war aus dem Zusammengehen von Polizeistaat und kirchlicher Autorität ein Grad der Maßregelung erwachsen, der politischem Meinungszwang und geistiger Unfreiheit gleichkam. Der staatliche Kurator war Werkzeug der Bedrückung geworden und griff in das Universitätswesen in einem Maße ein, das jeder Garantie freier Forschung und Lehre Hohn sprach. Die Forderung nach Garantien für die Freiheit der Universität mündete in dem Verlangen nach allgemeinen, nationalstaatlichen, liberalen und konstitutionellen Reformen.

Der Höhepunkt dieser Entwicklung ist zugleich ihr Epilog. Die Nationalversammlung von 1848 ist oft genug ein Professoren-Parlament genannt worden. Damit wird die Rolle der Universitätslehrer entstellt: es waren nur 49 unter 850 Abgeordneten. Richtig an dem Eindruck ist aber: es war das an den Universitäten gebildete Bürgertum, das die sogenannte Revolution von 1848 trug. In der Frankfurter Paulskirche saßen 550 Akademiker. Der bürgerliche Liberalismus, der auf einen Nationalstaat drängte und ihn in Opposition zu den herrschenden Gewalten verwirklichen wollte, ist an Deutschlands Universitäten groß geworden.

Über die Gründe für das Scheitern dieser Ambitionen gibt es viele Meinungen; sie reichen von »taktischem Ungeschick« bis zu »genereller Unfähigkeit«. Richtig ist sicher, daß eine der Revolution abgeneigte, in den Zielsetzungen zerstrittene und organisatorisch haltlose bürgerliche Bildungsschicht mit der Aufgabe überfordert war, eine zwar wankende, aber traditionsreiche deutsche Staatenwelt umzugestalten und ihr zugleich eine monarchische Interessen wie herkömmlich-politisches Denken ignorierende Verfassung aufzuzwingen.

Dieser Riß geht auch durch die Professorenwelt, für deren politisches Verhalten und Bekenntnis sich aus der 48er Revolution keine exemplarische Größe gewinnen läßt. Es wäre auch abstrus, denn gleiche Bildung und gleiche Aufgaben haben mit gleicher politischer Überzeugung nichts zu schaffen. Wohl aber greift die im Prinzip der Einsamkeit und Freiheit ruhende Verpflichtung des Professors als Forscher, Lehrer und Erzieher über den engeren Rahmen der Universität hinaus und verlangt seine substantielle und aktuelle Stellungnahme zu Staat und Gesellschaft. Und dafür hat die Zeit des Vormärz ein Exempel gegeben, dessen sich die Universität rühmt wie keines zweiten.

Die Charaktere entblättern sich . . .

Die Göttinger Sieben

»Die Welt ist voll von Männern, die das Rechte denken und lehren, sobald sie aber handeln sollen, von Zweifel und Kleinmut angefochten werden und zurückweichen.«[6] Das aktuelle Wort ist hundertdreißig Jahre alt, stammt von dem Professor

Jacob Grimm und stellt das bittere Resümee seiner Erfahrungen mit den Herren Kollegen dar.

Im Juni 1837 begann König Ernst August von Hannover seine Regierungszeit damit, daß er selbstherrlich und ganz im Sinne der antiliberalen Bundespolitik das Staatsgrundgesetz von 1833 für nicht bindend erklärte und bald darauf aufhob. Staatsrechtlich heißt ein solcher einseitiger Akt: Verfassungsbruch. Das Professorenkollegium an der berühmten Georgia Augusta in Göttingen, durch die lange Liaison mit England in konstitutionellem Denken geschult, durch einen Eid auf dieses Grundgesetz verpflichtet, war empört und willens zum Protest. Der Landesherr jedoch zeigte sich hart und begab sich drohend auf sein Jagdschloß in der Nähe Göttingens. Die schon erschreckte Universität schickte ihm eine schlecht vorbereitete Delegation, die noch ängstlicher mit einem undurchschaubaren, aber gewiß nicht positiven Ergebnis zurückkehrte. Darauf – ein Wort von Wilhelm Grimm – entblätterten sich die Charaktere der verprellten Professoren. Die einen strichen schlicht die Segel, bei den anderen überwog die Sorge um die wirtschaftliche Existenz den gerechten Zorn, und die dritten schließlich – so Jacob Grimm – schlugen »aus mißverstandener Liebe zu ihrem Amt dessen ganze Würde in die Schanze«. Noch in der Nacht vor der Beschlußfassung war die Haltung der Kollegen unklar. Übrig blieben: die Göttinger Sieben.

F. C. Dahlmann, die Brüder Jacob und Wilhelm Grimm, der Jurist Albrecht und der Physiker Wilhelm Weber, der Orientalist Heinrich Ewald und der Germanist Georg Gottfried Gervinus erklärten, daß »sie sich durch ihren auf das Staatsgesetz geleisteten Eid fortwährend verpflichtet halten müssen« und eine andere Ständeversammlung nicht als rechtmäßig anerkennen würden. Umgehend enthob König Ernst August am 14. 12. 1837 die sieben Protestanten ihres Amtes und verwies Dahlmann, Jacob Grimm und Gervinus des Landes.

Dahlmann selbst nannte diese Erklärung »eine Protestation des Gewissens, nur durch den Gegenstand einen politischen Protest.« Es liegt nahe, daraus die Behauptung zu konstruieren: die Göttinger Sieben haben nur protestiert, weil das obrigkeitliche Verlangen für sie eine Eidesverletzung bedeutete, die ihr Gewissen nicht zuließ – mit einer politischen Entscheidung habe ihr Protest nichts zu tun. Eine solche Interpretation, die dem formalen Rechtfertigungsdenken späterer Konfliktsituationen entsprach, übersieht oder leugnet zweierlei: daß nämlich einerseits in Dahlmanns Formulierung auch ein politischer Streitpunkt selbstverständlich zur Gewissensfrage wurde, und daß andererseits diese Professoren sich in den politischen Auseinandersetzungen ihrer Zeit energisch engagierten. Dabei waren sie sich in ihren Auffassungen durchaus nicht einig.

Dahlmann war ein unbequemer Kopf, der selbst dem Freiherrn vom Stein Anlaß zu der Bemerkung gab: »Es ist ein reizbares, unvernünftiges Volk, das Gelehrtenvolk«.[7] Er war ein gemäßigter Liberaler, der sein Denken durchaus nicht am rationalistischen Naturrecht orientierte, sondern seine liberalen Grundsätze aus dem historisch gewachsenen Recht schöpfte. Der revolutionäre Gedanke war ihm völlig fremd. Er bedeutete einen Ordnungsbruch, den er 1848 auch im 17er-Ausschuß des Bundestages bei der Revision der Bundesverfassung zu vermeiden bestrebt war.

Anders als Dahlmann rühmte Gervinus nicht nur die englische Verfassungspraxis, sondern auch die amerikanische *Declaration of Rights,* die im Anschluß an den politischen Rationalismus die Menschenrechte proklamierte. Er hoffte auf individuelle Freiheit und wünschte sich für Deutschland eine bundesstaatliche Verfassung wie die der Vereinigten Staaten. Nach dem Scheitern der 48er-Bewegung, die er in der Paulskirche miterlebte, verstärkte sich seine Opposition gegen die politische Entwicklung. 1853 wurde er wegen seiner demokratischen Ideen ein zweites Mal aus dem Universitätsdienst entlassen.

Heftiger noch wehrte sich Ewald gegen die spätere Reichsbildung. 1847 war er nach Göttingen zurückgekehrt; als Hannover 1866 annektiert wurde, verweigerte er dem König von Preußen den Huldigungseid und veröffentlichte eine prophetieschwangere Polemik gegen Preußens Machtpolitik, worauf ihm die Lehrerlaubnis entzogen wurde.

In ihren politischen Zielen waren sich die sieben Göttinger gewiß nicht einig. Wohl aber waren sie sich trotz aller Unterschiede und Widersprüche einig in einem politisch bezogenen Rechtsbewußtsein: Verfassungen waren nicht für die Ewigkeit aufgestellt, sie waren vergänglich und erneuerungsbedürftig wie alles Irdische – aber diese Grundlage des staatlichen

Zusammenlebens durfte nicht aus Willkür von einem Teile zerbrochen werden (das war die Umkehr des Satzes, daß die Regierten keine Revolution betreiben dürften!), sondern sie mußte in Übereinstimmung aller Beteiligten geändert werden. Diese Begründung hat Jacob Grimm gegeben,.der gewiß zu den konservativeren dieser Gruppe gehört.

Der Vorgang hat ungeheures Aufsehen erregt. Die rabiate Reaktion des Landesherrn überspannte den Bogen, was nicht zuletzt durch die Tatsache erhellt wird, daß am Tage vor der offiziellen Entlassung der Kollegen sechs Göttinger Professoren den Mut zu der Erklärung fanden, sie hätten sich »niemals tadelnd über die in der bekannten Protestation enthaltenen Gesinnungen ausgesprochen.« (Die tapferen Nachzügler wurden nicht mehr unter Strafe gestellt.)

Die Tat der Göttinger Sieben hat nicht nur entscheidend die liberale Bewegung des Vormärz gestützt. Sie hat – denn solches braucht immer ein Fanal – die politische Macht des Professorentums begründet, wie Heinrich von Treitschke fünf Jahrzehnte und ein politisches Saeculum später in seiner so ganz anders intentionierten *Deutschen Geschichte* bezeugt.

Zu dieser Zeit war es bei Deutschlands Professoren bereits üblich geworden, sich für die akademisch bedingte Lauterkeit und politische Kompetenz der eigenen Überzeugung oder Zurückhaltung auf das Beispiel der Göttinger Sieben zu berufen. Sie können das nur in Unkenntnis der Tatsachen getan haben, denn sie bekannten sich damit zu einer Verpflichtung, von deren Bewußtsein, geschweige denn Wahrnehmung, späterhin kaum die Rede sein kann. Aber sie müssen es sich gefallen lassen, nach dem Maßstab gemessen zu werden, den die aufrechten Göttinger Gelehrten den deutschen Universitäten gesetzt haben. Jacob Grimms Vermächtnis stellt den Professoren eine klare politische Aufgabe, die zu versäumen Pflichtverletzung wäre.

»Die *deutschen* hohen Schulen, solange ihre bewährte und treffliche Einrichtung stehenbleiben wird, sind nicht bloß der zu- und abströmenden Menge der Jünglinge, sondern auch der genau darauf berechneten Eigenheiten der Lehrer wegen, höchst reizbar und empfindlich für alles, was im Lande Gutes oder Böses geschieht. Wäre dem anders, sie würden aufhören, ihren Zweck, so wie bisher, zu erfüllen. *Der offene, unverdor-*

bene Sinn der Jugend fordert, daß auch die Lehrenden, bei aller Gelegenheit, jede Frage über wichtige Lebens- und Staatsverhältnisse auf ihren reinsten und sittlichsten Gehalt zurückführen und mit redlicher Wahrheit beantworten.«[8]

Kapitel II

Der unpolitische Professor

Der bürgerliche Liberalismus des 19. Jahrhunderts scheiterte als politische Kraft in den Bewegungen von 1848/49. Deutschlands Dritter Stand verlor das Vertrauen in seine politischen Möglichkeiten und konzentrierte seine Kraft auf seine wirtschaftliche Entfaltung. Hatte das akademische Bürgertum schon zuvor aus seinem Widerstand gegen demokratischen Radikalismus und sozialrevolutionäre Tendenzen die nationale Einigung im Anschluß an die herrschenden Gewalten zu erreichen gesucht, so paßte es sich in den folgenden zwei Jahrzehnten nach dem Wegfall seines politischen Idealismus vollends wieder den dynastischen Systemen an. Die bürgerliche Selbstbescheidung kam der staatlichen Bürokratie zugute, die ihre liberalen Züge verlor und gemeinsam mit der Armee zum Werkzeug des reaktionären Staatsapparates wurde. Der Einfluß der Parlamente wurde zurückgedrängt, gerade erst erstrittene Grundrechte wurden wieder aufgehoben und Verfassungen zurückgebildet. Nach einer an humanitären Ideen und gesellschaftlichen Idealen orientierten Phase wurden nun Realismus und Wirklichkeit zu zentralen Begriffen politischen Denkens. »Realpolitik« hieß die Zauberformel, unter der sich der Ausgleich mit staatlicher Tradition und monarchischer Autorität vollzog.

Die moralische Gewalt der Tatsachen . . .

Die Anpassung an Bismarcks Reich

An den Universitäten fand die gleiche Wendung statt. Die Geschichtswissenschaft erlebte in der Reaktionszeit der fünfziger Jahre eine neue Blüte. Die kleindeutsche Schule der Heinrich von Sybel, Johann Gustav Droysen, Max Duncker, Hermann Baumgarten, Ludwig Häusser und Heinrich von Treitschke trat in der öffentlichen Wirkung am stärksten hervor. Sie kehrte sich vom rationalistischen Geschichtsverständnis der frühen liberalen Historiker ab, richtete ihre Forschung primär auf die wahre Erkenntnis der Vergangenheit und gelangte so zu einer Historisierung des Denkens. Der Historiker Max Duncker, der als Burschenschafter während der preußischen Demagogenverfolgungen verurteilt worden war und in der Paulskirche eine führende Rolle gespielt hatte, schrieb nun an seinen Kollegen Gustav Droysen, man solle »den realen Idealismus der Historie an die Stelle des phantastischen Idealismus der Philosophie setzen, welcher vor 48 die Köpfe der Jugend erfüllte und verdrehte«[9]. Die Kleindeutschen wollten Deutschlands Einigung unter Preußens Führung, und diese scheinbare Übereinstimmung von historischer Erkenntnis und erwünschtem politischem Ziel verlieh dem Patriotismus der Professoren politische Wirkung und Ansehen.

Es ist begreiflich, daß diese Historiker und nicht etwa die der großdeutschen Richtung – Johann Friedrich Böhmer, Julius von Ficker, Ignaz Döllinger – als Repräsentanten der Geschichtswissenschaft galten. Ihr großer Ruf kann freilich nicht verbergen, daß sich im ganzen die Universitäten entpolitisierten – was nun aber den Kräften der Reaktion durchaus nicht genügte. Im konservativen *Grenzboten* wird vielmehr heftig für eine Politisierung der Hochschulen polemisiert und ihnen vorgeworfen, die junge Generation verwildere in ihren Hallen und betrachte Interesse für öffentliche Angelegenheit als unakademisch. Die Professoren hätten für gemeinsame Angelegenheiten oft weniger Sinn »als der gemeinste Bierhauspolitiker«, und nach den Erfahrungen der Vergangenheit könne man jetzt wohl »im politischen Leben vom Professorenregiment nichts Lebenskräftiges« mehr erwarten. Kompetenter konnten sich die Universitäten kaum bestätigen lassen, wie sehr sie sich in wenig mehr als einem Jahrzehnt gewandelt hatten. Es sei denn, es gereiche ihnen zur Genugtuung, daß der Anonymus in Erinnerung ihrer einstigen Toleranz und Libertät von ihnen die bedingungslose »Gewöhnung an eine unerschütterliche Gesetzesachtung« als Hauptaugenmerk forderte[10].

Auf diese Linie schwenkten auch die schon sehr maßvollen Liberalen unter den Professoren ein, als das Preußentum zwischen 1864 und 1871 erfolgreich seine Macht entfaltete und sie in Konflikt zwischen ihre deutschliberale und ihre nationalen Traditionen brachte.

Der Deutsch-Dänische Krieg 1864 brachte Verwirrung in die Reihen der Opponenten Bismarcks. Vielen erging es wie dem Bonner Rechtslehrer Klemens Theodor Perthes, der an Kriegsminister Roon schrieb:»Mancher Mann, der seit Jahren schon rühmte, nur seiner Partei, aber nicht seinem Vaterland anzugehören, hat jetzt zur eigenen Überraschung gemerkt, dennoch ein Preuße zu sein.«[11] Der Freiburger Professor Heinrich von Treitschke, aus Sachsen stammend, bekannte sich zum preußisch-staatlichen Machtgedanken und plädierte in den *Preußischen Jahrbüchern*, dem angesehensten Organ des Liberalismus, für die Annexion Schleswig-Holsteins.

Bismarck übernahm unter preußischem Vorzeichen die Nationalstaatspolitik, und damit hatte er beim provozierten Zusammenstoß mit Österreich nicht nur die Sympathien der Liberalen Preußens auf seiner Seite, sondern brachte auch die der Mittelstaaten ins Wanken. Treitschke legte seine Freiburger Professur nieder, als Baden sich den Gegnern Preußens anschloß. Der Theologe David Friedrich Strauß schrieb an Friedrich Theodor Vischer – der als überzeugter Großdeutscher in diesem Krieg ein Verbrechen sah, sich nach der Reichsgründung aber trotz seiner demokratischen Vergangenheit mit Bismarcks Politik aussöhnte –, er sei über Preußens Siegeslauf »ungemein glücklich«. Zwar hätte Strauß ihn lieber einem liberalen und konstitutionellen Preußen gewünscht, aber er nimmt den Vorgang als geschichtliche Belehrung: erst müsse offenbar der Absolutismus die Einheit schaffen – die Freiheit komme danach.

Diese Umstellung der Prioritäten ist bezeichnend für den Wandel, für die Selbstaufgabe des Liberalismus als politische Idee in der Ära Bismarcks. Freiheitsidee, Rechtsstaatslehre, Nationalitätsprinzip und Machtstaatsgedanke bildeten die Grundlage der Nationalliberalen – aber die nationalen Elemente standen im Vordergrund. Für sie opferte das Bildungsbürgertum auch substantielle Rechte; so bei der Verfassung des Norddeutschen Bundes das Budgetrecht und die

Ministerverantwortlichkeit, wodurch sich das gewählte Parlament praktisch seiner Funktion begab. Der Geschichtsprofessor Gustav Droysen, in der 48er Nationalversammlung führendes Mitglied des konstitutionell-föderalistischen Zentrums, distanzierte sich heftig von der Opposition, die »noch einige Schock Grundrechte und andere Freiheiten herauszuschlagen Lust hat. Ich bin wahrlich von Herzen liberal, aber diese deutsche Freiheitsgeilheit bei schimpflichster politischer Ohnmacht ekelt mich an.«[12]

Aus dem Studium der Historie hatte sich den Gelehrten offensichtlich die Erkenntnis aufgedrängt, daß Macht der wichtigste Teil politischer Existenz sei. Jedenfalls gerieten über diesem nationalen Streben alle weiteren politischen Ansprüche in Vergessenheit. Die alles auslöschende Wirkung, die der triumphale Kriegszug von 1870/71 und die Reichsgründung durch die Fürsten hatten, überrascht nach solcher Blickfeldverengung nicht. Der akademischen Jugend erging es wie dem Studenten Hans Delbrück: wo noch demokratische Neigungen und liberale Doktrinen hafteten, wurden sie unter dem Eindruck des nationalen Triumphes abgestreift. Die jungen Akademiker kehrten als glühende Bewunderer Bismarcks aus dem Kriege zurück.

Doch auch ihre Lehrer sahen sich nach bewegter Vergangenheit am Ziel ihrer Hoffnungen. Heinrich von Sybel notierte: »Wodurch hat man die Gnade Gottes verdient, so große und mächtige Dinge erleben zu dürfen? Was zwanzig Jahre der Inhalt alles Wünschens und Strebens gewesen, das ist nun in so unendlich herrlicher Weise erfüllt! Woher soll man in meinen Lebensjahren noch einen neuen Inhalt für das weitere Leben nehmen?«[13]

Das war nun in der Tat schwer zu beantworten, denn mit Bismarcks Reichsgründung hatte die kleindeutsche Bewegung ebenso ihre Ziele erreicht wie der degenerierte deutsche Liberalismus. Ihre Situation 1871 geht aus der Schilderung Sybels hervor, und die heute verblüffende Treuherzigkeit seiner Ausführungen verdeutlicht, wie weit die politische Selbstentmündigung auch im Schoße der einst so kontrast- und ideenreichen Hochschulen fortgeschritten war. Es gebe keine parlamentarische Regierung, so stellt der einstige liberale Gegner Bismarcks im preußischen Abgeordnetenhaus fest, aber das sei auch ganz gut so, denn dafür existierten zu viele verschiedene Parteien, weshalb sich wiederum im Parlament keine wirklich fähigen Führer herausbilden könnten. Eine Heilung dieses Übels sei nur auf die Dauer möglich, und zwar durch politische Bildung. Und nun folgt eine Behauptung, die zwar machtpolitisch völlig korrekt gedacht ist, in ihrer Konsequenz aber verrät, daß diese gelehrten Liberalen zum Wesen des parlamentarischen Systems überhaupt keinen Zugang hatten und rein obrigkeitsstaatlich dachten: Das Wichtigste sei jetzt für das Deutsche Reich Sicherheit und Stetigkeit der Regierung, die durch das monarchische Militärsystem gewährleistet werde. Dessen Grundlage aber seien »Kultur, Wohlstand und Patriotismus« des Volkes, weshalb die Regierung immer nach Erhaltung dieser drei Elemente streben werde: »Das heißt mit einem Worte: Nach Freiheit des Volkes.«[14]

Diese Gleichsetzung von Kultur, Wohlstand und Patriotismus mit politischer Freiheit ist zwar nicht unaktuell, war aber vor hundert Jahren ebenso irrelevant wie heute. 1871 entsprach es einem öffentlich sanktionierten »realpolitischen« Verständnis, wie es nicht zuletzt von Universitätslehrern exemplifiziert wurde. Der Jenaer Historiker Adolf Schmidt sprach in seinem Werk über *Preußens Deutsche Politik* 1867 von der »moralischen Gewalt der Tatsachen«. Ein Paradebeispiel für die daraus resultierende Verhaltensweise ist der Berliner Physiologe Emil Du Bois-Reymond. Bei dem mißglückten Attentat auf Bismarck 1863 erklärte er: »Was habt ihr in Deutschland für schlechte Revolver!« Acht Jahre später äußerte der aufrechte Gelehrte nach einem anerkennenden Schreiben des Politikers Bismarck beglückt: »Auf keinen Erfolg in meinem Leben bin ich so stolz wie auf diesen Brief!« Und in einer »Rede über den deutschen Krieg« brüstete er sich vollends erhaben: »Wir, die Berliner Universität, eine Versicherung unserer Gesinnung abgeben? Wir, deren Leben der Wahrheit, der Freiheit, dem Ewigen im Wandelbaren gehört, die die Lüge, die Tyrannei, das Gaukelspiel mit allem Hohen und Heiligen verabscheuen?«[15] Er prägte für sein Wissenschaftsvermögen das Wort »Ignoramus et Ignorabimus« (Wir wissen es nicht, und wir werden es nicht wissen). Es mußte wohl auch hier herhalten: Wir wußten es nicht.

Gewiß, dieses Beispiel ist extrem, und es ist boshaft. Es fällt dennoch nicht so sehr aus dem Rahmen, daß es nicht die vorherrschende Verhaltensweise deutscher Professoren in politicis anschaulich machte. Max Weber hat das in seiner Wissenschaftslehre vornehm, zurückhaltend, resignierend und trotzdem voller Wut beschrieben: »Im ganzen neigen die Menschen hinlänglich stark dazu, sich dem Erfolg oder dem jeweilig Erfolg Versprechenden innerlich anzupassen, nicht nur in den Mitteln oder dem Maße, wie sie ihre letzten Ideale jeweils zu realisieren trachten, sondern in der Preisgabe dieser selbst. In Deutschland glaubt man dies mit dem Namen ›Realpolitik‹ schmücken zu dürfen.«[16]

An den Universitäten unterrichteten noch die Lehrer, die wenige Jahrzehnte zuvor als Volkshelden für das Ideal des Parlamentarismus gestritten hatten. Dieser Kampf wurde nun nur noch mitleidig belächelt, wenn nicht gleich als staatsgefährlich abgetan – und das nicht nur von einer nachgeborenen Generation. Die akademischen Vorkämpfer für die Demokratie vergaßen ihre Traditionen und stimmten dem Satz Bismarcks zu, daß gegen Demokraten nur Soldaten hülfen. Aus der bedingungslosen Hingabe an das Erfolgsprinzip in der Politik, mithin an Bismarck und das Haus Hohenzollern, resultierte eine tiefe und überzeugte Abneigung gegen die Demokratie.

Die überragende vaterländische Gestalt Bismarcks beschleunigte den Prozeß bürgerlicher Entpolitisierung. Angesichts solch erfolgreicher Größe gab es nichts mehr zu diskutieren, hier galt es nur noch zu verehren, was besonders die akademische Jugend im Übermaß tat. Aber auch die Professoren befanden jetzt tiefsinnig und im Gegensatz zu früherer Überzeugung, daß sie als Gelehrte über den Parteien zu stehen hätten, und wenn sie sich überhaupt noch zu politischem Profil verführen ließen, so geschah es ausschließlich im Sinne eines hochtönenden Patriotismus und konventionellen Borussismus.

Symptomatisch dafür ist die Nachfolge auf Deutschlands angesehenstem historischen Lehrstuhl. Nach dem Tode Rankes wurde nicht der maßvolle, besonnene Jacob Burckhardt in Berlin Ordinarius, sondern der leidenschaftliche Verkünder des Machtstaatsgedankens Heinrich von Treitschke, der sich lautstark zu einem kritiklosen Heroenkult und zur stimmungsmäßigen Hingabe an das Einmalige in der Geschichte bekannte: Einmalig aber war das wiedererrichtete Deutsche Reich. Seinen herrschenden Stimmungen und obrigkeitlichen Staatsprinzipien fügte sich die deutsche Universität bedingungslos ein. Sie wurde zu einer Hauptstütze der Wilhelminischen Ära.

Die Juden sind unser Unglück . . .

Der Antisemitismus

Die Universitäten reagierten nur sehr in Maßen reizbar auf das, was im Lande Gutes oder Böses geschah. Die Ursache dafür lag nicht einmal so sehr in einer absichtsvollen politischen Abstinenz, als vielmehr in dem braven Bürgerglauben, daß richtig sei, was der Kaiser und die Obrigkeit für rechtens erklärten, und gut, was den von ihnen sanktionierten Anschauungen entsprach.

Ein Beispiel dafür ist die im ganzen gleichgültige, im Einzelfall eher zustimmende als ablehnende Haltung, mit der die deutschen Professoren dem Antisemitismus begegneten.

Der Antisemitismus war in den siebziger Jahren zu einer vor allem im kleinen Mittelstand und im akademischen Bürgertum stark wirkenden Strömung geworden. Mit einem unverkennbaren antiliberalen Affront wurde er dann auch in das politische Konzept der konservativen Parteien und Kräfte aufgenommen. Der Hofprediger Adolf Stoecker war die Gewähr für eine kaiserliche Duldung dieser Tendenz; Bismarck gab ihr seine taktisch bedingte stillschweigende Zustimmung.

In der Studentenschaft fand der schon stark »rassisch« akzentuierte Antisemitismus einen vortrefflichen Nährboden; die politisch aktiven Vereine Deutscher Studenten (VDSt) und die Burschenschaft verdienen hier besondere Erwähnung. Die sozialen und psychologischen Hintergründe dieses Erfolges sind schnell umrissen. Ein Großteil der Studenten entstammte traditionell konservativen Kreisen, in denen der verächtliche Handels- und Wucherjude ein fixes Klischee war. Die Juden waren außerdem besonders in der jetzt überholten liberalen Bewegung hervorgetreten, taten sich in der Opposition gegen Bismarck und gar in der »staatsfeindlichen« Sozialdemokratie hervor. Zu den gesellschaftlichen und nationalen Vorurteilen gesellte sich schlichter Konkurrenzneid. Trotz der Emanzipationsgesetze waren den Juden dank einer rigoros judenfeindlichen Verwaltungspraxis Staatsämter und zumal die der höheren Beamtenlaufbahn verwehrt. Zwangsläufig drängten sie in die freien akademischen Berufe, wurden Anwälte, Mediziner. Und da sie gegen die gesellschaftliche Diskriminierung nur durch besondere Tüchtigkeit ankommen konnten, wurden sie sehr erfolgreiche Anwälte und Mediziner.

Die jungen Akademiker konnten für ihren Antisemitismus auf ein prominentes Vorbild verweisen. Von Treitschke stammt das fatale Wort: Die Juden sind unser Unglück! Mit einer solchen Formulierung – und der große Historiker hat um 1880 in den *Preußischen Jahrbüchern* mehr dieser Art geliefert – ließ sich Treitschke natürlich leicht in die Front der rabiaten Antisemiten vom Schlage der Marr und Glagau, Böckel und Ahlwardt eingliedern. Dabei war er kein Rassist. Sein Antisemitismus entsprang einem sehr weltlich protestantischen Nationalismus, der von den Juden vollkommene – auch religiöse – Assimilation in das Reich Bismarcks verlangte und sie nicht zuletzt deshalb verketzerte, weil einige ihrer politisch exponiertesten Wortführer das von ihm verherrlichte preußisch-deutsche Obrigkeitssystem kritisierten. Aber was waren solche Prämissen, die den Nationalismus noch an die humanitären Überlieferungen des Abendlandes banden, mitsamt Treitschkes leicht zu überhörendem Widerspruch gegen eine Aufhebung der jüdischen Emanzipation schon wert, wenn da Sentenzen zu finden waren wie: »Ein Volk von festem Nationalstolze hätte die Schmähungen der Epigonen Börnes nie aufkommen lassen; ein Volk mit durchgebildeten Sitten hätte seine Sprache vor dem Einbruch jüdischer Witzblattroheit spröde bewahrt.« Diese Tonart moralischer Empörung paßte vorzüglich zu den bewegten Klagen konservativer Kulturkritiker wie Paul de Lagarde und Julius Langbehn, die gegen die Entartung wahren deutschen Wesens polemisierten und einen fiktiven romantischen Ständestaat wiedererrichten wollten. Auch von ihnen hätte der so aufrichtige Satz stammen können: »Sobald der Deutsche sein Leben vom Schmutz des Judentums besudelt findet, muß er sich abwenden und lernen, die Wahrheit darüber kühn auszusprechen.«[17]

Selbstverständlich kann man die Rolle einer solchen Stellungnahme unschwer herunterspielen: Was bedeutet unter so vielen schon die Haltung eines publizistisch eifernden Hochschullehrers! Das heißt, den Einfluß Treitschkes als eines engagierten Praeceptor Germaniae auf seine Zeit, auf die Studenten und die Kollegen unterschätzen. Als akademischer Lehrer besaß er aufgrund seiner wissenschaftlichen Potenz wie seines gut bismarckischen Bekenntnisses die »Autorität eines Gottes«. Im VDSt wurde das ausdrücklich bezeugt. Heinrich Claß, späterhin militanter Führer des weitverzweigten und mächtigen Alldeutschen Verbandes, gestand, von Treitschke zum Antisemitismus »bekehrt« worden zu sein. Der Protest der Professoren gegen Treitschkes unqualifizierte und pauschale Angriffe auf das Judentum war denkbar karg.

Als Beweis für die Behauptung, daß die Universität ihre lautere Objektivität gewahrt habe, muß unweigerlich Theodor Mommsen herhalten. Der eigenwillige Liberale reagierte als einziger prompt auf die Ausfälle seines Berliner Fachkollegen, und es entwickelte sich eine öffentliche Kontroverse. Bar allen Respektes und jeder kollegialen Nachsicht erklärte Mommsen, der Antisemitismus sei die Gesinnung der Canaille, und er hat Treitschke seine Äußerungen nie verziehen. Wie bedrohend Rassenhaß und Fanatismus sich besonnenen Zeitgenossen darstellten, wie erschreckend der Verlust an Toleranz auch und gerade unter den Gebildeten war, das wird deutlich an der Notabeln-Erklärung 1880. Außer Mommsen unterzeichneten von Deutschlands Professoren noch Gustav Droysen, der Pathologe Rudolf Virchow und der Jurist Rudolf von Gneist die Feststellung: »An dem Vermächtnis Lessings rütteln Männer, die auf der Kanzel und dem Katheder verkünden sollten, daß unsere Kultur die Isolierung desjenigen Stammes überwunden hat, welcher einst der Welt die Verehrung des einigen Gottes gab. Schon hört man den Ruf nach Ausnahmegesetzen und Ausschließung der Juden von diesem oder jenem Beruf oder Erwerb, von Auszeichnungen und Vertrauensstellungen. Wie lange wird es noch währen, bis der Haufe auch in diesen einstimmt?«[18]

Diese Proklamation kann für die deutschen Universitäten nur eines bedeuten: daß ihre Katheder von manchem Lehrer entwürdigt wurden, es aber ein paar Einzelgänger gab, die das anprangerten und für ihre persönlichen Überzeugungen und humanitäre Prinzipien einzutreten bereit waren. Wer sich von den herrschenden Denkschemata abwandte, geriet auch im Gelehrtenkreis der freien Hochschulen in die Isolation – und ein großer wissenschaftlicher Ruf schützte davor nicht. Nach Mommsens politischer Schwenkung 1879 wandten sich viele seiner Freunde von ihm ab, und auch die treu bleibenden mißbilligten seine Haltung; wofür, so fügt sein Schwiegersohn Ulrich von Wilamowitz-Moellendorff mit deutlicher Kritik hinzu, »das geflissentliche Lob einer gewissen Presse schlecht entschädigte.«[19]

Selbst mit Mommsens Eintreten gegen den Antisemitismus hatte es eine eigene und bezeichnende Bewandtnis. Wilamowitz-Moellendorff, zu dieser Zeit Professor für klassische Philologie in Greifswald, weiß zu berichten, es sei bei dem Schwiegervater weniger in abstrakten liberalen Theorien begründet gewesen, sondern rühre viel mehr aus seiner persönlichen Wertschätzung jüdischer Kollegen und Freunde. Für die These, daß er die Problematik des Antisemitismus tatsächlich nur sehr subjektiv erfaßte, spricht jedenfalls seine naive Bemerkung in einem privaten Gespräch: »Was wollt ihr; bei uns in Holstein durfte im Dorfe immer nur ein Jude wohnen, und es ging vortrefflich.«[20]

Eine tief verwurzelte antisemitische Tendenz gehörte nun einmal zu den Traditionen des deutschgläubigen Bürgertums, und ihre Klischees wirkten auch in den akademischen Gegnern des Antisemitismus nach. So standen auch bei seiner Ablehnung durch den Historiker Hans Delbrück – nach Treitschke einflußreicher Herausgeber der *Preußischen Jahrbücher* – eher doch formale Kriterien im Vordergrund. Ihn störte am Antisemitismus hauptsächlich das demagogische Element. Eine »greuliche Roheit« war er, weil besonders der politisch-rassische Antisemitismus etwa des Bundes der Landwirte und des Alldeutschen Verbandes nicht Ziel und Grenzen mehr kannte.

De facto haben die deutschen Professoren gegen den Antisemitismus – der sich ungleich stärker in Österreich entfaltete und dort in den akademischen *Deutschen Hochschul-Stimmen* ein aggressives Sprachrohr hatte – kaum etwas unternommen, obschon er zeitweise und gerade unter den Studenten Formen annahm, deren Unduldsamkeit wohl eine Stellungnahme der

Universitäten herausforderte. Eher kann man vom Gegenteil sprechen. In seiner biologisch aufgezäumten pseudowissenschaftlichen Spielart stieß der Antisemitismus auf Verständnis. Scharfe Antisemiten wie August Rohling und Karl Eugen Dühring genossen zwar – und aus anderen Gründen – in den akademischen Hallen wenig Reputation. Aber Graf Gobineaus arische Elite-Theorien fanden in der gelehrten Welt weithin Widerhall, und der judenfeindliche Göttinger Orientalist Paul de Lagarde war als ständisch-konservativer Kulturphilosoph bei vielen seiner Kollegen verehrt. Sie bereiteten den Boden vor, dem später Lehrstühle für Rassenhygiene und Rassenlehre entsprossen.

Die professorale Ignoranz gegenüber einer Strömung, deren Gegensatz zum Prinzip akademischer Toleranz allein schon hätte Widerspruch auslösen müssen, wurde erleichtert und gerechtfertigt durch die staatliche Universitätsverwaltung. Jüdische Dozenten wurden nur selten zugelassen, die akademische Karriere war ihnen praktisch verschlossen – auch dann, wenn sie durch die christliche Taufe das obligatorische Bekenntnis zur deutschen Nation abgelegt hatten. Ein offizieller Verstoß gegen die akademische Freiheit war diese allgemein geübte und bekannte Praxis nicht. Jedenfalls hat das nie ein deutscher Professor beanstandet.

*Unzufrieden mit den bestehenden sozialen
Verhältnissen ...*

Die Kathedersozialisten

Als Renommee und Alibi für die politische Unvoreingenommenheit und soziale Aufgeschlossenheit der Universitäten mußten bald die Kathedersozialisten herhalten. Ihre Anschauungen waren weitaus den meisten ihrer gelehrten Kollegen zwar von Herzen unsympathisch oder schlicht unverständlich. Zudem vertraten diese Nationalökonomen eine recht junge Wissenschaft, der man dann akademischem Brauch gemäß nur mit Skepsis und dem allzeit bereiten Verdacht auf Scharlatanerie begegnete. Aber immerhin: diese Kathedersozialisten waren offensichtlich ehrenwerte patriotische Männer, sie wußten sich als Gelehrte in hervorragenden Detailuntersuchungen Respekt zu verschaffen – und sie errangen sich schnell öffentliches Ansehen, von dem auch die Hochschule profitierte. Unter wohlwollender Erwägung dieser Gesichtspunkte und der selbstverständlichen reservatio mentalis war man bereit, diese Außenseiter der akademischen Zunft und ihre befremdlichen politischen Aktivitäten zu tolerieren.

Die Volkswirtschaftler der jüngeren historischen Schule traten mit schwungvoller Kritik am herrschenden Wirtschaftssystem und dem dadurch bedingten gesellschaftlichen Zustand hervor. Der Manchester-Liberalismus hatte die absolute Wirtschaftsfreiheit durchgesetzt und bewirkte damit eine rapide Verschärfung der sozialen Frage. Die Klassengegensätze wurden immer tiefer, und es war für die Kathedersozialisten, die aus ihren sorgfältigen sozialen Enqueten gelernt hatten, unverkennbar, daß die Lösung dieses Konfliktes eine entscheidende Aufgabe der Zeit war. Die Liberalen jedoch zeigten gegenüber diesem Problem nur Indifferenz, und es war freilich einleuchtend, daß man von den Segnungen des Manchestertums kaum einen Arbeiter überzeugen konnte: ihm verdankte er nicht zuletzt seine wirtschaftliche Auspowerung und seine gesellschaftliche Unterdrückung. Nicht mehr war den Konservativen an der Überbrückung des Klassenspaltes gelegen; ihren feudalen und ständischen Interessen entsprach das System nicht minder als dem Besitzbürgertum. Wo etwa doch – wie in Stoeckers Christlich-sozialer Partei – gutgemeinte sozialpolitische Ambitionen auftauchten, da wurden sie bald von anderen Tendenzen (zum Beispiel Antisemitismus) überlagert, zurückgedrängt oder einfach zur hohlen Deklamation verfälscht.

Um diese Entwicklung zu stoppen und die Klassengegensätze zu mildern, forderten die Kathedersozialisten – an ihrer Spitze Gustav Schmoller, Adolph Wagner und Lujo Brentano – Eingriffe des Staates in das Wirtschafts- und Sozialleben. Sie verlangten Fabrikgesetze, Arbeitsverträge und staatliche Kontrollen, damit diese sozialen Hilfen auch wirklich gewährleistet seien.

1872 gründeten die fortschrittsgläubigen Wissenschaftler in

Eisenach den »Verein für Sozialpolitik«, zu dessen Verdiensten es zählt, daß der Gedanke sozialer Reformen ins gebildete Bürgertum Eingang fand. Die eigene Position umriß der Straßburger Professor Schmoller in seiner Programmrede: »Unzufrieden mit unseren bestehenden sozialen Verhältnissen, erfüllt von der Notwendigkeit der Reform, predigen wir doch keine Umkehr der Wissenschaft, keinen Umsturz aller bestehenden Verhältnisse, wir protestieren gegen alle sozialistischen Experimente. Wir wissen, daß die großen Fortschritte der Geschichte nur das Resultat jahrhundertelanger Arbeit sind, wir wissen, daß stets das Bestehende dem Neuen einen fast unüberwindlichen zähen Widerstand entgegensetzt, weil eben das Bestehende in den Überzeugungen und Lebensgewohnheiten der Masse wurzelt.«[21]

Mit Sozialismus hatten diese »Kathedersozialisten« also wirklich nichts im Sinn: der entstellende Name wurde ihnen von ihren liberalen Gegnern aufgeprägt. Bei Schmoller wird deutlich, wie fest er selbst im Bestehenden ruhte, wie optimistisch er an die Kraft des alten Staates zu innerem Wandel glaubte – und mit welchen Zeiträumen er dafür rechnen zu dürfen glaubte. Das war nicht einmal sehr politisch gedacht, geschweige denn sozialistisch. Er und seine Mitstreiter waren vielmehr maßvolle Sozialreformer, die vom Staat eine nur gerechte Hilfe forderten, damit er selbst die unbefriedigenden Verhältnisse sukzessive und zu seinem eigenen höheren Ruhme umgestalte.

In der Volkswirtschaftslehre gewannen die Überzeugungen der Kathedersozialisten bestimmenden Einfluß, denn jede weitere Untersuchung erwies ja, wie rückständig die sozialen Verhältnisse von Ostelbien bis ins Ruhrrevier waren, wie dringend Abhilfe not tat.

Die Kollegen an der Alma mater aber standen den beunruhigenden Anschauungen und kritischen Äußerungen der Nationalökonomen ablehnend gegenüber. Unzufriedenheit mit dem Reich Bismarcks, ungenügende soziale Leistungen eines Staates, dessen Gesetzgebung auf diesem Gebiet doch geradezu beispielhaft war: das grenzte für die national empfindende Professorenschaft schon an staatsfeindliches Denken.

Es trat hinzu, daß die immer mehr in Detailforschung versinkenden und von engen Fachhorizonten umstellten Professoren zumeist tatsächlich nicht über das erforderliche Unterscheidungsvermögen zur Beurteilung sozialpolitischer Probleme verfügten. Ein besonders krasses Beispiel für solche Begriffslosigkeit bietet Alfred Dippe mit seiner Beschreibung von *Sozialismus und Philosophie auf den deutschen Universitäten«* (1895). Die Bezeichnungen staatswissenschaftlich, sozialistisch, sozialpolitisch, nationalökonomisch wirbeln da bunt durcheinander. Für Dippe sind sie beliebig austauschbar und stehen alle für »Studium des Sozialismus«. Und das wiederum ist gleich Sozialdemokratie. Da es erwähnenswerte sozialistische Bestrebungen unter der feudalbürgerlichen Studentenschaft wahrlich nicht gab, ist völlig klar, wem sein plumper Angriff galt: »Deutsche gründliche Wissenschaft und Sozialdemokratie schließen sich gegenseitig aus. Die Wissenschaft der Sozialdemokratie ist Afterwissenschaft, weil sie der logisch scharfen Kritik nirgends standhalten kann. Die sozialistischen Bestrebungen eines Teiles der Studentenschaft bedeuten der deutschen Wissenschaft gegenüber geradezu einen Schlag ins Gesicht.«[22]

Es ist von besonderer Ironie, daß ausgerechnet auf die verdächtigen Kathedersozialisten eine der wenigen Aktionen zurückgeht, in denen des Reiches Hochschullehrer relativ einhellig gegen eine anerkannt staatstragende Autorität opponierten. 1895 wütete der reaktionäre Freiherr von Stumm gegen die Bemühungen der Kathedersozialisten als »pseudowissenschaftliche Schützenhilfe für die Sozialdemokratie« – was ihm freilich nur mäßige akademische Empörung eingetragen hätte. Aber der mächtige Industriemagnat ließ sich durch den energischen Widerspruch Adolph Wagners dazu hinreißen, seine Angriffe auf die »dünkelhaften Professoren« und auf die Freiheit der Lehre und der Wissenschaft auszudehnen. Damit provozierte er einen lang aufgestauten Protest, den die tapferen Professoren gegen die Eingriffe der staatlichen Kultusverwaltung nicht zu äußern gewagt hatten. Auch erbitterte Widersacher der Kathedersozialisten wie Treitschke wurden sofort zu Verteidigern ihrer akademischen Freiheit. Wagner wie Schmoller wurden mit demonstrativer Geste zu Rektoren der Berliner Universität gewählt. Die Attacken und »Rüpeleien« – so der konservative Staatsrechtler Conrad Bornhak – gegen die Hochschule waren mit ungewohnter Bravour abgeschlagen.

Der akademische Klassenstaat . . .

Das Verhältnis zur Sozialdemokratie

Das Übelste, was man den Kathedersozialisten und den ihren Vorstellungen nahestehenden Dozenten und Professoren antun konnte, war, sie sozialdemokratischer Gesinnung zu verdächtigen. Erstens stimmte es nicht. Ihr Sozialismus war ebenso antimarxistisch wie antiliberal. Selbst als Demokraten konnte man unter den namhafteren Erscheinungen dieses sozialreformerischen Kreises lediglich Lujo Brentano und Max Weber ansprechen. Alle anderen identifizierten sich durchaus mit den geübten Staatsprinzipien. Zweitens aber bedeutete schon der Verdacht allein eine akute Bedrohung des akademischen Amtes oder der Ernennung. Ferdinand Tönnies war gerade im Hamburger Hafenarbeiterstreik für soziale Anpassung eingetreten – sozialistische Umsturzgedanken lagen ihm wahrlich fern – als er 1898 bei dem Freund Friedrich Paulsen anfragte, ob er sich Hoffnungen auf eine Habilitation machen könne. Die Antwort des Berliner Professors für Philosophie und Pädagogik stellte das sehr in Frage: »Auch wird eine gewisse Zurückhaltung im öffentlichen Auftreten erwartet werden; daß Deine politische Stellung zur Sprache kommt, ist nicht unwahrscheinlich; Agitation in sozialdemokratischer Richtung ist eine Sache, die die Fakultät etwas nervös macht.«[23]

Der Sozialdemokratie, den Vaterlandsfeinden, galt der ganze aus angstvoller Selbstbehauptung und patriotischer Überheblichkeit geborene Abscheu des selbstzufriedenen nationalen Bildungsbürgers. Es war die Schicht, in der Studenten und Professoren zu Hause waren, als deren elitäre Spitze sie sich betrachten durften. Der gelehrten Akademiker ebenso unbedingte wie schwach reflektierte Verurteilung der Sozialdemokratie resultierte nur zum geringsten Teil aus dem Zwang, den die staatliche Unterdrückung und die gesellschaftliche Diffamierung dieser Partei auch auf sie ausübte. Die Ablehnung entsprang vielmehr ihrer lautersten, milieubedingten Überzeugung. Brentano erinnert sich, daß im Jahre 1890 manche seiner Leipziger Kollegen die Aufhebung der Sozialistengesetze beklagten, und er fügt dem eine bezeichnende Episode bei. Im Nachlaß Bettina von Arnims hatte er den Brief eines – ungenannten – Gelehrten aus dem Jahre 1849 entdeckt, in dem jener voller Begeisterung von einer Versammlung mit Mieroslawski sprach, an der er teilgenommen hatte: Ludwig Mieroslawski, der polnische Nationalrevolutionär, war Teilnehmer des Badischen Aufstandes jenes Jahres. Brentano schickte mit offensichtlichem Vergnügen dem betroffenen »hochangesehenen« Kollegen eine Abschrift und erhielt zur Antwort: »Ich hatte nicht gedacht, daß ich ein so gefährliches Dokument der Weltgeschichte einverleibt hätte, und ich erschrak fast, als ich es nun gedruckt vor mir liegen sah.«[24] Die Überzeugungen der Professoren hatten den Wechsel bürgerlicher Ideale beeindruckend mitvollzogen.

Es ist nicht so, daß nur unwandelbare Opportunisten und aufrechte Konservative jede Opposition gegen die augenblickliche Staatsordnung und die unbefriedigenden Gesellschaftsverhältnisse in Bausch und Bogen verdammten. Im Falle der Sozialdemokratie, deren rapider und unaufhaltsamer Stimmenzuwachs diesen Mißstand doch offensichtlich artikulierte und bewies, war das akademische Verdikt total. Für die Auseinandersetzung mit den Lehren der Sozialdemokratie war an den Hochschulen kein Platz – und für Wissenschaftler mit sozialdemokratischer Gesinnung schon gar nicht.

Die Begründung dafür war sehr einfach und einleuchtend: man bekannte sich nämlich zum uneingeschränkten Obrigkeitsgedanken und betrachtete die Universitäten als Staatsanstalten. Der Universitätsprofessor, so hieß es nicht zu Unrecht, doch in bedenklicher Vereinfachung, ist Beamter. Mit den Pflichten eines Beamten ist aber die Teilnahme an Parteibestrebungen, welche die Grundlagen der bestehenden Staats- und Gesellschaftsordnung angreifen, unvereinbar. Die Sozialdemokraten griffen sie an. Natürlich gab es gegen diese einseitige Definition Einwände: prinzipielle, wie den Verweis auf die akademische Freiheit, pragmatisch vermittelnde wie die Begütigung, so groß könne der verderbliche Einfluß eines sozialdemokratischen Hochschullehrers doch nicht sein. Darauf läßt der Berliner Professor Conrad Bornhak, Experte für Verwaltungsrecht, in seiner grundlegenden Arbeit über *Die Rechtsverhältnisse der Hochschullehrer in Preußen* (1901) die Katze aus dem Sack: »Der entscheidende Gesichtspunkt ist überhaupt nicht die Möglichkeit einer ›Vergiftung der Jugend‹ durch den Vortrag – dafür ist ausreichendes Gegengift vorhanden –, sondern der Umstand, daß der Professor das Ansehen seines ihm vom Staate verliehenen Amtes benutzt, um es gegen den Staat in die Waagschale'zu werfen. Das kann kein Staat dulden, mag die Tätigkeit des Beamten sein, welche' sie will.«[25]

Damit ist nicht nur die beamtenrechtliche Sonderstellung des Professors, sondern jede juristische Argumentation überhaupt vom Tisch gefegt: das nackte Staatsinteresse setzt sich über rechtsstaatliche Prinzipien hinweg. Es ist typisch, daß Bornhak gar nicht erst auf die entscheidende Frage kommt, ob und warum die Sozialdemokratie staatsfeindlich ist. Ebenso wenig darf man erwarten, daß ihm der Unterschied zwischen Staatsordnung und Gesellschaftsordnung auffiele. Denn wollten nicht auch etwa die feudalkonservativen ostelbischen Agrarier die Gesellschaftsordnung in ihrem Sinne ändern?

Gegen dieses Ausschließlichkeitsprinzip setzte Friedrich Paulsen seine differenzierende Anschauung. Paulsen hatte sich – 1880 – vorgenommen, »erst etwas erstaunlich Gelehrtes zu schreiben, damit nicht die graubärtigen Glatzen mir sagen, wenn ich etwa mit Ethik und Pädagogik zu Markte zöge: das ist uns noch zu grün, Sie täten besser, erst etwas zu lernen«.[26] Er schrieb erstaunlich Gelehrtes, er setzte seine Pädagogik durch und kritisierte zweiundzwanzig Jahre später *Die Deutschen Universitäten und das Universitätsstudium.* Darin vertrat er die Ansicht, daß sozialdemokratische Parteizugehörigkeit mit einem Lehramt in den neutralen Wissenschaften durchaus verträglich sei; in den Staatswissenschaften verhalte es sich allerdings anders, dort könne man sozialdemokratische Lehren als im Prinzip staatsfeindlich nicht dulden. Der gleiche Zwiespalt ging durch seine Beurteilung der sozialdemokratischen Partei. Er bezeichnete sie und ihre Kritik an der bestehenden Staatsordnung als notwendig und heilsam, doch er vermißte an ihr das tiefere Verständnis für das geschichtlich Gewordene und die Achtung vor den bestehenden Ordnungen. »Wenn die Sozialdemokratie den Charakter einer auf eine Lehre eingeschworenen Sekte abgestreift haben wird, wenn sie zugleich das Renommieren mit der Revolution oder das Spielen mit dem Doppelsinn des Wortes einstellt, wenn sie sich als eine

44

Reformpartei gibt, die das Bestehende im Sinne der Durchführung voller Rechtsgleichheit und der Hebung der unteren Klassen in sittlicher und kultureller Beziehung fortzubilden sich zur Aufgabe setzt, dann wird eine differenzierende Behandlung dieser Partei aufhören gerechtfertigt zu sein.«[27] Anders als die meisten seiner Kollegen war Paulsen immerhin imstande, auch die positiven Funktionen des sozialdemokratischen Wirkens in der Gesellschaft zu erkennen und – teilweise – gutzuheißen. In Gegensatz zur offiziellen Lesart und zum tatsächlichen Verhalten der Hochschulen stellte er sich mit seiner Forderung, ein Sozialdemokrat dürfe nicht eo ipso von jedem Lehramt ausgeschlossen werden. Und dennoch ist selbst dieser um Einsicht bemühte Gelehrte, indem er unter Aufrechterhaltung des allgemeinen Vorurteils wider die Partei ja lediglich ein vernachlässigtes Prinzip akademischer Freiheit – und das nur in neutralen Lehrbereichen – wiedererrichtete, ein Beweis dafür, wie sehr die Hohen Schulen ihre Fähigkeit eingebüßt hatten, gemäß dem Verlangen Jacob Grimms »alle wichtigen Lebens- und Staatsverhältnisse auf ihren reinsten und sittlichsten Gehalt zurückzuführen«. Sie waren so sehr Einrichtungen einer uniformen staatstragenden Schicht geworden, daß sie für gewaltige gesellschaftliche Entwicklungen wie sie die Sozialdemokratie darstellte, überhaupt kein Verständnis mehr besaßen, weil sie außerhalb der Interessen und Vorstellungen dieser Schicht lagen.

Die Sozialdemokratie war zu einer unvermeidbaren Kraft im politischen Leben geworden. Trotz aller behördlichen Unterdrückungen und gesetzlichen Verbote war ihre Stimmenzahl bei den Reichstagswahlen von 102 000 (1871) über 493 000 (1878) auf 1,4 Millionen (1890) gewaltig angewachsen. Wenn man schon nicht einsehen konnte, daß diese eminente Aufwärtsentwicklung einer verfemten Partei für die Richtigkeit ihrer Behauptungen oder ihrer Ziele sprach, so mußte man doch zumindest erkennen, daß sie für die Untauglichkeit der staatlichen Maßnahmen gegen diese Partei und damit für eine generelle soziale Fehlhaltung der Regierung wie auch der bürgerlichen Schichten sprach. Doch selbst diesen Zweifel noch hintangestellt, was bei einem so vom Staate überzeugten und der »reinen Wissenschaft« zugewandten Professorentum immerhin erklärlich ist: allein das Phänomen, daß ein geschlossener

Bevölkerungsteil, praktisch die gesamte industrielle Unterschicht der gepriesenen Nation, sich einer Bewegung hingab, die gegen die bestehende Staatsordnung gerichtet war, hätte die wissenschaftlichen Hochschulen dieses Staates zur Auseinandersetzung mit dieser Entwicklung herausfordern, ja zwingen müssen. Sollten sie doch »höchst reizbar und empfindlich« auf alles sein, »was im Lande Gutes oder Böses geschieht«.

Aber die Universitäten reagierten nicht. Die Sozialdemokratie war staatsfeindlich, ihre Anhänger wollten den Umsturz aller Verhältnisse. Diese apodiktische Erkenntnis genügte, alle anderen Bestrebungen dieser Partei zu ignorieren und das Thema aus den Hörsälen auszuschließen. Ein Problem für die Hochschulen war das nicht. Es war lediglich die Aufgabe der Obrigkeit, Schutz vor solch subversiven Elementen zu garantieren. »Kultusministerien und Ministerien des Innern sollten daher gemeinsam gegen die ersten Anzeichen sozialistischer Preß- und Lehragitation Stellung nehmen und energisch vorgehen. Offene Bekenner der internationalen Sozialdemokratie der Richtung Marx-Bebel-Liebknecht oder anderer staatsfeindlicher Richtung sollten entweder zum akademischen Lehramt nicht zugelassen oder es sollte ihnen die venia legendi entzogen werden.«[28]

Wenn jedoch wider Anstand und Regel sich einmal einer der Professoren mit dem Thema Sozialdemokratie beschäftigte, so blieb ihm doch präzise Beobachtung versagt – auch Paulsen, auch Delbrück und Max Weber. Man drang zwar – selten genug – bis zu der Frage vor, ob denn wissenschaftlicher Auftrag und politische Gesinnung sich beeinflußten. Aber über ein Axiom kamen all diese klugen, von der Voraussetzungslosigkeit wissenschaftlichen Denkens überzeugten Professoren nicht hinweg: daß die Sozialdemokratie staatsfeindlich sei. Es hätte nur unvoreingenommener Aufmerksamkeit bedurft, um eben dieses Generalverdikt in Frage zu stellen.

Das Gothaer Programm der Sozialistischen Arbeiterpartei Deutschlands von 1875 strebte den Umsturz der bestehenden Staats- und Gesellschaftsordnung an: »Mit allen gesetzlichen Mitteln.« Bei Gelehrten, die auf Lautnuancen mittelalterlicher Sprachgebung oder auf experimentelle Abfallprodukte wie x-Strahlen zu achten gewohnt waren, hätte dieser Akzent zumindest die nüchterne, wenn auch nicht willkommene Feststellung provozieren sollen: de facto stellt sich diese Partei auf den Boden des Staates und verfolgt ihre Ziele unter Respektierung seiner Rechtsvorschriften. Deutschlands Professoren achteten darauf nicht, es war ihnen auch gleichgültig. Man überschätzte sie, wollte man ihrer unreflektierten Abwehrhaltung den Bismarckschen *cauchemar des révolutions* zugute halten. 1878 billigten Konservative, Nationalliberale und einige Unabhängige Bismarcks Sozialistengesetz. Es verbot alle sozialdemokratischen, sozialistischen und kommunistischen Vereine, Versammlungen und Druckschriften und gab den Behörden praktisch alle Vollmachten zur Unterdrückung mißliebiger Gedanken in die Hand. Mit rechtsstaatlichen, geschweige denn liberalen Prinzipien hat diese Entscheidung des Reichstags nichts mehr zu tun, aber auch Deutschlands Rechtslehrer fanden sie in Ordnung. Den Sozialdemokraten blieb nichts anderes übrig, als sich diesem politischen Kampf zu stellen. Der Weidener Parteitag beschloß, ihn »mit allen Mitteln« zu führen. Diese Umformulierung des alten Programmpunktes, so erkannte der Nationalökonom Ludwig Elster in seinem Handwörterbuch für Staatswissenschaften, war eine »natürliche Konsequenz des Sozialistengesetzes, das eine legale Propaganda unmöglich machte«[29]. Nicht nur Elster hat diesen Zusammenhang später vergessen. Die umstandsbedingte totale Kampfansage diente für alle Wilhelminischen Zeiten als Beweis für die prinzipielle Staatsabsage der Sozialdemokratie. Das ist entweder zynisch oder ignorant, und für die Hochschullehrer gilt letzteres. Im Gegensatz zu den echten Konservativen waren sie an diesen politischen Vorgängen viel zu desinteressiert, als daß sie gemerkt hätten, was gespielt wurde.

Erst recht nichts merkten sie von dem Revisionismus, der seit den neunziger Jahren die Einheit der Theorie, die verpönte Doktrin der Sozialdemokratie aufzulockern begann. 1896 schon stellte Eduard Bernstein in London – aus dem Reich war er verbannt – das orthodoxe marxistische Entwicklungsschema der Sozialdemokratie in Frage. Schritt für Schritt, so verlangte er von den deutschen Genossen, sollte die bestehende zu einer sozialistischen Gesellschaftsordnung umgebaut werden. Er akzeptierte, daß dieser Prozeß Jahrzehnte währen könne. Bernsteins Revisionismus war bereit, mit dem Bürgertum zur

Erlangung gleicher politischer Rechte für alle zusammenzuar-
beiten. Die Sozialdemokratische Partei, so postulierte er 1899
sehr nüchtern und doch wohl aus Kenntnis der Verhältnisse,
müsse den Mut haben, »das scheinen zu wollen, was sie heute
in Wirklichkeit ist: eine demokratisch-sozialistische Reformpartei!«[30]

Das waren zwar innere Auseinandersetzungen der Partei um
ihre richtige Linie, doch dieser Streit wurde in aller Öffentlichkeit publiziert und diskutiert. Auch wenn sich Bernsteins
Theorien zunächst nicht durchsetzten – noch der Parteitag 1903
lehnte sie ab –: es war doch deutlich wahrnehmbar, war nach-
lesbar, daß sich hier gravierende Umstellungen vollzogen. Und
es war wichtig: die Sozialdemokraten stellten im Reichstag
bereits die zweitstärkste Partei. Die akademischen Lehrer der
Nation haben dem keine Beachtung geschenkt. Sie kamen auch
gar nicht auf den Gedanken, daß Staatsordnung und Gesellschaftsordnung zwei ganz verschiedene Dinge sein könnten,
daß man sehr wohl die gesellschaftlichen Verhältnisse in Frage
stellen und auf ihre Änderung dringen könne, ohne deshalb
Existenz und Prinzip des Staates zu negieren. Genau darin
lagen ja die Ursache und das Problem der Sozialdemokraten
bei dem Zwist um ihr Programm. Ihr praktisches Verhalten auf
der kommunalen Ebene und bei den einzelnen Vorlagen im
Reichstag mußte auch Außenstehenden zeigen, daß sie durchaus nicht prinzipielle Opposition betrieben, sondern zur Mitarbeit in den öffentlichen Angelegenheiten bereit waren.

Doch es war nicht einmal notwendig, daß sich die in ihren
Wissenschaften so scharfsinnigen und interpretationsfrohen
Professoren zu subtilerer Betrachtung der öffentlichen Vorgänge aufrafften. Sie wurden direkt angesprochen. August
Bebel, der Führer der Sozialdemokratie, hielt 1897 vor Berliner
Studenten einen Vortrag, in dem er sich mit aller Klarheit über
das Thema Akademiker und Sozialismus aussprach. Er wußte,
daß er in der akademischen Welt kaum auf Verständnis oder
gar Kenntnis der Sozialdemokratie stoßen würde; eher auf
gezielte Entstellungen, die er mit einem Beispiel belegen
konnte. In der Erstausgabe des Staatslexikons von Johann
Kaspar Bluntschli hatte es geheißen: »Revolution ist jede
Umgestaltung von Grund auf, einerlei ob sie auf friedlichem
oder gewalttätigem Wege sich vollzieht.«[31] Nach diesem Satz,

der in späteren Ausgaben gestrichen wurde, konnte man also auch die revolutionären Bestrebungen der Arbeiterpartei als friedfertige definieren.

Bebel hatte schon 1887 im Reichstag dem gewaltsamen Umsturz abgeschworen, und er wiederholte dieses Bekenntnis vor seiner akademischen Hörerschaft: die Umgestaltung der Gesellschaft von Grund auf werde kommen, indem eines Tages eine sozialdemokratische Majorität die Minorität dazu zwinge. Diese Entwicklung sei zwangsläufig, denn die Großindustriellen selbst trieben die arbeitende Bevölkerung in die Arme der Sozialdemokratie: Stumm und Krupp – »das sind die Revolutionäre par excellence, die Leute, die die Sozialdemokratie machen.«[32] Das bedeutete, daß sich die Sozialdemokraten zu einer friedlichen Umgestaltung der Verhältnisse mit demokratischen Mitteln bekannten. Allerdings stand der Realisierung dessen das preußische Dreiklassenwahlrecht ebenso im Wege wie die Machtlosigkeit des Reichstags.

Der Parteiführer stellte sich auch dem Vorwurf der Vaterlandslosigkeit. Die Tradition dieses Vaterlandes sei doch sehr kurz, erinnerte er die Studenten; und mancher Makel laste auf der Entstehung der Nation – so 1848/49, so 1866. Noch immer sei vieles schlecht, ungerecht und verbesserungsbedürftig im deutschen Reich, wogegen mit rücksichtsloser Energie angegangen werden müsse. Aber: »Der Arbeiter kämpft hier auf dem Boden, auf dem er geboren, auf dem er erzogen ist, dessen Sprachen und Sitten er kennt, in dessen Verhältnissen er lebt; nur sucht er diese seinen Ideen entsprechend umzugestalten.«[33] Diese Haltung zum Staat ist nicht nur realistischer und aufrichtiger als die Fülle überschwenglicher nationaler Phrasen aus bürgerlichen Kreisen, sie ist auch ein ganz eindeutiges Bekenntnis.

Die Universität hat auch dem keine Beachtung geschenkt, sie hörte gar nicht hin. Noch 1906 urteilte der junge Germanist Friedrich von der Leyen pauschal: »Dieser Partei fehlt die Unbefangenheit und Sachkenntnis der Regierung gegenüber; sie sind die verrannteste, kurzsichtigste, doktrinärste aller Fraktionen.«[34] Die akademische Welt hatte nun einmal ihr Vorurteil und verschanzte sich dahinter immer gedankenloser. Ferdinand Tönnies, erbittert über die Haltung der Hochschulen, erklärte 1898: »Dem theoretischen Fundamente der Sozialdemokraten stehe ich ebenso ferne wie ihren Illusionen. Wohl aber halte ich für möglich, daß der akademische Klassenstaat, der sich so sichtlich immer schärfer konstituiert, mich durch die Nötigung, Ja oder Nein zu ihm zu sagen, auf jene Seite hinüberdrängt.«[35] Tönnies spielte damit auf einen Vorgang an, in dem die Universität eine ziemlich klägliche Rolle gespielt und sich endgültig obrigkeitlichen Gesinnungsvorschriften gebeugt hatte.

Ob die Regierung Herr im eigenen Hause bleibt ...

Der Fall Arons

Leo Arons lehrte an der Berliner Universität als Privatdozent Physik und Mathematik. Seine wissenschaftlichen Leistungen waren für seine Fachgenossen so überzeugend, daß sie ihm bei seiner Habilitation bereits die übliche Aufnahmeprüfung erlassen hatten und man ihn einige Jahre darauf zur außerordentlichen Professur vorschlug. Doktor Arons war Sozialdemokrat und trat in Versammlungen und Kundgebungen seiner Partei hervor. Außerdem war er Jude, was ihm die besondere Feindschaft der antisemitischen *Staatsbürgerzeitung* eintrug: auf Arons wurde seiner Parteizugehörigkeit wegen ein regelrechtes Kesseltreiben veranstaltet.

Auf heftige konservative Angriffe hin versuchte der preußische Kultusminister Robert Bosse direkt gegen den unliebsamen Dozenten vorzugehen, scheiterte aber am Einspruch Arons, weil er die Rechte der Fakultät mißachtet hatte. Also sollte nun die philosophische Fakultät ihren Kollegen maßregeln. Sie verwarnte Arons zwar wegen eines »mißverständlichen« Ausdrucks, den er in öffentlichen Reden gebraucht hatte; aber sie lehnte es ab, aus seiner Parteizugehörigkeit einen für sein akademisches Lehramt erheblichen Vorwurf herzuleiten. Bosse beharrte und ließ in seinem Ministerium ein Gutachten anfertigen, wonach er ohne Befragung der Fakultät Arons rechtens der Lehrtätigkeit entheben könne; die Empörung der Fakultät ließ ihn zurückschrecken. Darauf folgte der vierte

Anlauf: im preußischen Landtag wurde am 17. Juni 1898 eine Lex Arons »Zur Sicherung der rechtlichen Stellung der Privatdozenten« durchgedrückt. Das Kultusministerium stellte unter Berufung auf dieses Gesetz Antrag auf Eröffnung eines Disziplinarverfahrens. Als erste Instanz war die zuständige philosophische Fakultät eingesetzt. Da der Ankläger Ludwig Elster, inzwischen Personalreferent im Preußischen Kultusministerium, trotz aller Mühe Arons weder marxistische Verfälschung der Mathematik noch sozialistische Agitation auf dem Katheder vorwerfen konnte, beschuldigte er den Privatdozenten schlicht seiner Zugehörigkeit zur Sozialdemokratie und seines Bekenntnisses zum Erfurter Programm. Den dreiundvierzig Professoren des richtenden Kollegiums leuchtete nicht ein, was das mit Arons akademischer Lehrtätigkeit zu tun habe; sie bescheinigten ihm hingegen die Korrektheit seines Verhaltens als Dozent und sprachen ihn frei.

Geheimrat Elster legte Berufung ein, und damit war der Fall entschieden. Allen rechtsstaatlichen Vorstellungen zum Hohn amtete als zweite Instanz nämlich dasselbe Ministerium, welches den Antrag auf Entzug der venia legendi eingebracht hatte. Das Staatsministerium wies prompt die Begründung der ersten Instanz zurück, wonach Arons sich nicht in Widerspruch zu seiner Stellung setze, solange er in seiner Agitation in der Öffentlichkeit gewisse Grenzen des Taktes und Anstands wahre und sich aller ungerechten, unwahren Behauptungen und gehässigen Angriffe auf die Regierung enthalte. Die Beweisführung der Regierungsbehörde war einfacher und brutaler. Sie kramte in den Statuten der Berliner Universität und entdeckte, die Anstalt habe ihre Schüler »zum Eintritt in die verschiedenen Zweige des höheren Staats- und Kirchendienstes tüchtig zu machen« (§ 1). Die Förderung der sozialdemokratischen Bestrebungen aber sei mit dieser Aufgabe unvereinbar: »Ein akademischer Lehrer, der mit derartigen Gegnern der bestehenden Staats- und Rechtsordnung gemeinsame Sache macht, zeigt sich des Vertrauens, das sein Beruf erfordert, unwürdig.«[36] Womit der längst suspendierte Arons sich des Verstoßes gegen das erwähnte ad hoc-Gesetz schuldig gemacht hatte und entlassen wurde.

Die Universität fügte sich ohne Widerspruch sowohl in die Merkwürdigkeit dieses Rechtsweges wie in die Fragwürdigkeit des Urteils. Sie akzeptierte die unverkennbare Degradierung ihrer akademischen Freiheit zur staatlichen Erziehungsfunktion. Paulsen scheint unter den dreiundvierzig Gelehrten der ersten Instanz der einzige gewesen zu sein, der aufbegehrte. Er nannte die Begründung eine politische Heuchelei und erklärte mutig: »Rein formelle Erfolge, die ohne reellen Nutzen lediglich die Befriedigung gewähren, seine Macht bewiesen zu haben, sind für eine Staatsgewalt keine Ruhmestitel.«[37] Als jedoch Mitglieder der Akademischen Lesehalle eine Sympathiekundgebung für den geschaßten Privatdozenten anregten, verbot Rektor Fuchs unter Androhung eines Disziplinarverfahrens auch nur die Beratung dieses Antrages. Die *Münchener Hochschulnachrichten* präzisierten beifällig, es habe sich im Falle Arons darum gehandelt, »ob die Regierung Herr im eigenen Hause bleiben solle«. Sie blieb es. Ihre Entscheidung wurde auch von den Rechtsexperten der Universitäten in den Katalog der Pflichten eines Hochschullehrers aufgenommen.

Das Neue an dieser Situation: bisher war Opposition gegen die Regierung und ihre Maßnahmen nur dem ordentlichen Professor mehr oder minder untersagt gewesen. Er war Beamter und als solcher zur Loyalität gegenüber dem Träger der Regierungspolitik verpflichtet. Träger der Regierungspolitik jedoch war in Preußen laut Allerhöchstem Erlaß vom 4. Januar 1882 nicht etwa ein verantwortliches Ministerium, sondern der über allen politischen Auseinandersetzungen stehende König selbst. Der besondere Kniff an dieser Verfügung war, daß demnach gegen den König respektive Kaiser opponierte, wer die Regierung kritisierte – und gegen das inkorporierte Staatsinteresse, gegen Seine Majestät selbst konnte natürlich kein Beamter antreten. Auch für einen Professor war das verwerflich.

Privatdozenten jedoch waren keine Beamten und durften darum bisher einer freilich grauen Theorie nach durchaus oppositionelle Meinungen vertreten. Nach der Entscheidung im Falle Arons wurde nun auch den unbeamteten und unbesoldeten Privatdozenten eine »beamtenähnliche« Stellung zugeschrieben, und es hieß bündig: »Auch außerhalb seines Berufes soll sich der Privatdozent so verhalten, wie es die Achtung, das Ansehen und das Vertrauen, die seine Stellung erfordern, verlangen. – Die Betätigung sozialdemokratischer Gesinnung (ist) mit der Stellung des akademischen Lehrers unvereinbar.«[38]

Die Reglementierung der Staatsgesinnung war perfekt, und der provozierende Vorwurf des sozialdemokratischen Reichstagsabgeordneten Rechtsanwalt Wolfgang Heine, nur mehr eine traurige Feststellung: »Als ob die Universität eine Herberge wäre und die Mitglieder des akademischen Lehrkörpers Handwerksgesellen, die von der Herbergsmutter Regierung und ihren Hausknechten jederzeit an die Luft gesetzt werden könnten, sobald es ihnen paßte!«[39]

Solch dramatische Akte waren nicht mehr notwendig. Die Professoren sorgten selbst dafür, daß an der Zunftgesinnung kein Zweifel möglich war. Wissenschaft und Lehre waren laut Verfassung zwar frei, aber an den Universitäten und Schulen nur für Forscher und Lehrer unverdächtiger, reichstreuer Überzeugungen. Als der bekannte Soziologe Robert Michels, damals noch in seinen Anfängen, 1908 bei dem Marburger Professor Theobald Fischer anfragte, ob er sich als Privatdozent niederlassen könne, erhielt er ein kategorisches Nein zur Antwort. »Und zwar nicht,« so empörte sich Friedrich Naumann, »weil etwa seine wissenschaftliche Eignung angezweifelt wurde, sondern weil er sozialdemokratische Gesinnungen hege und sogar öffentlich betätige! Außerdem habe er seine Kinder nicht taufen lassen und sich dadurch für jede höhere Laufbahn unmöglich gemacht!«[40] Als der Volkswirtschaftler Alfred Weber 1907 auf dem ersten Hochschullehrertag beanstandete, daß der Staat auch aus rein politischen Gründen in die Freiheit der Hochschulen eingreife, wurde sein auf Arons bezogener Einwand sofort zurückgewiesen und im folgenden ignoriert: es seien da ganz andere Gründe maßgeblich gewesen. Und als sich sein Bruder Max Weber ein Jahr später vor demselben Gremium in Jena erzürnte: »Wer der Gesinnung des akademischen Lehrers nachschnüffelt, ist ein Schuft!« – da rümpften seine Kollegen nicht nur der Leidenschaft des Wortes wegen die Nase. Sie empfanden weniger, daß er sich für die akademische Freiheit einsetzte, als vielmehr für eine befremdliche Verteidigung wahrlich nicht diskutabler sozialdemokratischer Anschauungen.

Mir graut vor jeder großen Versammlung . . .

Das Verhältnis zu den Parteien

Es wäre ungerecht, zu verschweigen, daß die deutschen Professoren nicht nur die sozialdemokratische Partei verabscheuten, sondern daß sie überhaupt mit dem ganzen Parteienwesen nichts anfangen konnten – und wollten. Zwar lebten sie in einem Staat, der nicht nur eine konstitutionelle Monarchie war, sondern auch feste demokratische Einrichtungen hatte. Es gab die verschiedenen Landtage, es gab einen sogar in gleichen und geheimen Wahlen berufenen Reichstag: Parlamente, die weder einen bestimmenden Einfluß auf die Regierungsgeschäfte besaßen, noch gar sich als repräsentative Volksvertretungen bezeichnen konnten, aber dennoch eben in ihren Parteien die Vielfalt und Divergenz der politischen Meinungen und Gruppierungen der Nation deutlich machten.

Diesem gesamten parlamentarischen, in der Auseinandersetzung der Parteien manifestierten Aspekt des Staatslebens standen die Professoren teilnahmslos bis ablehnend gegenüber. Nicht nur, weil vielen von ihnen das überhaupt gleichgültig war und unwesentlich schien; nicht nur, weil es ihnen mit ihrer Stellung als Beamte unvereinbar dünkte: grundlegend war, daß sie sich dem durch ihre Berufung zu wissenschaftlicher Erkenntnis und höherer Wahrheit enthoben glaubten. Gerade bei den wenigen Hochschullehrern der Epoche, die dem politischen Leben aufgeschlossener waren, tritt die Prägekraft dieser Grundhaltung hervor.

Parteien, so belehrt Friedrich Paulsen seine Kollegen, sind notwendige Erscheinungen des öffentlichen Lebens. In ihnen artikulieren sich spontan die widerstrebenden Tendenzen der Menge, in ihren Kämpfen gewinnt die Masse Klarheit über das relative Gewicht ihrer Interessen und Anschauungen. Andererseits aber ist der Parteigeist, weil er nur seine eigenen Ambitionen und Vorurteile gelten läßt, der Wahrheit abträglich und schwächt den Wirklichkeitssinn, macht das Gewissen stumpf. Die Wissenschaft jedoch hat keine Tendenz, sie erforscht höchstens die des geschichtlichen Lebens, wozu sie der Unbefangenheit und Freiheit von augenblicksgebundenen

54

politischen Auseinandersetzungen bedarf. Paulsens Argumentation mündet in den Schluß:»Wer sich der Erforschung der Wahrheit widmet, darf nicht Parteimann sein; er kann seine Stimme für eine Partei abgeben, aber er wird ihr nicht sein Urteil ausliefern, er wird sich ihr nicht gefangen geben.«[41] Das bedeutet zumindest: seine Parteizugehörigkeit wäre eine Bedrohung für seine Fähigkeit zur Wahrheit. Man kann es auch härter formulieren: sie ist mit dem Streben nach Wahrheit unvereinbar.

Hans Delbrücks Behauptungen basieren auf gleichen Prämissen, zeigen aber noch deutlicher den teils elitären, bisweilen schon heilsgläubigen Einschlag bürgerlichen Staatsverständnisses: Parteien sind notwendig, dienen aber zu engen Interessen und lähmen sich schon durch ihre Vielfalt gegenseitig. Verantwortliches politisches Handeln müsse jedoch überparteilich sein und sei nur durch die Monarchie und das Beamtentum gewährleistet. Denn das wahre Staatsinteresse, so Delbrück, erfassen nur die Schichten der Bildung und der Wissenschaft.

Daraus resultiert unweigerlich auch für die Gelehrtenwelt eine Verpflichtung. Es ist eine sehr akademische Konsequenz, die Paulsen proklamiert:»Die Professoren, die Vertreter der Wissenschaft, sollen nicht Politik machen, wohl aber sollen sie sich Gedanken über den Staat und das Recht machen, und es ist von Wichtigkeit, daß diese Gedanken von den Politikern gehört werden.«[42] Schon mit dieser Forderung waren die Kollegen überfordert – aber auch Paulsen selbst. Denn wie wollte er sich denn zu Gehör bringen, wenn er überdies der Überzeugung war, der Professor sei für die praktische Politik untauglich? Was sollten dann seine Gedanken dem Politiker nutzen, wie ihn beeindrucken? Auch hier wieder ist gerade die Ausnahmeerscheinung des Berliner Ethikers ungemein typisch für die profunde Verhältnislosigkeit des wilhelminischen Professorentums zur politischen Realität: er kommt auch nur bis zu Ausguck und Pforte des Elfenbeinturms. 1881 hatte Tönnies den Freund gebeten, sich bei einer Versammlung der Sozial-Konservativen für die Ansichten Adolf Wagners einzusetzen; was Paulsens Überzeugungen durchaus entsprach. Seine Antwort:»Deine admonition zur Beteiligung an sozialpolitischen Gründungen ist auf das Steinige gefallen. Ich habe die gebietende Empfindung, daß ich in einen anderen Wirkungskreis gesetzt bin; mir graut vor jeder großen Versammlung mit ihrem Gedränge und ihrer schwülen Luft; ich habe physisch-moralische Angst davor. Nun hier wäre das ja wohl nicht; und doch etwas Ähnliches. Ansehen möchte ich es wohl aus der Ferne...«[43]

Solch hehre Nobilität, solch milieuverhaftete Exklusivität mußte auch die schönsten Einsichten zur Wirkungslosigkeit verdammen. Wenn Paulsen schon neurotische Zwangsvorstellungen hatte bei dem Gedanken, unters Volk zu gehen: seine Kollegen kamen auf diesen Gedanken erst gar nicht. Ihr Platz war das Katheder, ihr Forum der Hörsaal, ihre Öffentlichkeit ein gläubig lauschendes Auditorium. Was sie von draußen wissen mußten, konnten sie den Amtsblättern, der Regierungspresse, den Allerhöchsten Reden entnehmen. Die Professoren betrieben Wahrheitsfindung im Reiche reiner Wissenschaft und blickten stolz auf den Ruhm, den die deutsche Universität in der internationalen Gelehrtenwelt, in ihrer Welt besaß. Er war ihr Beitrag zur Größe des Vaterlandes und für sie Bestätigung genug, daß alles zum Besten stand. Mit den bitteren Worten eines jungen Hochschullehrers: »Die Gegenwart gilt heute den meisten Dozenten als unantastbar, und sie schweigen darüber am liebsten ganz oder äußern sich in einem Sinne, der keiner machthabenden Gewalt mißfallen kann. Kaum einer wagt es, sich herrschenden Richtungen entgegenzustellen oder seine eigene Meinung ehrlich herauszusagen. Die Dozenten verlieren immer mehr von ihrer Unabhängigkeit und damit von ihrem Einfluß. Es scheint fast, als sei ihnen die eigene Verantwortung zu schwer geworden und sie wollten davon so viel wie möglich auf den Staat wälzen. Sie fühlen sich als Beamte und lassen sich auch so behandeln.«[44]

Die Hochschule ist heute keine Lehr- und Erziehungsanstalt ...

Die Niedergangsliteratur

Das Ansehen der deutschen Universitäten und ihrer wissenschaftlichen Leistungen stand um die Jahrhundertwende in höchster Blüte. Sie wurden im Ausland bewundert und gepriesen, im Inland verherrlicht. Sie waren nicht nur ein Prunkstück des nationalen Renommees, sie schienen auch die Überlegenheit deutschen Geistes zu beweisen. Zugleich jedoch mehrten sich auch die kritischen Stimmen, die Zweifel und Anschuldigungen, daß sich die Universität ihrer Aufgabe im nationalen Ganzen versage und zur Vermittlungsanstalt für Spezialwissen erstarre.

Die Verfechter alter freier Burschenherrlichkeit beklagten den langweiligen Vortrag und autoritären Dünkel der Lehrer, welche die Studenten gar zur Teilnahme an bestimmten Übungen und Vorlesungen zwängen. Das Motiv war gewiß pure Bequemlichkeit, wenn sie dagegen schwärmerisch die schöne alte Hörfreiheit zurückverlangten; dennoch umreißt auch dieser Protest einen realen Sachverhalt. Die Hochschullehrer waren zu recht eigenwilligen Herren ihrer Spezialforschung geworden und steuerten damit zwangsläufig auf eine wissenschaftliche Verengung, auf eine »Verschulung« der Lehre hin.

Besonders stach diese übertriebene Abkapselung natürlich den Vertretern der gerade entstehenden Technischen Hochschulen ins Auge, die von ihren Kollegen aus den klassischen Wissenschaften mit ziemlicher Geringschätzung bedacht wurden. So wirft denn auch der sächsische TH-Professor Riedler 1898 den Universitätsgelehrten mangelnden Wirklichkeitssinn und fehlendes Verständnis für technische Entwicklungen und wirtschaftliche Interessen vor. Die Universität ignoriere die modernen Kulturgrundlagen und laufe Gefahr, »im überlieferten Geleise stehen zu bleiben«. Aus ihrer Mißachtung praktischer Arbeit resultiere auch »das Heranwachsen eines ungeheuren Klassenhochmuts«. Riedlers Vorwürfe können so von ungefähr nicht sein, sonst hätte man den Königlichen Geheimen Regierungsrat schwerlich neun Jahre später in den Ausschuß des Allgemeinen Hochschullehrertages gewählt.

Die heftigsten Klagen über einen Verfall der Hochschulen kamen jedoch von seiten konservativer Kulturkritiker. So etwa von dem Philosophen und Pädagogen August Horneffer, einem zeitgemäßen Nietzscheaner, der über das Christentum urteilte: »Wir verabscheuen eine Lebensanschauung, die dem Geschwächten in der schwachen Stunde gemäß, die Ausdruck seiner Erniedrigung ist.«⁴⁵

Der streitbare Schriftsteller monierte, daß die akademischen Lehrer sich in Objektivität und Fachwissen übten, alles verstünden, sich aber zu nichts bekannten. Sie entfremdeten sich ihren Studenten, die schließlich wissen wollten, wie die vielgelehrten Erkenntnisse der Vergangenheit auf die Gegenwart angewandt werden könnten und nach idealen Zielen verlangten. Humboldt muß ihm im Sinn gewesen sein, als er sich empörte: »Die Hochschule ist (heute) keine Lehr- und Erziehungsanstalt, sondern eine Anstalt zur Fortführung der Wissenschaft.«⁴⁶

Die Universität, so urteilt Horneffer 1907, redet in Sachen Kultur nicht mehr mit; aber sie muß wieder Bildungsanstalt und Kulturzentrum werden, sie muß das geistige Leben der Nation leiten – und sich diese Führung notfalls auch gegen den Staat erzwingen. Denn der Staat »hat längst verlernt, in der Hochschule eine Macht zu sehen, auf die er Rücksicht nehmen müßte. Sie beweist sich nicht als Macht. Sie läßt alles mit sich machen und streckt sich nach der kürzesten Decke.«⁴⁷

Kritiker aller Couleurs stimmten in ihrer Klage über den Niedergang der Universitäten überein, warfen ihr die Verflachung in Berufsausbildung, die Isolierung vom öffentlichen Leben und die fundamentale Geringschätzung politischer Bildung vor. Darüber hinaus konstatierte in den eigenen Reihen der Germanist von der Leyen den schmählichen Abfall der Universität von ihrer wirklichen Idee und Gestalt: »Da bei den Universitäten wohl jeder auf sich, auf die Universität selber aber kaum einer aufpaßt, da man der Regierung gegenüber immer zu viel Wünsche hat, als daß man sich schlecht mit ihr stellen möchte, geschah es, daß unversehens ein kleines Recht der Universität nach dem anderen verschwand. Der Verlust des einzelnen bedeutete vielleicht nicht viel, der Verlust des Ganzen wird heute mit recht betrübtem Herzen empfunden.«⁴⁸

Nichtwissenschaftliche Gesichtspunkte gaben den Ausschlag ...

Um Autonomie und Reformen

Die deutschen Universitäten, so erinnert sich vier Jahrzehnte
später der greise Naturphilosoph Hans Driesch, waren zu
dieser Zeit die freiesten der Welt. Der Lehrkörper wählte seine
eigenen Repräsentanten (Rektor und Dekan), er ergänzte sich
selbst: und niemand nahm darauf Einfluß.»Kein Kaiser, kein
Landesfürst, keine Regierung der Jahre 1818–1932 tastete
diese Rechte an, erst der Nationalsozialismus hat sie zer-
stört.«[49]
Diese schöne Erinnerung gehört schlicht ins Reich der
Legende. Die Verstaatlichung der Verwaltung beschrieb schon
damals Paulsen als einen herrschenden Zug des modernen Bildungswesens. Die Unterrichtsverwaltung eines preußischen
Obrigkeitsstaates zumal war nicht die Behörde, die sich ihre
Lehrer von einer autonomen Professorengilde widerspruchslos
vorschreiben ließ. Und schon gar nicht war ihr Chef, Ministerialdirektor Friedrich Althoff, der Mann, der das geduldet
hätte. Sein Amt wie seine Persönlichkeit waren stark genug,
auch mit widerspenstigen Gelehrten fertig zu werden, und er
hat diese Position nicht selten rücksichtslos im Interesse des
Staates ausgenutzt. Mit einem Wort Max Dessoirs: Er lehrte
die Universitäten die »Furcht des Herrn«.
Bei weitem nicht der einzige, wohl aber der bezeichnendste
Fall dieser Art war der Straßburger Oktroi. Der junge Historiker Martin Spahn konnte 1901 auf eine akademische Blitz-
karriere zurückblicken. 1898 war er, dreiundzwanzig Jahre alt,
in Berlin Privatdozent geworden, bereits drei Jahre darauf
außerordentlicher Professor in Bonn. Einen wissenschaftlichen
Ruf besaß er noch keineswegs, wohl aber einen einflußreichen
Vater, der als Zentrumsabgeordneter im Reichstag saß. Schon
wenige Monate nach der Ernennung in Bonn berief Althoff den
jungen Mann auf einen katholischen Lehrstuhl für Geschichte
an der Universität Straßburg – gegen den Willen und
Einspruch der philosophischen Fakultät. Ein Sturm der Entrüstung erhob sich in Professorenkreisen gegen diesen eklatanten

Eingriff in verbürgte Rechte. Mommsen wurde Wortführer der bald auch öffentlichen Erregung wider Althoffs Anmaßung. Da griff mit gewohnter Wortmacht Kaiser Wilhelm II. persönlich ein. Er versicherte den Elsaß-Lothringern seine Befriedigung, daß er einen Wunsch seiner katholischen Untertanen habe erfüllen können und sandte Althoff ein Allerhöchstes Bildnis mit dem eigenhändigen Sinnspruch: »Es sind die'schlechtesten Früchte nicht, daran die Wespen nagen.« Gustav Schmoller, freier akademischer Bürger und loyaler kaiserlicher Untertan, veranstaltete eilends ein Vertrauensessen für den von vorwitzigen Kollegen attackierten Ministerialdirektor.

Der Sturm legte sich prompt, Spahn blieb in Straßburg und Althoffs Allmacht in staatlichen Universitätsangelegenheiten ungebrochen. Gustav Cohn, voll des Lobes über Preußens förderliche Kultusverwaltung, bescheinigte ihm später sogar, er habe für die Autonomie der Wissenschaft oft mehr getan als die akademischen Körperschaften selbst. Das mag schon stimmen – wenn man nämlich das ängstliche Nachgeben der Professoren und Althoffs meisterliches Geschick in Rechnung stellt, die von ihm ihrer Servilität wegen oft genug verachteten Herren Gelehrten mit sanftem Druck in ihren Entscheidungen zu manipulieren.

Lujo Brentano jedenfalls stellte sich die Weisheit der Unterrichtsbehörden wesentlich anders dar: »Es kam vor, daß Personen, die als wissenschaftliche Analphabeten anzusehen sind, in Dingen der wissenschaftlichen Forschung und der Besetzung von Lehrstühlen das große Wort führten, und daß unsere ›starken‹ Regierungen keine größere Weisheit kannten, als ihnen nachzugeben. – Waren die Fakultäten nicht von unerbittlicher Vorsicht, so gelang es unauffällig, die Wünsche von Prinzen und Prinzessinnen, Abgeordneten, Sonderinteressenten aller Art zu verwirklichen. Der Geeignetste wurde nicht ernannt oder ein Ungeeigneter wurde ernannt; nichtwissenschaftliche Gesichtspunkte gaben den Ausschlag, wo wissenschaftliche allein den Ausschlag zu geben hatten.«[50]

Die Autonomie der Hochschulen schwand in der Ära Althoff dank einer straffen Zentralisierung ihrer staatlichen Verwaltung dahin. Ihr Ansehen litt darunter, daß bei Berufungen häufig statt wissenschaftlicher Qualifikation die Willfährigkeit gegenüber der Staatsautorität und andere genehme Beamteneigenschaften entschieden. So heißt es im Einladungsschreiben zum 1. deutschen Hochschullehrertag, das die Hochschullehrer deutscher Zunge zum organisatorischen Zusammenschluß gegen diese bedenkliche Entwicklung aufrief. Für die Richtigkeit der Begründung standen neben anderen auch Lujo Brentano, Eberhard Gothein, Friedrich Meinecke, Hermann Oncken und Werner Sombart mit ihrer Unterschrift ein.

Es bedurfte eigentlich der Versicherung nicht, daß es bei diesem Unternehmen keineswegs um eine Opposition mit politischen Akzenten ging; dennoch lehnten aus Sorge davor und wohl auch aus der viel simpleren Befürchtung, man könne sie überhaupt mit einer Kritik an der geheiligten Autorität in Verbindung bringen, sehr viele Professoren den Hochschullehrertag ab und hielten sich fern.

Das Salzburger Grundsatzreferat Karl von Amiras, Professor für Germanische Rechtsgeschichte in München, umriß die Punkte, die man selbst nach all der Provokation durch universitätsfremde Autoren (»Niedergangsliteratur«) am deutschen Hochschulwesen verbesserungsbedürftig fand und behandeln wollte. Zuerst einmal gelte es, die gute Bezeichnung Professor wieder zu alten Ehren zu bringen; heute wollten gar zu viele im Schmucke Geheimer und Geheimster Ratstitel prangen, weil das so schönen Eindruck mache. Sodann müsse der Staat aufhören, die akademische Autonomie durch Eingriffe in die Promotionsordnungen und das Berufungswesen zu mißachten und sich durch schmeichelhafte Auszeichnungen eine willige Hierarchie an den Hochschulen zu züchten. Selbstverständlich muß, so versichert Amira loyal, der Professor sich dafür seiner besonderen Pflichten als Lehrer und Beamter auch in seiner Lebensführung bewußt zu sein. Damit kommt er verklausuliert zum dritten Punkt der Kritik: oft handhaben Professoren ihre Lehrverpflichtung ein wenig lax und vernachlässigten ihre Vorlesungen; sie hielten auch Gefälligkeitsprüfungen ab, wehrten konkurrenzverdächtigem Nachwuchs, lobten hingegen eigene Schüler hoch und pflegten den Kontakt zu ihren Studenten zu wenig. Außerdem stand die Frage der Rechte und der materiellen Sicherstellung des akademischen Nachwuchses auf der Tagesordnung.

Der Tadel an den Kollegen blieb rhetorisch, die Rechte der Nichtordinarien wurden sehr sparsam zugeteilt, die Forderungen an den Staat in einer Resolution niedergelegt. Sie verlangte: 1. Autonomie der Hochschule; 2. Für die Berufung soll ausschließlich die wissenschaftliche Befähigung ohne Ansehen der Lehrrichtung jedoch unter Berücksichtigung der Lebensführung entscheidend sein; 3. Die Nichtordinarien sollen in allgemeinen Angelegenheiten der akademischen Körperschaften zu Gehör kommen; 4. Tüchtige, wirtschaftlich ungesicherte Privatdozenten und Extraordinarien sollen Besoldungen ad personam bekommen.

Eines zumindest ist aus dieser ersten gemeinsamen Aktion eines breiteren Professorenkreises unverkennbar abzulesen: die akademische Freiheit war ein Ideal, das erst einmal wiedererrungen werden mußte. Was hier zurückgefordert wurde, waren einst Selbstverständlichkeiten und noch immer nominelle Grundrechte der Universitäten. Für diesen Verlust waren, wie gar spät zu Bewußtsein kam, nicht irgendwelche bösen Parteien, sondern der Staat selbst verantwortlich, der in skrupelloser Manier auch unfähige Lehrer durchsetzte und akademische Ehren nach Gutdünken verteilen ließ.

Und es waren, was nur mit Zurückhaltung konzediert wird, die Universitäten selbst am Schwund ihres Ansehens und ihrer Rechte schuld. Was der Münchner Ordinarius Amira nur behutsam als Eitelkeit und Gefügigkeit einiger Kollegen bezeichnet, erhält im Urteil eines Münchner Privatdozenten eine wesentlich andere Größenordnung: »Persönlichkeiten und Männer im Sinne der als leuchtende Vorbilder genannten Fichte und Schleiermacher, Persönlichkeiten wie Savigny, Jacob Grimm, Böckh, Niebuhr, Lachmann, Mommsen, Dahlmann, Gervinus, Treitschke wird man heute, wenn überhaupt, sehr viel seltener als früher finden. Dafür ist an höfischen Gelehrten, an Virtuosen, an geschickten Poseurs, rücksichtslosen Strebern, Exzellenzen, Geheimräten und Rittern hoher Orden durchaus kein Mangel.«[51]

Solch bissige Formulierungen waren in dem Salzburger Gremium aus sehr einfachem Grunde nicht möglich. Wenn diese relativ kleine Gelehrtenversammlung mit ihrer Kritik an den eigenen Reihen etwas erreichen wollte, so mußte sie sich mit ihren Rügen und Verbesserungsvorschlägen natürlich im Rahmen dessen halten, was als akademisch »würdig« gelten konnte und die Mehrzahl der lauen Kollegen nicht zu wütendem Widerspruch reizte: Nestbeschmutzung. Abgesehen davon war bei den meisten auch der Korpsgeist viel zu stark entwickelt, als daß sie zu unverblümter Kritik an eigenen Verfehlungen fähig gewesen wären. Das Protokoll zeigt davon kaum etwas, und Alfred Webers Hinweis auf den Klassencharakter der Hochschulen war schon kühn: »Wenn ein Mensch mit 30 Jahren Privatdozent, mit 35 Jahren Extraordinarius ist, dann ist eine ganze große Masse, die nicht kapitalistisch ist, ausgeschlossen.«[52]

Für das Ausmaß dessen, was an den Universitäten wirklich im Argen lag, konnte ein solcher von Rücksichten und Taktik bestimmter Hochschullehrertag nicht mehr als ein freilich sehr bemerkenswertes Symptom sein: daß er nämlich überhaupt zustande kam und ein akademischer Zirkel auf die sich häufenden Kritiken von außen und ein eigenes Unbehagen reagierte. Das wirkliche Dilemma ging viel weiter und umfaßte auch schon Strukturprobleme der Hochschule. Es wurden grundlegende Reformen diskutiert. Am weitesten ging wohl der Nationalökonom Heinrich Waentig, als er – übereinstimmend mit dem prominenten Historiker Karl Lamprecht – auf eine Abschaffung der »monarchischen Verfassung« der Hochschulinstitute drang. Er schlug statt dessen eine auf das Forschungsthema bezogene Zusammenfassung verschiedener Wissenschaftsgebiete vor; in dieser Abteilung sollten alle Lehrer gleiche Rechte haben und unter der Verwaltung eines Leiters stehen.

Waentigs Reformplan ist nicht nur deshalb interessant, weil er bereits das noch heute nur widerwillig diskutierte Department-System vorwegnimmt. Er sticht hervor, weil der spätere Referent im Kultusministerium bereits 1911 die Crux der autoritären Hochschulstruktur in den Vordergrund seiner Überlegungen stellt. Genau dieses Prinzip aber wollten sich die Universitäten am wenigsten nehmen lassen; wie sie überhaupt alle Reformwünsche als recht lästig und inkompetent abtaten.

Das Verlangen der Nichtordinarien etwa, gleiche akademische Rechte wie ihre ordentlichen Kollegen zu erhalten, galt auch dem angesehenen Kirchen- und Staatsrechtler Wilhelm Kahl eher als öde Gleichmacherei nach dem Muster von 1848. Für die Universitätskritik forderte er den Grundsatz »Zurück von der Äußerlichkeit zur Innerlichkeit«[53] – und damit war das Reformieren profanem Denken enthoben. Die sukzessiven Verbesserungen, die er statt dessen durch gemeinschaftliche Absprachen wie den Hochschullehrertagen erhoffte, blieben aus oder betrafen Bagatellfragen. So wurde zum Beispiel auf dem 5. Hochschullehrertag 1913 zuerst einmal nachdrücklich darüber gesprochen, daß die Promotionen verschärft werden müßten: das Ansehen der Hochschule leide unter den leichterhand verteilten Doktor-Titeln. Der zweite, ungleich wichtigere Tagungspunkt verlangte eine Stellungnahme der Professoren zu der Frage, ob neue Hochschulen errichtet werden sollten. Seit Jahren klagten sie völlig zu Recht über die riesigen Studentenzahlen, über die Unmöglichkeit eines vernünftigen Unterrichts. Das Problem war also akut. Die zuständigen Behörden waren auch finanzierungswillig. Die versammelten Professoren lehnten den Gedanken von Neugründungen dennoch ab: sie fürchteten um den elitären Charakter der Universität, eine Erschütterung des bisherigen Systems.

Den Struktur- und Reformproblemen der modernen Hochschule begegneten ihre Lehrer mit der verträumten geistseligen Erhabenheit eines Ludwig Curtius, der dafür weder Eile noch Paragraphen erforderlich hielt. Statt dessen phrasierte der große Archäologe in einer öffentlichen Stellungnahme hohl: »Die Reform ist Sache der sich wandelnden Gesinnung.« Oder noch erkenntnisreicher: »Reform liegt immer im Leben selbst.«[54]

Die Professoren, von denen solche Reformen schließlich ausgehen mußten und sollten, standen jedoch weder im Leben selbst noch wandelte sich ihre Gesinnung. Noch 1913 erklärte Professor Georg Kaufmann in aller Harmlosigkeit, die lange Wartestellung des akademischen Nachwuchses sei ja ein sehr trauriges Los, aber es seien doch einige selber daran schuld: »Endlich versperren sich manche den Weg, indem sie kirchlichen oder politischen Richtungen huldigen, die zur Zeit von den Regierungen aus den leitenden Stellungen ferngehalten werden.«[55]

Eine solche Feststellung spricht nicht nur von hemmungslosem Opportunismus. Daß sie so selbstverständlich und unwidersprochen in der *Akademischen Rundschau* getroffen werden konnte, bezeugt schon eine tiefere Korrumpierung der Vorstellungen von Autonomie der Hochschule und Freiheit der Wissenschaft. Verwunderlich war es allerdings nicht in einer staatlichen Ausbildungsanstalt, deren Historiker Wilhelm II. applaudierten, als er seinem wahrlich nicht gewaltigen Großvater den Beinamen »der Große« zulegen wollte.

Dieser Grad kritikloser Staatsergebenheit wurde nicht nur auf der politischen Linken mit Erbitterung kommentiert. Selbst die feudalkonservative *Staatsbürgerzeitung* monierte die sogenannte unpolitische Haltung der Hochschulen, die nur ihren Hang nach rechts und ihre Abneigung nach links vertusche. Des Autors Kurt Gerlach Vorwurf rührte schon an die Substanz, stellte die wissenschaftliche Integrität der Hohen Schulen in Frage: die an sich berechtigte Forderung nach Wertfreiheit diene gerade in den Sozialwissenschaften vor allem dazu, politisch konservative Werturteile zu verkappen, oder sie werde gar uminterpretiert zum Verzicht auf staatsbürgerliche Rechte.

Die deutschen Universitäten waren keineswegs »die freiesten der Welt«. Sie waren weder frei im Staate noch gar frei vom Staat. Der hatte ihnen im Gegenteil ihre alten Freiheiten beschnitten und sie zu reglementierten Anstalten degradiert. Es kam ihnen bloß nicht zu Bewußtsein, so sehr hatten sie sich mit den Staatsanschauungen identifiziert. Sie hatten aus Liebedienerei oder aus Gleichgültigkeit, auf jeden Fall aber gedankenlos das ihnen genau zugemessene Limit an »Freiheit« akzeptiert und hielten sich darum für frei. Der Historiker Walter Goetz hat sich späterhin dieses Zustands weit besser erinnert als Hans Driesch und die Rechtfertigungsdenker der Universitätsgeschichte: »Standen wir nicht beinahe alle im Banne der (Hohenzollern-)Legende oder unter dem Drucke einer Monarchie, die nicht mit sich spaßen ließ und die Freiheit der Meinungsäußerung genau da begrenzte, wo die Majestas des Monarchen oder die Staatsform der Monarchie in Frage kam? Ist es im Grunde nicht eine menschliche und wissenschaftliche Selbstverständlichkeit, daß man Monarchist oder Republikaner sein kann, genauso wie man Katholik oder Protestant, Lutheraner oder Calvinist sein darf? In allen Staaten der Welt ist solche Freiheit der Anschauung selbstverständlich – in Deutschland (und in Rußland) konnte sie Amt und Freiheit kosten. Und wir gewöhnten uns daran, in solchem Zustand etwas Selbstverständliches, ja Heilsames zu sehen ...«[56]

Das Paradies deutscher Freiheit und Gesittung ...

Der Verfall des politischen Denkens

Das Erscheinungsbild der deutschen Professoren hatte sich in wenig mehr als drei Jahrzehnten, binnen einer Gelehrtengeneration von Grund auf geändert. In der Zeit der Reichsgründung traten noch einige politische Professoren hervor, in denen die große Tradition der Universitätslehrer aus der Epoche der bürgerlich-liberalen Einheitsbewegung weiterlebte: Männer wie Dahlmann und Ewald, wie Treitschke und Mommsen. Ihre Einstellung zu dem kleindeutschen Reich Bismarckscher Prägung reichte von begeisterter Zustimmung über maßvolle Kritik bis zu enttäuschter Ablehnung – und das taten sie kund, dafür standen sie ein. Ihnen ist es zu danken, daß die deutsche Universität ihr Ansehen als oberste geistige Instanz in Sachen der Nation behielt und steigerte. Der Nimbus dieser eindrucksvollen Bekennergestalten überstrahlte den Rückzug ihrer lauen Kollegen aus der politischen Verantwortung, aus der Verpflichtung in die geistig-gesellschaftliche Entwicklung der Nation.

In den folgenden Jahren glanzvoller staatlicher Machtentfaltung wurde dieses Erbe völlig verschüttet. Die Herrschaft eines großen Mannes, so resignierte Max Weber, ist nicht immer ein Mittel politischer Erziehung. Ausnahmen wie Weber oder Hans Delbrück konnten nun nicht mehr verdecken, daß Deutschlands Hochschulen weitab gerückt waren vom öffentlichen Leben und den gesellschaftlichen Vorgängen, die sie einst mitbestimmt hatten. Nicht nur die Erinnerung an diese Rolle war ihnen entfallen, ihre Anpassung ging weiter. Sie ignorierten überhaupt, daß in diesem Volk schon ein halbes Jahrhundert zuvor erbitterte Kämpfe um egalitäre Rechte, um konstitutionelle Garantien und parlamentarische Kontrollen geführt worden waren. Solche Ansprüche schienen ihnen jetzt unerlaubte, staatsuntergrabende Ideen zu sein.

Die Einstellung und das Verhalten von Deutschlands Professoren zu Staat und Politik, selten genug formuliert, entsprachen fatal den Vorstellungen des allzeit jugendlichen Wilhelm II. Dies kaum zwei Jahrzehnte alte, mit kabinettspolitischen

Intrigen und rücksichtsloser Gewaltsamkeit geschaffene deutsche Reich unter der fragwürdigen Klammer seines preußischen Kaisertums: das begriffen sie wie eine uralte Überlieferung und direkte Fortsetzung alter deutscher Herrlichkeit. Es war eine unverrückbare, monumentale, gottgewollte Staatssetzung; ein »Leuchtfeuer der Menschheit« mit sehr realem Anspruch auf Weltgeltung. An der Richtigkeit ihrer politischen Ordnung und Prinzipien war kein Zweifel denkbar.

Das machtpolitische Denken beeinflußte auch die wissenschaftlichen Kriterien. Macht war ein Phänomen per se, über das nicht ethisch oder moralisch zu diskutieren war – dieses Unterfangen brachte Heinrich Ewald Gefängnishaft ein – sondern das sich durch Erfolg oder Mißerfolg rechtfertigte. Nicht nur der Stammtisch-Bürger hatte das zur Befriedigung seiner nationalen Emotionen aus Bismarcks Politik gelernt. Diese wertfreie Erkenntnis prägte auch das Urteil einer historiographischen Schule, die dann Fridericus Rex und den Großen Kurfürsten in die Rollen nationaldeutscher Helden emporstilisierte und einen Herrscherkultus ohne Maß mit fatalem Ergebnis betrieb.

Absoluter Gehorsam gegenüber der Obrigkeit und unbedingter Glaube an die Autorität des Staates und seiner Repräsentanten von Gottes und des Kaisers Gnaden waren Elemente, die in dieser bürgerlich machtstaatlichen Begriffswelt konstituierende Bedeutung besaßen. Die Universitäten haben es mit ihrer widerspruchslosen Ergebenheit in behördliche Eingriffe und Verfügungen oft genug bewiesen. Nicht genug damit: sie erhoben dieses Verhalten auch in der akademischen Welt zum Leitbild.

Die intime Gemeinschaft von Lehrenden und Lernenden war unter dem Zustrom der Studierenden schon längst zerbrochen; das akademische Pult war zur Lehrkanzel geworden, von der einsame Erkenntnisse verkündet und diktiert wurden. Doch auch aus der Gemeinschaft der Lehrenden war eine hierarchische Pyramide geworden, auf deren oberster Plattform mit weitem Abstand zum akademischen Fußvolk die ordentlichen Professoren saßen. Die ideelle Gleichheit aller Lehrenden war vor einer starren Rangordnung längst zur Farce geworden. Wer auf den akademischen Stufen emporklimmen wollte, mußte nicht nur finanziell einen sehr langen Atem haben, er mußte sich auch durch gehorsame Dienste für seine Oberen dafür qualifiziert haben. Die Professorentochter war für einen strebsamen Privatdozenten allemal der sicherste Weg zum Lehrstuhl. In der reichen Zahl dieser Ehen dokumentiert sich nicht nur die kastenmäßige Abgeschlossenheit des Professorenstandes, sondern auch die Diktatur autoritärer Spielregeln. »In Deutschland schien die Universität zum Lob und Preis der Professoren zu existieren, die als eine Art von Halbgöttern darüber thronten«, schreibt Moritz Julius Bonn im Vergleich mit seinen Erfahrungen bei einer Gastprofessur in Amerika[57]. Die heutigen Strukturprobleme der deutschen Universität entstanden und verfestigten sich in jener Epoche.

Die Gelehrten des 19. Jahrhunderts, welche die deutschen Universitäten zu Ruf und Ruhm geführt hatten, waren zu einem guten Teil bescheidener Herkunft, nicht selten Söhne von niederen Beamten, kleinen Kaufleuten und bessergestellten Bauern. Gegen Ende des Jahrhunderts jedoch präsentiert sich die Professorenschaft als ein exklusiver Stand mit feudalbürgerlichen Merkmalen. Sie hatte ihre Wurzeln in den niederen Volksschichten völlig verloren, war von ihnen durch einen tiefen Graben getrennt. Zur Aufrechterhaltung der »Standesehre« und der sozialen Wertschätzung der Akademiker wehrte man Söhne niederen Standes von den Hochschulen ab. Die oft gerügte »Verbürgerlichung« der Universität bedeutete nicht zuletzt, daß man auch die feudalen Leitbilder des wilhelminischen Bürgertums übernahm. Nicht nur in den studentischen Korporationen – durch welche die Hochschullehrer ja auch gegangen waren und zu deren Idealen sie sich auch als gefeierte Alte Herren noch stolz bekannten – war die Nachahmung aristokratischer Lebensformen höchstes Ziel: Duell, Mensur, Komment, Satisfaktionsfähigkeit. Auch die Professoren waren dem konventionellen Borussismus (F. Meinecke), der verfälschten Hohenzollerntreue (W. Goetz), dem militärischen Talmiglanz dieser Sphäre verhaftet. Der »Leutnant der Reserve« war trotz aller Regierungstitel und Ehrendoktoren noch immer das Glanzstück einer Visitenkarte, das stolz hinzuzusetzen auch graubärtige Geheimräte keinesfalls versäumten. Als ein Breslauer Professor 1807 ein Denkmal Hardenbergs einzuweihen hatte, zog er sich die Uniform eines Hauptmanns der Reserve an.

Gemeinsam mit dem Bürgertum fielen die Professoren in den Zustand politischer Lethargie und Unreife zurück, was natürlich weder sie noch ihre Öffentlichkeit wahrhaben wollten oder konnten. Aber sie hatten in der Tat, wie die spärlichen Versuche beweisen, ihr Talent zu politischem Denken völlig verloren. Wohl hat Friedrich Meinecke mit seiner Frage recht, ob nicht auch »in der älteren Professorenpolitik die Gemütswerte und gemütlich erfaßten Nationalinteressen eine sehr viel größere Rolle gespielt haben als die Doktrinen, auf die man sie gemeinhin abstempelt«[58]. Aber den wilhelminischen Professoren waren auch die Ideale abhanden gekommen, für die ihre akademischen Vorfahren in der Tat sehr undoktrinär und nicht selten widerspruchsvoll gefochten hatten. An die Stelle jener nur zum geringsten Teile verwirklichten Ideale waren keine neuen getreten, sondern lediglich Philistertum: hohle Phrasen, prinzipienloser Opportunismus, politische Grundsatzlosigkeit (W. Sombart). »Auch die Universitäten hatten ein Paradies zu bewachen«, klagt Friedrich von der Leyen 1906, »das Paradies deutscher Freiheit und Gesittung. Und sie haben nicht gewacht, sie haben geschlafen und sie schlafen noch heute. Sie wurden immer mehr und vergaßen, daß sie zusammengehörten, und jeder dachte nur an sich selbst. Allerdings, die Universitäten schliefen nicht allein, außer ihnen schliefen alle, die früher das deutsche Reich so heiß ersehnten und die nach 1870, sich am Ziel aller ihrer Wünsche glaubend, dachten, sie dürften nun ausruhen.«[59]

Gemütlich erfaßte Nationalinteressen allerdings spielten in den Vorstellungen der Professoren noch immer eine beachtliche Rolle – und eben darin wird ihr politisch-intellektueller Abstieg evident. Denn nicht nur in den Schichten der Halbbildung hatten sich naiver Dünkel und unpolitischer Radikalismus entwickelt. Auch im Professorentum hatte man den nationalen Gedanken mit einem überheblichen Nationalismus und nationales Einheitsstreben mit imperialistischen Zielsetzungen vertauscht. Das entsprach den Anschauungen der herrschenden Gesellschaftskreise, diente patriotischer Selbstbestätigung und eignete sich vorzüglich für akademische Festreden und Kaiser-Geburtstags-Feiern. Man stand als Honoratior den Gedanken des Alldeutschen Verbandes nahe, der aus vergröberten Überlieferungen des altpreußischen Junkerstaates und einer Vulgärausbeute Darwinscher, Gobineauscher und Nietzschescher Gedanken an einer Ideologie des germanischen Herrenvolkes und der Edelrasse zimmerte. Daraus ergab sich nicht nur ein aggressiver Antisemitismus, sondern auch ein höchst militanter Anspruch auf deutsche Weltgeltung. Auch ein so besonnener Mann wie Hans Delbrück engagierte sich für des Kaisers gefährliche Flottenpolitik und die unsinnigen und gewinnlosen Kolonialgründungen. Deutschland mußte sich als Weltmacht manifestieren, auch wenn ihm das nichts weiter als ein recht zwielichtiges Prestige eintrug. Die Imperialmächte England, Frankreich und Rußland mußten gezwungen werden, dem Deutschen Reich seinen Platz an der Sonne der großen Weltgeschichte einzuräumen – notfalls mit Gewalt.

Das martialische Gehabe nach außen verdeckte vorzüglich die Frustrationen und Schwierigkeiten im Innern. Hier wie dort galt, daß die Professoren von den politischen Gegebenheiten und den wahren Machtkonstellationen keine Ahnung hatten. Max Weber, selbst ein überzeugter Anhänger des nationalen Machtgedankens und eines kulturbezogenen Imperialismus, hat angesichts derartiger Tiraden von dem »schlechthin hohlen und leeren, rein zoologischen Nationalismus« gesprochen. Meinecke prangerte an: »Diese Art von Nationalismus in unseren gebildeten Kreisen ist nur zu geneigt, ihre Schärfen nicht nur nach außen, sondern auch nach innen zu kehren. Man sieht sich vor allem selber als ›Herrenschicht‹ von Gottes Gnaden an und behauptet alle Positionen sozialer und politischer Macht, die man hat, mit schneidender Rücksichtslosigkeit und mit erstaunter Entrüstung gegenüber jedem sich äußernden Zweifel.«[60]

Zum Patriotismus, so hatte der Staat in der Entscheidung über Arons verfügt, habe die Universität zu erziehen. Gerade davor warnte Paulsen: seine Übersteigerung in einen überreizten Nationalismus vernichte das sittliche und selbst das logische Gewissen:

»Damit wäre das Höchste und Letzte gesagt, was die Universitäten dem öffentlichen Leben leisten können: sie können in ihrer Gesamtheit so etwas wie das öffentliche Gewissen des Volks in Absicht auf gut und böse in der Politik, der inneren wie der äußeren, sein.«[61]

Das Wort könnte aus der Feder Jacob Grimms stammen.

Und es ist gewiß, daß diese Universitätsbestimmung Paulsens auch der tiefernsten Überzeugung all seiner Kollegen entsprach. Aber hatten sie nicht längst in der inneren Politik das Versagen dieser Funktion bewiesen? Wie sollten sie sie dann in der äußeren wahrnehmen? Die große Gewissensfrage wurde nur allzubald gestellt: am 2. August 1914 brach der Erste Weltkrieg aus.

Kapitel III

An der politischen Front

Der Kriegsausbruch von 1914 wurde gerade in den gebildeten Schichten Deutschlands nicht etwa als eine Katastrophe empfunden, sondern wie eine Erlösung begrüßt. Lange genug hatte man diese Auseinandersetzung, in der das Reich seinen rechtmäßigen Platz an der Sonne erringen würde, insgeheim erwartet und zuletzt auch für unvermeidlich gehalten. Die in zahllosen patriotischen Feiern glorifizierte Erinnerung an Bismarcks rasche Siegfeldzüge, der blendende Glanz kaiserlicher Paraden und unrealistischer Manöver, der blinde Glaube an den seit Jahrzehnten unerprobten deutschen Waffenruhm und die pfahlbürgerlich unpolitische nationalistische Blickverengung – das alles ließ den Gedanken gar nicht aufkommen, dieser Krieg könne für Deutschlands junge Helden etwas anderes werden als ein glorreicher Spaziergang nach Paris. Wilhelm II. versicherte den ausrückenden Truppen, sie würden im Herbst, »wenn das Laub fällt«, wieder zu Hause sein, und niemand zweifelte daran.

Nicht minder einhellig war die Überzeugung, daß dieser Kampf ein Verteidigungskrieg des Vaterlandes gegen seine bösen Neider sei. Besonders die Universitäten schwelgten im Vokabular und der Erinnerung an die Befreiungskriege von 1813/14: auch damals waren ihre Lehrer und Schüler begeistert und hingerissen zum Kampf für deutsche Freiheit und deutsche Größe angetreten. Nun schien eine ungleich gewaltigere und triumphalere Bewährung der geeinten Nation bevorzustehen. Durch alle akademischen Reden zieht sich das Schillerwort: »Jedes Volk hat einen Tag in der Geschichte; doch der Tag des Deutschen ist die Ernte der ganzen Zeit.«

Und das dritte entscheidende Moment im frenetischen Jubel dieser Augusttage: mit einem Mal waren alle bedrückenden sozialen Spannungen verschwunden, alle Konflikte zwischen Parteien und Klassen gelöst. Man erblickte ein einig Volk von kampfesfrohen Brüdern. Die Regierung hatte den Burgfrieden proklamiert; der Kaiser kannte keine Parteien mehr, sondern nur noch Deutsche; die Sozialdemokraten waren gar keine vaterlandslosen Gesellen, sondern hatten für die Kriegskredite gestimmt. Gemeinsam zogen Arbeiter, Bürgersöhne und junge Intelligenz ins Feld, um sich durch das »Kriegserlebnis« in der wahren, der deutschen Volksgemeinschaft zu versöhnen. Alle Risse des deutschen Menschentums schienen in der nationalen Erhebung geheilt.

Zwei Beispiele sollen zeigen, wie in der Emphase des Kriegsausbruchs alle divergierenden Stimmen und Kräfte der Nation aufgesaugt wurden, überwältigt wurden von einer Woge vaterländischer Begeisterung.

Der kritisch-liberalen *Frankfurter Zeitung* hatte der junge Carl Zuckmayer in den letzten unheilschwangeren Julitagen einen Gedichtzyklus eingesandt, dessen letzte Strophen lauteten:

Einmal, wenn alles vorüber ist,
Werden Mütter weinen und Bräute klagen,
Und man wird unterm Bild des Herrn Jesus Christ
Wieder die frommen Kreuze schlagen.
Und man wird sagen: es ist doch vorbei!
Laßt die Toten ihre Toten beklagen!
Uns aber, uns brach das Herz entzwei
Und wir müssen unser Lebtag die Scherben tragen.

Die Redaktion hatte die Verse des Debütanten angenommen, »deren Haltung ganz im Sinne der Redaktion sei«. Vierzig Stunden später wurde die Haltung revidiert. Die Zeitereignisse seien über die bisherigen Auffassungen hinweggebraust: man habe jetzt der Idee eines künftigen Weltfriedens mit dem Säbel in der Faust zu dienen[62].

Das zweite Beispiel lieferte die satirische Zeitschrift *Simplizissimus*, nach dem Urteil eines geschichtsschreibenden Professors in der Vorkriegszeit »eine der gemeinsten Zeitungen, die man sich denken kann, die alle Ideale Deutschlands, von seiner Religion, seiner Wehrkraft bis zu seinem Familienleben in den Staub trat«[63]. Der gesellschaftskritische *Simpl*, der auch die Universitäten arg gezaust hatte, schaltete sofort auf nationalistische Kriegspropaganda um und verdiente sich bei einem anderen deutschen Professor das Prädikat: »Was gerade er an politischer Satire gegen unsere Feinde im schlagfertigsten'Bild geleistet hat, ist mehr, als irgendeine literarische Kritik hätte bringen können.«[64]

Gegen die Brutstätten schleichender Hinterhältigkeit ...

Kriegsausbruch

Als alles sich dem Rausch lodernder Begeisterung für Volk und Vaterland und flammender Empörung wider den niederträchtigen Feind hingab, da meldeten sich plötzlich auch Deutschlands Professoren zu Wort. Der Sturm der Emotionen lockte sie aus ihrem Elfenbeinturm heraus. Doch sie erhoben ihre Stimmen nicht etwa mit einer Mahnung zu Besonnenheit und Mäßigung, sondern sie erwiesen sich der besinnungslosen Hochstimmung würdig und wurden zu enthusiastischen Kriegsjublern.

In Heidelberg zürnte der Prorektor Eberhard Gothein am 2. August über die unglaubliche Frivolität, mit der Deutschland der Krieg aufgezwungen worden sei. In der Berliner Aula entrüstete sich zwei Tage darauf der Rektor Max Planck: »Nach Erschöpfung beispielloser Langmut hat Deutschland das Schwert gezogen gegen die Brutstätten schleichender Hinterhältigkeit.«[65]

Denn auch für die deutschen Gelehrten war es sofort völlig klar, wer den Krieg angezettelt hatte, wo der Ursprung aller Infamie zu suchen war: England, die germanische Brudernation, trug moralisch und geschichtlich die alleinige Verantwortung (Eduard Meyer). Seine Perfidie war ja sprichwörtlich (Alois Riehl). Man durfte und mußte das Inselvolk hassen wegen seiner zugleich rohen und heuchlerischen Nationalethik, wegen seines aus brutalem Egoismus und pharisäischer Überhebung gemischten Volkstums (Friedrich Meinecke). Aus Handelsneid hatte England zum Kriege angestiftet und betrieb ihn nun als Geschäft, bei dem es Söldner und barbarische Massen für sich kämpfen ließ (Hans Delbrück); das entsprach der Krämerseele

74

der entarteten englischen Nation (Otto von Gierke). Kurz: es war ein Krieg der Händler gegen Helden (Werner Sombart), den man mit unendlicher innerer Überlegenheit (Hans Delbrück) führen konnte. »Aus schnödem Neid über Deutschlands wirtschaftliche Erfolge wiegelte das uns bluts- und stammverwandte England seit Jahren die Völker gegen uns auf, und hat sich insbesondere mit Rußland und mit Frankreich verbündet, um unsere Weltmacht zu vernichten und unsere Kultur zu erschüttern.«[66] Mit dieser Erklärung gab eine Anzahl deutscher Gelehrter englische Auszeichnungen und Ehrungen zurück. Unterzeichner waren auch die Nobelpreisträger Emil von Behring (Medizin 1901), Philipp Lenard (Physik 1905), Rudolf Eucken (Literatur 1908) und Paul Ehrlich (Medizin 1908), der Heidelberger Chirurg Vincenz Czerny und der Berliner Rechtslehrer Franz von Liszt, der berühmte Zoologe Ernst Haeckel und der greise Wilhelm Wundt, Nestor der Philosophen.

Der wütend geschmähte Hauptgegner war zwar das hinterlistige Albion, doch fanden auch die übrigen Feindmächte im verbalen Streit der Professoren keine Schonung. Der welsche Erbfeind (Otto von Gierke) wollte am Weltbrand die Suppe seiner Revanche kochen, wie Ernst Troeltsch im Stil billiger Pamphlete formulierte: »Könnte sich doch jedes Wort wandeln in ein Bajonett!«[67] Hermann Oncken erklärte Serbien zum Hetzhund und machte Rußland für die Folgen verantwortlich, und auch der Bonner Rektor Alois Schulte prangerte Rußland an, das Deutschland zum Krieg, zu einem Streit um die Kultur des Abendlandes gezwungen habe.

Denn auch darüber waren sich die Gelehrten von Anbeginn einig: in diesem Kampf galt es nicht nur die Wahrung staatlicher Souveränität und territorialer und ökonomischer Interessen – hier ging es um die Existenz der Menschheitskultur. Die Freiburger Universität tauschte mit der Wiener Brüderlichkeits-Adressen, worin der akademische Senat konstatiert: »Die Feinde ringsum gieren nicht bloß danach, unser staatliches und wirtschaftliches Sein zu vernichten – es ist auch auf die Eigenart unserer Kultur, auf unseren Anteil am Geistesleben der Menschheit abgesehen; ja, unsere sittliche Führung soll vor aller Welt verlästert, unsere Ehre in den Staub gezogen werden.«[68]

Hier war mehr gemeint als deutsche Kultur, als bloß ein deutscher Anteil an der Menschheitskultur. Es ist schwer zu entscheiden, ob die Gelehrten mehr von Glanz und Ruf der zu jener Zeit tatsächlich führenden deutschen Wissenschaft oder mehr von der nationalen Superiorität deutschen Geistes überhaupt überzeugt waren; beides verquickt sich unauflöslich miteinander. Das Resultat jedenfalls ist eindeutig: die deutsche Nation verkörperte für sie die gesamte Kulturerwartung der Menschheit. Der Historiker Georg Kaufmann vor der Breslauer Studentenschaft: »Wir sind an der Schicksalsstunde unseres Volkes und unseres Jahrhunderts. Nicht bloß unser Schicksal steht auf dem Spiele, sondern das Schicksal der ganzen gebildeten Welt, das daran hängt, daß unser Volk die Aufgaben löst, zu deren Lösung es berufen ist.«[69] Friedrich Meinecke in einer Berliner Ansprache: »Siegen wir, so siegen wir nicht nur für uns, sondern auch für die Menschheit.«[70] Und Johann Plenge gar in seiner Programmschrift: »Wir müssen diesen Kreuzzug im Dienste des Weltgeistes bis zu Ende fechten. Gott will es. Uns und der Welt zum Heile!«[71]

Es ist von grotesker Ironie, daß Deutschlands Hochschullehrer die Immanierung und Rettung der humanen Seinsbestimmung in eben dem deutschen Volk und seinem Reich sahen, über dessen kulturelle Verflachung seit Jahrzehnten die lauteste Klage geführt wurde, dessen humanistische Bildungsideale schon längst – durch den Einzug ständisch-feudaler Leitbilder und militaristisch-autoritärer Formen verfälscht – nur noch als sehr akademische Deklamation existierten. Die Professoren sahen diesen Widerspruch der Gesellschaftsverfassung nicht; im Gegenteil, sie erhoben ausgerechnet den Militarismus zum Garanten künftigen Heils und identifizierten sich mit ihm. 3016 Wissenschaftler unterzeichneten im Oktober 1914 eine *Erklärung der Hochschullehrer des Deutschen Reiches:* »Unser Glaube ist, daß für die ganze Kultur Europas das Heil an dem Siege hängt, den der deutsche ›Militarismus‹ erkämpfen wird, die Manneszucht, die Treue, der Opfermut des einträchtigen freien deutschen Volkes.«[72]

Von der Wahrheit einer überpersönlichen Macht . . .

Die Ideen von 1914

Die professoralen Reden und Aufsätze aus den ersten Kriegswochen mit all ihren Übersteigerungen sind aus der Atmosphäre dieser Zeit unschwer erklärbar und auch verständlich.
Es muß ein erhebendes und sinnverwirrendes Gefühl gewesen
sein, nach so viel nationalen Frustrationen unvermittelt im
Angesicht der großen deutschen Eintracht zu stehen. Alles
schien zusammenzustimmen, innerhalb des Reiches nicht nur,
sondern innerhalb aller deutscher Stämme. Österreich und
Preußen, die alten und die neuen Träger des Deutschtums, des
Heiligen Reiches, waren endlich vereint gegen eine Welt von
Feinden, und die alte Glorie dieses weltbestimmenden Reiches
war eine Verheißung. Andächtige Betroffenheit spricht aus den
Worten des Philosophen Alois Riehl: »Das ganze Volk war
ergriffen von der Wahrheit und Wirklichkeit einer überpersönlichen, geistigen Macht.«[73]

Doch die Stimmung des August 1914 war ebenso vorüber-
gehend wie sie unwiederholbar war. Man konnte sich ihr hingeben, solange der Rausch einer spannungslosen Volksgemeinschaft währte und der Krieg als eine Neuauflage alter Sturmsiege
verstanden werden konnte. Aber der Krieg fraß sich, kaum
zwei Monate nach seinem Beginn, im Westen in einem Stel-
lungskampf fest, und alle erlösenden Schlachterfolge im Osten
konnten nicht die Einsicht verwischen, daß nur in einer
langwierigen, opferreichen und entmenschlichten Material-
schlacht im Westen die Entscheidung lag. Die jungen Helden
kamen nicht im Herbst 1914 nach Hause und auch nicht in den
folgenden Jahren. Die meisten Krieger der ersten Stunde kehrten nie mehr zurück.

Der Überschwang verflog. Die Gefallenen-Meldungen häuf-
ten sich, und ein Tropf war, wer in dem Sterben der jungen
Regimenter in Flandern nur die Bewährung patriotischer
Erziehung und das Hohe Lied deutschen Heldentums sehen
wollte. Deutschlands Professoren waren keine Tröpfe. Sie
wurden zu Toren, als sie nach einem Sinn, nach einem Ziel
suchten, das sie der Jugend der Nation mitgeben konnten in die

zerhackten Schützengräben, in die zersplitterten Unterstände, in die sinnentleerte Grausamkeit des Frontkrieges. In vaterländischen Parolen allein, das wurde jetzt klar, war kein Rückhalt mehr zu finden angesichts einer Auseinandersetzung, die die ganze bisherige Weltordnung in Frage stellte. Es bedurfte einer ideologischen Stütze, eines weltanschaulichen Bekenntnisses, wenn man sich gegen die wirkungsvolle Propaganda der Gegenseite behaupten wollte, für Demokratie und Menschenrecht zu kämpfen. So entstanden die Ideen von 1914.

Die Bezeichnung stammt von dem Münsteraner Soziologen Johann Plenge. Durch den schwedischen Geopolitiker Rudolf Kjellén erhielten die »Ideen von 1914« ihre Salbung als »weltanschauliche Perspektive«: ein angesehener Wissenschaftler aus einem neutralen Land – dessen Anschauungen freilich nichts weniger als neutral waren – bestätigte der deutschen Professorenerfindung damit ihre höhere ideelle Kraft und Bedeutung.

Die Ideen von 1914 wollten als eine Weiterführung und Überwindung der viel zu formalen und abstrakten Ideen von 1789 verstanden werden, als ihre wahre Erfüllung im Geiste deutscher Nation. Man wurde auf spezifisch deutsche Art abstrakt, indem man wie Max Hildebert Boehm – in *Der Sinn der humanistischen Bildung* (!) – definierte: »Deutsch sein: das heißt den Geist ernster nehmen als das Leben.«[74] Solch hehre Einsicht kennzeichnet vorzüglich Eigenart und Schwäche dieser Kriegsgeburt.

Denn die Ideen von 1914 sind das Produkt dieses Krieges, der als der große Zertrümmerer der alten, morschen, untergangsreifen Zustände und Vorstellungen gefeiert wurde – und im gleichen Atemzug gepriesen als der mächtigste aller Kulturbringer, der die echten Werte und die wahre sittliche Kraft des Gemeinwesens wieder zur Geltung brachte. Deutschland, so behauptet Otto von Gierke, stand in der Gefahr, seinen köstlichsten Besitz zu verlieren: die Einheit der Nation. Doch wann hat es die je besessen? Der Historiker sollte es zwar besser wissen; aber er scheut sich nicht, sie in eine graue, nein goldene Vorzeit hineinzukonstruieren: »Unsere herrlichen geschichtlichen Überlieferungen wurden mißachtet und wohl gar verhöhnt, um den Ruhm der französischen Revolution zu verkünden. Die bei uns herrschenden Zustände wurden gegenüber den angeblich freieren und fortschrittlicheren der westlichen Nachbarvölker als unfrei und rückständig verlästert.«[75]

Damit sind die vorherrschenden Merkmale des Geistes von 1914 umrissen. Er war konservativ unter Berufung auf eine teilweise eingebildete ständisch-völkische Tradition, er war irrational und antiliberal. Wie zum Hohn tragen seine mächtigsten Schlagworte dennoch die Namen »Sozialismus« und »Freiheit«.

Ein volkswirtschaftlich versierter Ordinarius für Staatswissenschaften hat diesen Sozialismus programmiert; in Anlehnung an bestehende Verhältnisse. Der AEG-Chef Walter Rathenau und sein Mitarbeiter Wichard von Moellendorff – später Professor für Nationalökonomie in Hannover – hatten ihre Vorstellungen von der Zusammenfassung aller kriegsnotwendigen Wirtschaftskräfte – vor allem der Rohstoffindustrie – im Kriegsministerium durchsetzen können. Durch Planung und Kontrolle gelang und dem Reich der Aufbau einer »geschlossenen Wirtschaft eines geschlossenen Handelsstaates.«

Diese Charakterisierung der Kriegswirtschaftspolitik – sie stammt von Rathenau – ist identisch mit Fichtes Idee des »geschlossenen Handelsstaates«. Der »Philosoph der Deutschen«, dessen *Reden an die deutsche Nation* in den Kriegsjahren viele Auflagen erlebten, hatte seine Utopie für die Deutschen als ein »Urvolk« entworfen, das seinen Staat aus der reinen Idee aufbauen könne, weil es weder einen Staat noch eine Geschichte besitze. Der Staatswissenschaftler Hugo Preuß hat diesen Entwurf qualifiziert als »politischen Wirklichkeitssinn, der aus Verzweiflung an der politischen Wirklichkeit in Schwarmgeisterei umschlägt«.[76]

Für Johann Plenge jedoch galt solche Überlegung nicht. Der Hegelianer ist begeistert von der notgeborenen Kriegswirtschaft und verherrlicht in ihr die Verwirklichung des Fichteschen Ideals: »Der Krieg hat den ersten wirklichen Zukunftsstaat gebracht, denn der ›geschlossene Handelsstaat‹ ist ein echter Idealstaat, von dem in der Geschichte des Sozialismus die Rede sein muß: die Utopie Fichtes.«[77] Dem ersten Salto, nämlich eine gezielte Lenkung der Wirtschaftskräfte als eine totale staatliche Umstrukturierung zu mißdeuten, folgte also gleich ein zweiter: sie als Sozialisierung und Fichtes Handelsstaat als Sozialstaat zu definieren.

Für die rechtsgerichteten Idealisten von 1914 war dieser »Sozialismus« jedoch eine völlig klare Forderung, für manchen sogar ein Tatbestand: alle Eigeninteressen hatten purer Selbstgenügsamkeit zu weichen und standen unter dem höheren Gesetz der Nation, in der Staat und Volkswirtschaft eins waren. Mit Fichtescher Kühnheit der Voraussetzungslosigkeit proklamiert Plenge, die Deutschen seien ein Volk der Arbeit und der Organisation, und da die Organisation nun eine wirtschaftlich geschlossene Nation geschaffen habe, sei das politische Lebensganze auf eine höhere Stufe gestiegen: Organisation ist Sozialismus. »Der wirkliche Zukunftsstaat ist geboren als der gesteigerte deutsche Nationalstaat, der die Klasseninteressen durch das im Kampf bewährte Einheitsbewußtsein nicht beseitigt, aber durch eine höhere Idee überwindet.«[78]

Die deutschen Professoren erhoben im Geiste von 1914 eine einmalige Ausnahmesituation zum Dauerzustand und konstruierten ohne Rücksicht auf die Realitäten vierer bitterer Kriegsjahre aus der nationalistischen Einmütigkeit der ersten Kriegswochen eine immerwährende Gleichheit aller unter dem höheren Gesetz eines romantisch empfundenen Volksstaates. Im Kriegserlebnis, so schwärmten sie an ihrer Heimatfront, verschmolz die Nation endlich in der großen Volksgemeinschaft. Freiheit, Gleichheit, Brüderlichkeit – das verkündete der protestantische Theologe Adolf von Harnack als den Gewinn, der dem großen »Gleichmacher« Krieg zu danken sei. Aber es bezeugt seine Unkenntnis wirklichen Frontlebens und, schlimmer noch, seinen naiven Borussismus, wie er Gleichheit versteht: »Dieses Ineinander von Gehorsam und Befehlen, die Verantwortung, die ein jeder Krieger trägt, auf welcher Rangstufe er auch steht, der Geist der Kameradschaftlichkeit – das ist der wahre herzbewegende Geist der Gleichheit, der immer im Heere war, aber im Kriege mit doppelter Stärke hervorbricht.«[79]

Es ist eine schöne und höchst einseitige Gleichheit der Pflichten, die hier zu deutschem Sozialismus destilliert wird. Von gleichen Rechten freier Bürger im Staat und gegenüber dem Staat ist in all den *Deutschen Reden in schwerer Zeit* und der ganzen ideellen Erbauungsliteratur der Professoren nicht die Rede – um so mehr von einer spezifisch deutschen Freiheit.

Es waren wunderliche Vorstellungen von Freiheit, mit denen

man Woodrow Wilsons »make the world safe for democracy«-
Programm entgegentrat. Die angesehensten Gelehrten bemühten sich um den Nachweis, daß die angebliche Demokratie der
Westmächte auf Lug und Trug beruhe und von Freiheit keine
Spur zeige. Der Volkswirtschaftler Max Sering erklärte Englands Demokratie für eine verdächtig aristokratische Staatsform,
setzte sich über die Frankreichs als Beweis für Instabilität hinweg und nannte Amerikas Wähler korrumpiert und ihre Parteien absolutistisch. Für diese Kritik mochte es Anlässe geben
– schwerlich jedoch für die Behauptung: »Der deutsche Obrigkeitsstaat hatte sich als erster Volksstaat erwiesen; deshalb
trat auch jene Versöhnung der Arbeiterschaft mit dem Staate
ein, die in diesem Kriege sich herrlich bewährte.«[80] Das
erklärte der Berliner Professor im Preußischen Abgeordnetenhaus im Mai 1917, als die USPD sich bereits von den Sozialdemokraten getrennt hatte und Munitionsarbeiterstreiks die
Versöhnung des vierten Standes mit dem Staat dokumentier-
ten. Unbegreiflich ist es auch, woher Ernst Troeltsch die Legitimation bezog, am selben Ort den konservativ-reaktionären
Repräsentanten des Dreiklassenwahlrechts zu erklären,
Deutschlands Volksfreiheit nehme mit den Kriegsjahren zu.

Und dennoch waren solche Bekenntnisse vollkommen kon-
sequent. Die deutsche Freiheit – das war keine abstrakte,
rationale Größe; es war eine romantische Bestimmung. Sie
konnte, so der »Gemeinschaft«-Philosoph Troeltsch, deshalb
auch nie eine rein politische Freiheit sein: »Sie wird immer mit
dem idealistischen Pflichtgedanken und dem romantischen
Individualitätsgedanken verbunden sein.«[81] Die »deutsche«
Freiheit war ein äußerst komplexer Begriff, unverstellter politischer Diskussion und dem Verständnis eines geistigen Nor-
malverbrauchers entzogen. Bindung und Befreiung zugleich
bezeichnete auch Friedrich Meinecke als ihre Grundelemente:
das sind die irrationalen Plakatierungen der späteren »konservativen Revolution«, des *Tat*-Kreises. Hier waren sie noch
unpolitischer, womöglich noch idealistischer gemeint und entsprachen akademischen Theoremen von Staatssozialismus und
Bildungsindividualismus: die innere Freiheit des einzelnen
war erst begrenzt durch die übergeordnete organische
Gemeinschaft – dann aber absolut. Und diese gemeinschaftliche Verfassung bedeutete ihrerseits wiederum auch »deutsche

Freiheit«. Es war ein ziemlich akrobatischer, schwer verständlicher und nicht zu realisierender Balanceakt zwischen autoritärem und egalitärem Denken.

Im Gesamtkreis der Ideen von 1914 allerdings erhielt dieser Freiheitsbegriff eine ganz konkrete Zuordnung, die von seiner Diffizilität kaum noch etwas ahnen ließ und auf die Freiheit des Staates gegenüber seinen Untertanen hinauslief. Denn er war nicht nur in ein romantisch-organisches Staatsverständnis eingebettet, sondern dessen deutsche Ausformung hatte auch bestimmte wesenseigene und unwandelbare Züge – sagten die Professoren.

Die Deutschen, darüber waren sich die Gelehrten mit kaum einer Ausnahme einig, sind in erster Linie ein monarchisches Volk und für ein parlamentarisches System ungeeignet. Gerechtigkeit gehe vor Freiheit, so erklärte Adolf von Harnack unter Berufung auf den großen Konservativen Edmund Burke, und die Deutschen wollten ihre Art Freiheit aus ihrer eigenen Vergangenheit. Und dann der bekannte Rückwärts–Salto aus einer inexistenten Tradition: sie wollten ein soziales Kaisertum. Sozial war dieses Kaisertum aus nationalen und machtpolitischen, ansonsten aber unerfindlichen Gründen: nur eine straffe Führung in monarchischer Hand, organisiert durch eine uneigennützige Beamtenschaft, entspräche den Notwendigkeiten einer jungen starken Nation. Jenseits von Partei- und Klasseninteressen garantierten sie einen Staat sozialer Gerechtigkeit. Die Freiheit blieb bei dieser waghalsigen Klitterung auf der Strecke: im Innern des Menschen und der Gestalt des Staates per se.

Unter dem ganzen Wust des sogenannten Aufbruchs in eine neue Denkweise und der zukunftsverheißenden Abkehr von dem individualistisch-liberalistischen Gedankengut des vergangenen Jahrhunderts tritt damit nur ein bereits eingebürgertes und nun überstilisiertes politisches Konzept zutage: der alte monarchistisch-bürokratische Führungsstaat, dem jetzt die höhere Weihe der Volkstümlichkeit zugeschrieben wurde.

Die Beweisführung für diesen doch verblüffenden inneren Wandel des Staates blieb aus. Niemand machte sich daran, das Verhältnis von Ursache (Krieg) und Wirkung (Eintracht) zu prüfen; keiner prüfte den realen Gehalt der frohlockenden Behauptungen an der Wirklichkeit. Die innere Freiheit des einzelnen sei viel größer, als von den Feinden behauptet, und der Normalbürger verspüre überhaupt keine staatliche Beschränkung seiner Freiheit. In dieser Auffassung waren sich 1915, mit leichten Korrekturen, elf renommierte Autoren eines Sammelbandes über Deutschland und den Weltkrieg einig: die Professoren Otto Hintze, Friedrich Meinecke, Hermann Oncken, Hermann Schumacher, Ernst Troeltsch, Hans Delbrück, Gustav von Schmoller, Erich Marcks, Paul Darmstädter, Karl Hampe und Carl Heinrich Becker.

Aber worin lag der Beweis für diese überraschende Metamorphose? Der Kaiser hatte in seinem Kriegsruf alle Deutschen für gleich erklärt, und die Sozialdemokraten nahmen den Ball auf: sie forderten noch 1914 das allgemeine, gleiche, direkte und geheime Wahlrecht für alle Länder des Reiches. Sie empfanden sehr wohl eine Freiheitsbeschränkung und sagten das. Daran hatte sich auch 1915 nichts geändert. Und was bewies dem Historiker Walter Goetz 1916 seine Behauptung, der Staat habe sich als unerschütterlich und das Volk als gesund in allen seinen Schichten erwiesen? Weil der Krieg noch nicht verloren war? Oder eher, weil er die Spannungen bei den Sozialdemokraten beispielsweise nicht erkannte? Die Standesvorurteile und -unterschiede seien geschwunden, konstatierte auch er. Wieso? Weil auch die Proleten in den Schützengräben starben und auch die Frauen in die Kriegswirtschaft eingespannt wurden?

Es hatte sich gar nichts geändert. Es herrschte nur ein brüchiger Burgfriede mit einer halbherzigen und verschlimmbessernden »Politik der Diagonale«. Die Notlage des Krieges hatte das erzwungen und die konservativen Nationalen hatten den Profit davon. Zu den notwendigen Reformen wurden nicht einmal Ansätze gemacht, und nach den professoralen Vorstellungen von »deutschem Sozialismus und deutscher Freiheit« war das ja wohl auch gar nicht nötig: die Heilung der gesellschaftlichen Schäden vollzog sich ja bereits von innen heraus, aus der Seele des deutschen Menschen. Daß dies eine Treibhausatmosphäre war, die nach Kriegsende so oder so aufgehoben werden würde – der Gedanke kam Deutschlands Professoren nicht. Der Krieg war ein Umwälzer der Seelen und hatte den deutschen Menschen zu der Einsicht bekehrt, daß er in einem herrlichen Volksstaat lebte, dem der geistige Fortschritt und die kulturelle Zukunft der Menschheit anvertraut waren. Plötzlich glänzte alles in hellem Licht, was vorher grau und trüb war. Der Pädagoge Eduard Spranger, der in der gleichen Schrift die 48er Schwärmer und Dilettanten heißt, weil sie romantisch und unrealistisch waren, preist 1916 den steten Gang der Entwicklung: »Das ist das Vorrecht des historisch Erwachsenen gegenüber dem rational Konstruierten, daß es Widersprüche löst, die in der bloßen Reflexion nicht überwindbar sind. Unser historisch gewordener Staat vereint besser als manche schnell ausgedachte Republik das rechte Maß an Festigkeit und Macht mit gesunder Freiheit und fortschreitender Beweglichkeit.«[82]

Daß mit den unrealistischen Ideen von 1914 die Widersprüche in einem sehr realistischen Entwurf eines totalitären Staates gelöst wurden – diesen Fortschritt bemerkte auch dieser Humanist nicht.

Das sittliche Recht ist der Glaube an sich selbst . . .

Kriegspropaganda

Deutschlands Professoren waren als Rufer zum Streit in der Stunde der Erhebung zur Stelle, und sie fühlten sich auch zur Kreation einer nationaldeutschen Staatsideologie berufen. Das eine konnte aus der Emphase eines Augenblicks geboren und dann wieder erloschen sein, das andere war ein unrealistisches und reichlich deklamatorisches Unterfangen. So könnte man beides vielleicht als zwar fragwürdiges, aber gutgemeintes Bemühen im Grunde doch weltfremder und unpolitischer Gelehrter abtun. Dieses Urteil wäre wohl nicht eben schmeichelhaft für die akademischen Lehrer der Nation, aber es wahrte ihre intellektuelle Unschuld und ihre moralische Integrität.

Jedoch, die überraschende Teilnahme der Professoren am aktuellen Geschehen war weder auf einen einmaligen Begeisterungsausbruch noch auf eine tiefere Sinndeutung der Ereignisse beschränkt. Der geistige Führungsanspruch der Professoren, so lange latent und in selbstgefälliger Bescheidung auf höheren Sphären angesiedelt, erstreckte sich impulsiv auf sämtliche Aspekte des politischen Lebens. Das in den Wissenschaften erprobte und bewährte Talent zur Wahrheitsfindung sollte nun plötzlich auch für die Gegenstände der politischen Diskussion Gültigkeit haben, und die traditionelle Wertschätzung des Professorenstandes durch eine gleichfalls politisch ungeschulte Öffentlichkeit sorgte dabei nicht nur für Resonanz, sondern bot den Gelehrten auch eine trügerische Bestätigung für die Richtigkeit ihrer Erkenntnisse in politicis. In Wahrheit aber rächte sich nun die jahrzehntelange Enthaltsamkeit der Universitäten in politischem Denken mit einer völligen Verkennung und Fehleinschätzung der internationalen Kräfteverhältnisse und der nationalen Möglichkeiten in diesem Krieg. Die deutschen Professoren stiegen in die Politik der Kriegsführung und der Kriegsziele ein. Sie glaubten realistische Politik zu machen, aber sie offerierten nur Gesinnungen und kreierten Utopien.

Wie sehr der wilhelminische Zug der Zeit sich bereits vor Kriegsausbruch in deutschen Professorenköpfen verdichtet hatte, wird an zwei recht verschiedenen Gestalten deutlich. Friedrich Meinecke war zwar prononcierter Gegner eines übersteigerten Irredentismus, aber eine energische und egoistische Machtpolitik gehörte für ihn zu den Gesetzlichkeiten der Staatsräson. Sie war ein rechtmäßiges Attribut deutscher Politik, an der er lobte, daß sie diese Tatsache im Gegensatz zu den scheinheiligen ausländischen Mächten offen eingestehe. Gerade wegen Meineckes Verlangen nach Berücksichtigung fremder nationaler Interessen erhebt sich dann die Frage, wie und warum denn dieses Deutsche Reich in egoistischer Machtpolitik fortfahren solle: grenzte es doch ringsum an fremde Nationalitäten. Dieser ethnisch moderierte Imperialismus ist zumindest zwiespältig, solange er sich nicht ausdrücklich auf koloniale Ziele beschränkt – und auch dann noch tangiert er realiter sehr wohl fremde nationale Interessen, die in der gegebenen Machtkonstellation zum Konflikt führen mußten.

Der Historiker Meinecke berücksichtigte in der Theorie geschichtliche Rechte; sein Fachkollege Otto Hoetzsch war dazu nicht bereit. Er teilte die Völker ein nach Herren und Knechten, und darum war ihm auch des Reiches bisherige Forderung nach offener Tür und freiem Wettbewerb viel zu wenig und nur ein

Zeichen von Schwäche. Im Januar 1914 erklärte er, das Recht habe, wer die Macht hat: »Das sittliche Recht dafür findet ein Volk in sich selbst, in dem Glauben an sich selbst, in dem Glauben, daß der besonderen menschlichen Gemeinschaft, die es bildet, eine besonders eigen- und einzigartige, nur von ihr zu gebende Darstellung des Menschheitsideals als Aufgabe gesetzt ist, in der Überzeugung, daß solche Aufgabe nur zu lösen, solches Mühen auch um die idealen Güter dauernd gesund nur bleiben wird auf der Grundlage starker, wachsender politischer Macht.«[83]

Was in beiden Fällen als Machtpolitik beschrieben wird, hat mit deren Bismarckscher Urform nichts mehr gemein, und das nicht nur, weil dabei das weltpolitische Gleichgewicht völlig außer acht gelassen wird. Es ist schierer Imperialismus, bei Meinecke verhüllt als notwendige Form der Staatsbehauptung, bei Hoetzsch trotz der idealistischen Verbrämung brutal völkisch bestimmt.

Vor diesem Hintergrund erscheinen die stimulierenden Kriegsreden der deutschen Professoren wie ihre Ideen von 1914 in schärferer Beleuchtung. Sie waren nicht bloß Aufrufe zur Verteidigung des Vaterlandes und nicht lediglich Gedanken zur Sicherung seines Platzes an der Sonne, sondern sie bedeuteten Appelle zur Durchsetzung der legitimen imperialen Interessen des Reiches, die weit über einen nur ideellen Gleichberechtigungsanspruch unter den Weltmächten hinausgriffen. Schon die ersten Kriegsereignisse zeigten, wie sehr die politisch-moralischen Maßstäbe deutscher Professoren durch einen überheblichen Imperialismus korrumpiert waren.

Deutschland eröffnete seinen Feldzug im Westen mit einem Völkerrechtsbruch: gemäß dem Schlieffen-Plan marschierten die deutschen Truppen zur Umfassung der französischen Front durch das neutrale Belgien, obschon Belgien die Einwilligung dazu versagt hatte. Zwei Rechtfertigungen für eine solche Rechtsverletzung lagen nahe: eine legalistische und eine pragmatische. Die deutsche Kriegspropaganda behauptete, Belgien habe Frankreich zuvor seine Transportwege für Truppen und Nachschub zur Verfügung gestellt, womit es selbst seine Neutralität aufgehoben habe. Im Reich wurde es bereitwillig geglaubt. Es mutet in diesem Zusammenhang schon absurd an, wenn Professor Walter Goetz 1916 mit dem Zorn des Gerechten über die Feinde herzieht, die Völker- und Menschenrecht mit Füßen traten. Die zweite, schon ehrlichere Begründung für den Einmarsch in Belgien lautete: Not kennt kein Gebot. Das war das Argument der konservativen *Kreuzzeitung*, die einen Völkerrechtsbruch aus sittlicher Notwendigkeit zugab und mit der Parallele zum friderizanischen Einfall in Sachsen 1756 ein historisch sanktioniertes Staatsverfahren als Rechtfertigung anbot.

Die deutschen Professoren brauchten weder einen legalistischen noch einen historischen Vorwand: sie sahen tiefer. Der Althistoriker Eduard Meyer erklärte schlicht, der Staat Belgien sei eine Absurdität, weil er nicht die Macht zur Selbstbehauptung besitze. Bei Johann Plenge langte es gerade noch zu der lakonischen Feststellung, man habe die belgische Volkswirtschaft (!) der nationalen Existenz opfern müssen, bevor er den Spieß einfach umdrehte: trotz aller belgischen Neutralitätsverletzungen und Heckenschützen habe man die Pflicht, dieses einstmals vom Reich abgesplitterte Land wieder aufzubauen – als Teil des Deutschen Reiches. Aus Gründen der Menschlichkeit und des Weltfriedens müsse man den Haß durch Liebe überwinden. Man weiß nicht, was daran am eindrucksvollsten ist: die Kühnheit der historischen Auslassung, die Umkehrung der Schuldverhältnisse, die Unverfrorenheit der Annexions-Erklärung oder die humane Generosität.

Der Münsteraner Staatswissenschaftler ist gewiß ein Extremfall, und dennoch ist er symptomatisch: all diese gelehrten Dilettanten waren politische Überzeugungstäter. Um das Für und Wider der Realitäten scherten sie sich kaum. Im Falle Belgiens lautete diese Realität: England war zum Frieden nur bereit, wenn Belgien wiederhergestellt wurde. Dieser Zusammenhang war dem Reichskanzler Bethmann Hollweg und sogar dem Kaiser immerhin so klar, daß sie nie die Einverleibung Belgiens proklamierten.

Solche Rücksichten waren den Professoren – mit Ausnahme Hans Delbrücks, der auch lange genug schwankte – völlig fremd. Ihre Notwendigkeit kam ihnen gar nicht in den Sinn. Sie sahen einem gewaltigen Sieg des Reiches entgegen, und gewaltig waren ihre Forderungen auf Machtzuwachs. Die englische Zeitschrift *The Lancet* behauptete bitter, im Falle eines deutschen Sieges komme Deutschlands Gelehrten ein großer Anteil am Erfolg zu. Bei aller Übertreibung ist an diesem Eindruck eines richtig: die Oberste Heeresleitung war es zwar, die bis zuletzt einen törichten und ungerechtfertigten Siegesoptimismus verbreitete – aber die akademischen Lehrer, an deren geistige Autorität die Nation glaubte, verstärkten diese bedenkenlose Siegeszuversicht und wurden zu ihren eindrucksvollsten Wortführern, als sie sich für eine Annexionspolitik alldeutscher Prägung hergaben.

Mehrung deutscher Macht in Ost und West und Übersee...

Kriegszielpolitik

In seinen Reden vom 1. und 4. August 1914 hatte Kaiser Wilhelm II. ausgerufen: »Uns treibt nicht Eroberungslust, uns beseelt der unbeugsame Wille, den Platz zu bewahren, auf den Gott uns gestellt hat, für uns und alle kommenden Geschlechter.« Diese Proklamation des reinen Verteidigungskrieges war bereits nach wenigen Wochen überholt. Allein die Sozialdemokraten und ein paar bürgerliche Pazifisten führten diesen Krieg lediglich um die Festigung des status quo. Für die Konservativen, die Nationalliberalen und das Zentrum, also für alle anständigen nationalgesinnten Bürger, hatte er ein anderes Ziel bekommen. Dieser Krieg mußte zu einem großen Sieg führen; davon waren nach den ersten Erfolgsmeldungen aus dem Feld alle überzeugt. Er hatte immense Opfer gefordert: der Friede mußte der Größe dieser Opfer entsprechen, er mußte die Nation dafür entschädigen. Nach diesem Kriege mußte Deutschland für alle Zeiten gesichert sein.

Diese Überzeugungen liefen auf eine Machterweiterung des Deutschen Reiches hinaus, die nichts mit innerer Festigung zu tun hatte. Sie bedeuteten Gewinnung wirtschaftlicher Machtpositionen; also fremder Rohstoff- und Industriegebiete. Sie bedeuteten Aufrichtung militärisch geeigneter Grenzen, Schwächung des Gegners; also Eroberung und Einverleibung fremder Territorien. Darüber durfte freilich noch nicht gesprochen werden: die öffentliche Erörterung der Kriegsziele war bis zum November 1916 verboten. Es wurde dennoch darüber gesprochen. Die schwerindustriellen Kreise und die Alldeutschen waren daran interessiert; die Professoren wurden zu ihrem Sprachrohr.

Im Aufstieg Deutschlands zum Range einer Weltmacht sollte Sinn und Ziel des Krieges liegen. Das hieß ganz allgemein: freier Zugang zu allen Meeren und Expansion in Mitteleuropa. Die gemäßigte Richtung unter den Professorenpolitikern vertraten Hans Delbrück und seine Freunde in den *Preußischen Jahrbüchern:* »Unser Ziel muß sein: die Erhaltung des bestehenden politischen Gleichgewichts auf dem Lande und die Eroberung des Gleichgewichts auf der See.«[84] Unter Anlehnung an Friedrich Naumanns Mitteleuropa-Gedanken, der die wirtschaftliche Konföderation der mitteleuropäischen Staaten unter deutscher Vorrangstellung anzielte, empfahl der Völkerrechtler Franz von Liszt einen kontinentaleuropäischen Staatenverband, in dem das Deutsche Reich als Hort des Friedens primus inter pares sein sollte. Die Annexion Belgiens und Gebietserweiterungen im Westen lehnte Delbrück ab; statt dessen legte er ein phantastisches Programm für ein koloniales Mittelafrika vor. Seine Besonnenheit gegenüber westlichen Expansionsforderungen versagte gegenüber Annexionsabsichten im Osten: hier war seine Haltung ebenso gefühlsbestimmt wie die seiner Kollegen. Was bei Delbrück noch »moskowitische Barbarei« heißt, ist bei dem Historiker Karl Lamprecht gar rassistisch determiniert: »mongolisch verunreinigt«. Völkisch-germanisches Denken war Delbrück fremd; er verlangte vielmehr gemeinsam mit Max Sering und den Brüdern Alfred und Max Weber von der Offensive nach Osten die Wiederherstellung Polens und die Befreiung der unterdrückten Nationalitäten zu halbautonomen Staaten. Auch Meinecke und Hermann Oncken zählten zu diesem Kreis; sie sprachen sich für ein Protektorat über Belgien aus.

Der maßvolle Annexionismus der Männer um Delbrück fand nun gar nicht den Beifall der kriegsbegeisterten Professorenschaft; an ihm entzündete sich lediglich ihr Widerspruch zu überspannter Schärfe. Sicherung des Reiches konnte für sie nichts anderes heißen als durch reale Macht erzwungene kontinentale Hegemonie. Der Programmatiker Johann Plenge postulierte, im Konkreten verschwommen, in der Intention unmißverständlich: »Das militärische Friedensziel heißt etwa: wünschenswerte Grenze gegen Frankreich, starke Stützpunkte gegen England, um künftig jede Ausschreitung des Konkurrenzneides unmöglich zu machen; wünschenswerte Grenze gegen Rußland.«[85]

Wo, wie bei Eduard Meyer, noch etwas von Naumanns mitteleuropäischem Staatenbund zu finden war, wurde dessen Charakter als wirtschaftliche Föderation schnell durch nationalistische Akzente überdeckt. Die deutsche Vormachtstellung in Europa – also die Verdrängung der Großmacht Frankreich – verlangten die Historiker Otto von Gierke und Johann Haller sowie der Chemiker Wilhelm Ostwald, Nobelpreisträger von 1909. Dazu mußte man, so der Historiker Martin Spahn, das französische Erzbecken in Besitz nehmen und eine Botmäßigkeit Belgiens – eventuell durch Germanisierung – erzwingen. Die rücksichtslosen Annexionsbegehren im Osten fand im weitverbreiteten Russenhaß einen ausgezeichneten Nährboden und wurden vor allem von baltendeutschen Gelehrten wie Haller, Lezius und Liebig geschürt. Das Baltikum sollte zum Reich gehören; in ein Protektorat Polen wollte man sich mit Österreich teilen; Weißrußland und Ukraine mußten in Abhängigkeit gebracht werden. Die Siege im Osten befeuerten auch zurückhaltendere Gelehrte, diesen Absichten zuzustimmen. Der Rußlandexperte Otto Hoetzsch stand mit seinem warnenden Widerspruch allein.

Die politische Kompetenzerklärung der Professoren erreichte einen Höhepunkt mit der Kriegszieleingabe vom 8. Juli 1915, der »Seeberg-Adresse«. 1341 Intellektuelle unterzeichneten diese Denkschrift für den Reichskanzler, in der im Westen eine Grenze von Boulogne bis Belfort, im Osten vom Peipussee bis zur Dnjepr-Mündung, und der unbeschränkte Einsatz der U-Boot-Waffe gefordert wurden. Die Eingabe unterstützte die Kriegszielwünsche, die im Mai sechs Wirtschaftsverbände angemeldet hatten, und fußte wie sie auf einem Entwurf des Justizrats Heinrich Claß, des Vorsitzenden des Alldeutschen Verbands. 352 Hochschullehrer unterschrieben, voran die Berliner Professoren Reinhold Seeberg, Ulrich von Wilamowitz-Moellendorff, Eduard Meyer und Josef Kohler. Der Historiker Dietrich Schäfer, ein Schüler Treitschkes, rief einen »Unabhängigen Ausschuß für einen Deutschen Frieden« ins Leben, dessen erster Satzungsparagraph lautete: »Der ›Ausschuß‹ stellt einen Zusammenschluß von gleichgesinnten Deutschen dar zur Erweckung und Vertiefung der Überzeugung im deutschen Volke, daß der gegenwärtige Krieg nur durch einen Frieden beendet werden darf, der eine Mehrung deutscher Macht in Ost und West und Übersee darstellt.«[86] Zu den Protagonisten dieser Interessengemeinschaft zählten wieder die renommierten Akademiker Haller, Seeberg, Eduard Meyer, der Freiburger Verfassungshistoriker Georg von Below, die Berliner Professoren Gustav Kulenkampff und Walter Stahlberg, der Münchner Max von Gruber – und die germanisch versierten Schriftsteller Houston Stewart Chamberlain und Ernst Graf Reventlow.

Lujo Brentano zögerte nicht, die alldeutschen Annexionsbestrebungen »verbrecherisch« zu nennen: »Es bedeutet die Rechtfertigung aller Anwürfe, welche unsere Feinde im Ausland bislang gegen uns gerichtet haben.«[87] Delbrück veranlaßte eine Gegendenkschrift, welche die Forderungen der »Seeberg-Adresse« ablehnte, den Verteidigungskrieg betonte und sich grundsätzlich gegen die Einverleibung »selbständiger und an Selbständigkeit gewöhnter Völker« aussprach. Es ist beachtenswert, daß diese Formulierung sehr wohl noch die Möglichkeit von Gebietserweiterungen offen ließ. Sie wurde von achtzig Hochschullehrern unterzeichnet, darunter die Kathedersozialisten Brentano und Gustav von Schmoller, die Physiker Max Planck und Albert Einstein, die Philosophen Edmund Husserl, Ferdinand Tönnies und Ernst Troeltsch sowie die Brüder Weber.

Aus diesen beiden Denkschriften datiert der erbitterte Streit zwischen den Anhängern eines »Sieg-Friedens« und denen eines »Verständigungsfriedens«, der über das Kriegsende hinaus die Professorenwelt in zwei Lager spaltete. Es waren Lager von sehr unterschiedlicher Größe.

Im einen standen der Kreis um Hans Delbrück und einige Pazifisten wie die Münchner Professoren Friedrich Wilhelm Foerster und Ludwig Quidde. Diese Gelehrten waren beileibe keine Freunde des sozialdemokratischen »Scheidemann-Friedens«, des »Verzicht-Friedens«. Auch sie dachten an Machtzuwachs und nationale Sicherung; aber sie erstrebten das unter Berücksichtigung eines europäischen Gleichgewichts und mit

Forderungen, die auch dem Gegner akzeptabel sein sollten. In Wirklichkeit waren auch diese Bedingungen noch zu hoch angesetzt, denn man glaubte ja an die Unausweichlichkeit eines deutschen Sieges. Nur gelegentlich tauchte einmal der Gedanke auf, daß zu Optimismus kein Anlaß war: so nach der Marneschlacht bei den Heidelberger Kollegen Hans Driesch, Otto Bütschli und Max Weber.

In diesem Professorenzirkel opponierte man lange gegen den umstrittenen unbeschränkten U-Boot-Krieg. Man insistierte nach des Kaisers Osterbotschaft von 1917 darauf, das versprochene allgemeine gleiche Wahlrecht für die deutschen Landtage sofort und nicht erst nach dem Kriege einzuführen. Man forderte die Regierung auf, die Vermittlungsangebote Wilsons und des Papstes für einen gerechten Frieden zu prüfen. Doch alle Appelle dieser mutigen Gilde waren vergebens; denn es gehörte Mut dazu, gegen die sogenannte Volksstimmung und gegen die Überzahl der eigenen Kollegen anzutreten, die mit Beschimpfungen wie »Defaitismus« und »Flaumacherei« sofort zur Stelle waren.

Das Gros der Professoren war annexionsfreudig und siegfriedensgewiß, bekannte sich zur Deutschen Vaterlandspartei, deren Gründungsaufruf die Königsberger Professoren Baumgart und Hansen mitunterzeichneten, und geizte nicht mit Unterschriften unter alle möglichen patriotische Aufrufe: ob man sich nun gegen Gustav Meyrink als »Gegner der nationalen und religiösen Überlieferungen« verwahrte oder mit Abscheu gemeinsam mit dem deutschen Philologenverein den Versuch des amerikanischen Präsidenten zurückwies, das deutsche Volk gegen seinen Kaiser aufzuwiegeln. Es fehlte in diesem wehrhaften Hauptlager nicht an Ultras: von dem völkischen Propheten Adolf Bartels über die baltendeutschen Ostlandreiter bis zu reinen Toren wie jenem Heidelberger Professor, der bei Italiens Kriegseintritt gegen das Reich begeistert ausrief: »Nun wird Genua deutsch!«[88]

Der Grundton war der gerechter moralischer Entrüstung, wie ihn die Berliner Universitätsprofessoren unter Führung ihres Rektors Wilamowitz-Moellendorff im Sommer 1916, als das eigentlich noch verboten war, in einer Erklärung zur Kriegszielfrage anschlugen: »Wir haben das Schwert nicht in die Hand genommen, um zu erobern; nun wir es haben ziehen müssen, wollen, können und dürfen wir es nicht in die Scheide stecken, ohne einen Frieden gesichert zu haben, den auch die Feinde zu halten gezwungen sind. Der ist aber nicht zu erlangen ohne Mehrung unserer Macht, Ausdehnung des Bereiches, in dem unser Wille über Krieg und Frieden entscheidet. Dazu bedarf es sicherer Bürgschaften, ›realer Garantien‹.«[89] Im gleichen Stile wehrten die Gelehrten der Friedrich-Wilhelm-Universität ein Jahr darauf den Ruf nach Wahlrechtsreformen ab: ehe man an eine Umgestaltung Preußens und Deutschlands denken dürfe, gelte es den Sieg über den äußeren Feind! Unter den einundzwanzig akademischen Unterschriften stehen auch die Namen der Geheimräte Albrecht Penck, Gustav Roethe, Theodor Schiemann und Heinrich Triepel. Drei Dutzend Freiburger Universitätslehrer ließen sich ein noch massiveres und schon infames Argument einfallen, um die Demokratisierung im Innern des Reiches zu verdammen: Diese Verquickung von innerer und äußerer Politik rufe im Ausland den Eindruck der Schwäche hervor und müsse unterbunden werden, da man doch eben auf dem Weg zum Siege sei! Was verschlug's, ob man den inneren Gegner oder den äußeren Feind verteufelte: Politik, so erklärte der protestantische Theologe Reinhold Seeberg aus Livland in seiner Berliner Rektoratsrede 1918, ist ihrem Wesen nach nicht unmoralisch.

Die deutschen Professoren hatten sich mit ihrem bedingungslosen Sieg-Frieden-Programm in eine ausweglose Situation manövriert, die schließlich beim »Unabhängigen Ausschuß für einen Deutschen Frieden« im Oktober 1918 in der fatalen Formel endete: »Wenn es sich um Untergang in Ehren oder um Fortbestehen mit Schanden handelt, kann die Wahl für Deutsche nicht zweifelhaft sein.«[90]

Kapitel IV

Die »Neue Zeit«

Bereits im August 1918 war die militärische Niederlage des Reiches besiegelt. Die Oberste Heeresleitung erklärte nach dem »schwarzen Tag des deutschen Heeres« am 8. August 1918 die Fortführung des Krieges für aussichtslos. Im September drangen Ludendorff und Hindenburg auf Waffenstillstand, den man auf der Grundlage von Wilsons 14 Punkten zu erhalten hoffte. Voraussetzung dafür waren die Einführung der parlamentarischen Regierungsform im Reich und die Abschaffung des Dreiklassenwahlrechts in Preußen. Dies forderte Ludendorff, bis dahin ein erbitterter Gegner des Parlamentarismus. Das preußische Herrenhaus stimmte dem gleichen Wahlrecht zu; am 3. Oktober wurde Prinz Max von Baden Reichskanzler, und Vertreter der Mehrheitsparteien traten in die Regierung ein. Erstmals wurden die Führer der Parteien von der OHL über den Ernst der Kriegslage informiert: bisher hatte man auch ihnen zur »Stärkung des Kriegswillens« Illusionen vorgegaukelt.

Unter dem Druck der beiden obersten Feldherren des Reiches ging am 4. Oktober entgegen den Warnungen der politischen Führung vor den Folgen einer Überstürzung das Waffenstillstandsangebot hinaus. Die amerikanische Antwort am 23. Oktober forderte die totale Kapitulation: zu lange hatte man mit dem Angebot des Waffenstillstands gezögert – jetzt kam es dem Eingeständnis der militärischen Niederlage gleich. Die Oberste Heeresleitung gebärdete sich noch einmal martialisch und erklärte die Kapitulation für unannehmbar; Ludendorff erbat vorsichtshalber seine Entlassung und entzog sich damit der Verantwortung.

Der Reichstag beschloß am 28. Oktober den Übergang zum parlamentarischen Regierungssystem. Am 11. November unterzeichnete die deutsche Delegation unter Führung von Matthias Erzberger die Waffenstillstandsbedingungen. Es kam einer Verschleierung der wirklichen Verantwortung gleich, daß auch hier wieder die militärische Führung nicht vertreten war. Unterdessen war auch die Kaiserfrage in den Mittelpunkt gerückt. Die Meutereien der Flotte richteten sich gegen den Monarchen. Aber auch aus außenpolitischen Gründen schien der Rücktritt Wilhelms II. wünschenswert. Doch Wilhelm entzog sich der Entscheidung und schmiedete abenteuerliche Pläne, wie er seinen Thron noch retten könne. Um den überall in Deutschland aufflammenden revolutionären Erhebungen vorzubeugen, veröffentlichte Reichskanzler Max von Baden um die Mittagszeit des 9. November die Erklärung: der Kaiser und König hat abgedankt. Am selben Mittag rief Philipp Scheidemann von einem Fenster des Reichstages die Republik aus, um der Gefahr eines linkssozialistischen Umsturzes zuvorzukommen. Karl Liebknecht rief dann zwei Stunden später vom Balkon des königlichen Schlosses eine sozialistische Republik aus.

Die soziale Revolution von 1918 hat nicht stattgefunden. Die substantiellen demokratischen Rechte waren schon vor dem 9. November 1918 errungen worden. Daß Wilhelm II. nicht mehr zu halten war, war auch den einsichtigen Monarchisten klar; die Möglichkeit einer Regentschaft hatten Heeresleitung und der Kaiser selbst durch ihr Zögern vereitelt.

Die Republik hatte das Kaiserreich abgelöst, aber an den gesellschaftlichen Grundbeständen änderte der November 1918 nichts – und auch nicht die folgenden Monate und Jahre. Eindrucksvoll umreißt das der grimmige Kommentar des überzeugten Sozialisten Ernst Niekisch: »Das herrschende System hatte abgewirtschaftet. Eine neue Ordnung wäre zu schaffen gewesen. Die Macht lag auf der Straße; sie wartete auf die Kräfte, die sie aufhoben. Aber dem verantwortlichen Führer der Sozialdemokratie, Friedrich Ebert, lag nichts ferner, als sich danach zu bücken. Die besorgten Bürger hatte er beruhigt, als er erklärte, er hasse die soziale Revolution wie die Pest.«[91]

Die Republik, in der Verzweiflung der äußeren Niederlage und den Wirren der inneren Unruhe geboren, von den Führern der einst verfemten Sozialdemokraten aus der Taufe gehoben, war von vornherein auf die zweifelhafte Bereitwilligkeit zur Mitarbeit eines unverändert mächtigen Bürgertums angewiesen, das seiner ganzen Tradition nach antidemokratischen, autoritären politischen Überzeugungen anhing.

Deutschlands Professoren waren höchst angesehene Protagonisten dieser Staatsauffassung. Noch vor wenigen Wochen konnte man in ihren Kreisen formulieren, ein Untergang in Ehren sei einem Fortbestehen in Schanden vorzuziehen. Diese Alternative sollte sich nie gestellt haben: handelte es sich nicht auf jeden Fall darum, in Ehren fortzubestehen? Welche Antwort war dann von ihnen auf die »Neue Zeit« zu erwarten?

Politik wird mit dem Kopfe gemacht . . .

Die Vernunftrepublikaner

Mit begeisterter Zustimmung der Professorenschaft zum demokratischen Staat war nicht zu rechnen. Es erwartete sie niemand und erst recht verlangte niemand, daß die Hochschullehrer nun ihren Mantel spontan nach dem Wind hängten – mit letzterem Argument pflegten sie selbst sich gern gegen kritische Äußerungen zu verwahren. Die Frage war vielmehr, ob sie begreifen würden, daß das alte System tatsächlich abgewirtschaftet hatte, und es nun ebensosehr einer Notwendigkeit wie ihrer vielberufenen Pflicht gegenüber dem Ganzen der Nation entsprach, daß sie gerade in Anbetracht der verworrenen inneren und äußeren Verhältnisse zur Festigung der nun einmal gegebenen, doch gefährdeten neuen Ordnung beitrügen, die unter den herrschenden Umständen die einzig mögliche war.

Es gab eine Gruppe von Professoren, die sich dieser Einsicht beugte und bemüht war, sie auch ihren Kollegen und Schülern nahezubringen. Der wohl hervorragendste unter ihnen war Max Weber. Seit jeher war er ein erbitterter Gegner des bramarbasierenden Kaisers und Anhänger eines demokratischen Systems, in dem er die beste Grundlage für eine starke nationale Politik erblickte. Der angesehene Soziologe stellte sich nicht nur persönlich zur Verfügung: er arbeitete im Heidelberger Arbeiter- und Soldatenrat mit, war für das Amt des Staatssekretärs im Reichsinnenministerium im Gespräch, ehe man sich dort für den Staatsrechtler Hugo Preuß entschied.

Er war zur Kandidatur für die Deutsche Demokratische Partei (DDP) bereit und wirkte sowohl auf den Entwurf der Weimarer Verfassung ein – sie verdankt ihm das plebiszitäre Element der Reichspräsidentenwahl – als auch als Sachverständiger für die Reichsregierung. So komplex und umstritten Webers politische Vorstellungen im einzelnen sein mögen – nicht zuletzt sein charismatisches Führerbild barg eine höchst gefährliche Komponente –: er hat dem Politiker wie dem Wissenschaftler Richtlinien in ihrem Verhalten zur Politik gesetzt, die von Vernunft und Realitätssinn diktiert waren.

In seinem Vortrag »Politik als Beruf« forderte Max Weber vor Münchner Studenten vom Politiker drei grundlegende Qualitäten: Leidenschaft als Hingabe an eine Sache, Verantwortungsgefühl gegenüber der Sache und Augenmaß als Distanz zur Realität der Sache. Es war eine ebenso eindeutige wie notwendige Mahnung, als er daran erinnerte: »Politik wird mit dem Kopfe gemacht, nicht mit anderen Teilen des Körpers oder der Seele.«[92]

Im zweiten dieser berühmten Vorträge des Revolutionswinters 1919 sprach er über »Wissenschaft als Beruf« und grenzte dabei die Stellung des akademischen Lehrers zur Politik ab. Es schien hergebrachter akademischer Auffassung zu entsprechen, wenn er erklärte, Politik gehöre nicht in den Hörsaal: weder praktisch-politische Stellungnahme noch politisches Führertum seien Aufgabe des Professors. Er habe Lehrer zu sein. Als solcher freilich habe er die Pflicht, Klarheit und Verantwortungsgefühl zu schaffen – auch hinsichtlich politischer Tatsachen. Es sei sehr wohl sein Amt, politische Strukturen und Parteistandpunkte wissenschaftlich zu analysieren, und auch darin liege eine sittliche Leistung: »Wenn jemand ein brauchbarer Lehrer ist, dann ist es seine erste Aufgabe, seine Schüler unbequeme Tatsachen anerkennen zu lehren, solche meine ich, die für seine Parteimeinung unbequem sind.«[93]

Toleranz gegenüber anderen politischen Meinungen empfahl auch der Strafrechtler Berthold Freudenthal den Frankfurter Studenten und warnte sie vor Gefühlspolitik. Wirklichkeitssinn und Aufgeschlossenheit für die gesellschaftliche Problematik verlangte er ebenso wie der Berliner Soziologe Alfred Vierkandt, der den Übergang von der vita contemplativa zur vita activa, zur demokratischen Kultur als sozialpädagogische

Forderung begriff. Einen Schritt weiter noch ging der Jenaer Jurist Heinrich Gerland, Mitglied der DDP. Er appellierte an die Kollegen, endlich den politischen Kampf aufzunehmen und »Führer der Jugend zu werden, nicht nur auf wissenschaftlichem, sondern auch auf durchgeistigtem politischem Gebiet.«[94]

Deutlicher noch wurden natürlicherweise die Professoren sozialdemokratischer Gesinnung. So warf der Pädagoge Otto Braun den Kollegen vor, sie thronten in eisiger Höhe über dem lebendigen Geschehen und fühlten nicht ihre Verpflichtung gegenüber der Gemeinschaft. Machte er Individualismus, Liberalismus und Historismus für ihre rückwärts gewandte Einstellung haftbar, so zielte der Jurist und spätere Reichsjustizminister Gustav Radbruch vornehmlich auf den Positivismus: »Der juristische Positivismus, dem Recht nichts als Staatswillkür, Rechtssinn nichts als Gehorsam war, dieser Götzendienst der Macht, bedeutete die juristische Teilerscheinung des realpolitischen, des machtstaatlichen Zeitalters.«[95]

Solch aggressive Grundsätzlichkeiten waren nicht gerade der ideale Weg, und schon gar nicht in den Anfangsjahren der Republik, die Professoren für sie zu gewinnen. Dazu war eher Überredung und auf jeden Fall Versöhnlichkeit notwendig, wie sie aus den Worten des ersten Kölner Rektors Christian Eckert sprach: »Ohne Wiederholung des hohlen Heldengeprahls und ohne falsche Heldenpose wollen wir allesamt mit ernster Entschlossenheit, mit stetem Fleiß mitarbeiten am Wiederaufbau der Welt.«[96]

Denn die bisher angeführten Gelehrten waren ja Ausnahmen. Sie neigten von vornherein demokratischen Überzeugungen zu, und so fiel ihnen die Anerkennung der Republik auch dann nicht schwer, wenn sie sich als Fortsetzung des Obrigkeitsstaates lieber – wie Moritz Julius Bonn oder Hans Driesch und viele andere – eine parlamentarische Monarchie nach britischem Muster gewünscht hätten.

Doch auch aufgeschlossenen Liberalen wie dem Historiker Walter Goetz, der Lujo Brentano und Friedrich Naumann viel verdankte, mit Theodor Heuss und Otto Geßler in Verbindung stand, fiel die Umstellung auf den neuen Staat keineswegs leicht. Es war ein Prozeß, der weniger von Neigung als von Vernunft bestimmt war: »Seit ich mich überzeugt hatte, daß der alte Staat endgültig zusammengebrochen war, habe auch ich mich bemüht, die Nation mit dem neuen Staat und mit der Demokratie zu verbinden und die gesellschaftlichen Ursachen dieser neuen unvermeidlichen Enwicklung klarzulegen. Als Historiker mußte ich erkennen, daß Deutschlands Verhängnis zu einem nicht geringen Teile auf der Mißachtung jener Demokratie beruhte, die sich seit dem 17. Jahrhundert die Kulturwelt erobert hatte und deren politische und moralische Bedeutung jetzt nur noch von denen verkannt werden konnte, die sich über den Begriff der Demokratie und ihre Auswirkung in der modernen Welt nicht klar zu werden vermochten.«[97] Der Leipziger Professor zog daraus aktiv Konsequenzen und gründete in der Stadt eine bürgerliche Bewegung, mit der er sich den Unabhängigen Sozialdemokraten wie der »frivolen Gleichgültigkeit bürgerlicher Kreise« entgegenstellte.

Der »Zwang einer historischen Notwendigkeit« war es auch, der Hans Delbrück, den enragierten Kritiker des Kaiserreiches, zu Anerkennung und Unterstützung der Republik veranlaßte. Nachdem Kaiser, Regierung und führende Schichten versagt hatten, mußten sie abdanken und die Herrschaft der Partei übergeben, die allein jener unheilvollen Politik widersprochen hatte: der Sozialdemokratie. Delbrück war beileibe nicht ihr Parteigänger und hatte an ihr wie an dem neuen System mancherlei auszusetzen – doch über beidem stand ihm der Staat.

Ähnlich, wenn auch entschiedener, hatte sich die Haltung des Philosophen Ernst Troeltsch entwickelt, der für die »breite Mitte«, für eine Zusammenarbeit zwischen Bürgertum und Arbeiterschaft optierte und dafür in den *Spektator-Briefen* von 1919 bis zu seinem Tode 1922 nachhaltig eintrat. Auch hier stand die Loyalität gegenüber dem Staat im Vordergrund, und das Bekenntnis zur Demokratie entstammte nicht ideologischen, sondern pragmatischen Erwägungen: »Sie ist kein Erzeugnis der Doktrin, sondern ein Ausdruck der wirklichen gesellschaftlichen, durch Krieg und Niederlage klar aufgedeckten und wirksam gewordenen Sachlage.«[98]

Ähnlichen Realismus hatte im Kriege der kleine Kreis der Sieg-Friedens-Gegner, der Verfechter eines Verständigungsfriedens gezeigt; es wundert nicht, daß es sich hier wieder um fast dieselbe Gruppe handelt. Professoren, die entweder der bürgerlich-liberalen DDP nahestanden – wie von Liszt und von Schultze-Gävernitz, Walter Schücking und Otto Baumgarten –

oder die sich wie Friedrich Meinecke aus wohlerwogenem nationalen Interesse zum Bekenntnis für die Republik überwanden: »Wir wurden Demokraten, weil wir uns klar machten, daß auf keinem anderen Wege die nationale Volksgemeinschaft und zugleich die lebensfähigen aristokratischen Werte unserer Geschichte würden erhalten werden können.«[99]

Hier war allerdings der Punkt erreicht, wo tiefreichende Meinungsverschiedenheiten in der Professorenschaft bestanden. Eben mit der Behauptung, für die nationalen historischen Werte einzustehen, lehnten die meisten akademischen Lehrer die junge Republik ab. Wilhelm Kahl erklärte in der Nationalversammlung für die Deutsche Volkspartei (DVP), er und seine Gesinnungsfreunde stünden frei gegenüber der Zukunft, doch treu gegenüber der Vergangenheit, und betonte aufrichtig: »Ich kann kein grundsätzliches Bekenntnis zur Republik ablegen. Sie muß ihren Befähigungsnachweis erst erbringen.«[100] Dem noblen Gelehrten war dieser Vorbehalt durchaus zugestanden; er hat sich dann mannhaft auf die Seite der Republik gestellt. Für die gleichen nationalen Interessen trat aber auch der Historiker Georg von Below, ein Mitgründer der Deutschnationalen Volkspartei (DNVP) in Freiburg, ein. Er billigte der Republik jedoch keine Bewährungsprobe zu, sondern lehnte ihre parlamentarische Grundordnung ebenso ab wie er ihre sozialdemokratischen Regierungen und die bürgerlichen Demokraten diffamierte.

Die Grenze zwischen Pro und Contra verlief nicht zwischen politischen Grundanschauungen. Sie war vielmehr gezogen durch die bei den meisten Professoren nur sehr schwach entwickelte Fähigkeit zu nüchterner Abwägung und Beurteilung der tatsächlichen Verhältnisse und Notwendigkeiten. Statt Vernunft walteten im politischen Bereich gefühlsbestimmte Traditionalismen und wütende Emotionen oder – mit einem Wort von Friedrich Meinecke – wie schon im Kriege »das Bündnis von Hochmut und Dummheit«.

Das Bündnis von Hochmut und Dummheit . . .

Die Reaktion

Mit einem Bekenntnis zum preußischen Militarismus und seinen inneren Werten wie Pflichttreue, Selbstbewußtsein und Ehrgefühl, die dem Geist der deutschen Wissenschaft entsprächen, waren die Hochschullehrer des Reiches 1914 dem Ausland entgegengetreten. Sie sprachen durchaus die Wahrheit, als sie diesen Geist auch für die Erziehung auf deutschen Hochschulen reklamierten. Ernst Troeltsch nannte das mit einer prägnanten Formulierung die »satisfaktionsfähige Weltanschauung«, die das gesellschaftliche Leben des gesamten Bürgertums bestimmte.

Im ersten seiner *Spektator-Briefe* im November 1918 erklärte er entschieden, daß man sich klar werden müsse »über dasjenige, was unter allen Umständen und bei allen kommenden Zukunftsmöglichkeiten erledigt und zu Ende ist. Das aber ist der Militarismus, der Aufbau des Staates und der Gesellschaft auf der bisherigen preußischen Militärverfassung und dem ihr entsprechenden Geiste.«[101]

Das bedeutete, daß die Professoren sich lösen sollten aus der sozialen Begriffswelt, deren Nutznießer nicht nur sie als Spitzen der Gesellschaft gemeinsam mit Adel und Großbürgertum gewesen waren, sondern die sie im Laufe ihres Wandels von einer nationalen Opposition zu staatsverherrlichenden Untertanen auch als die einzig mögliche, die wahre Gesellschaftsform des deutschen Volkes gepriesen hatten. Eine solche Einsicht überforderte die Gelehrten offensichtlich. Sie kamen zwar nicht umhin, ihren Beamteneid nun auf die Republik abzulegen; aber das bedeutete keineswegs, daß sie auch deren politische, gesellschaftliche und selbst verfassungsrechtliche Prämissen akzeptierten. Bereits im »Traumland der Waffenstillstandsperiode« (Troeltsch), als noch sämtliche Hoffnungen und Spekulationen auf die künftige Entwicklung blühen konnten, schufen sich die Ressentiments der akademischen Welt gegen die »Neue Zeit« und den »neuen Geist« in allen Variationen Luft.

Das Stichwort für die erste Kollektivhandlung der Professo-

ren lautete nationale Ehre und entstammte just jener satisfak-
tionsfähigen Weltanschauung. Hauptsächlich von den Universitäten Berlin und Freiburg kamen die Unterschriften zu der
»Erklärung deutscher Hochschullehrer zur Auslieferungsfrage«, die sich gegen »Auslieferung und Aburteilung des
Kaisers und unserer besten Männer durch ein parteiisches, von
Haß und Rachsucht eingesetztes Gericht« der Feindmächte
wandte.

Selbstverständlich waren sich die gelehrten Appellanten
darüber im klaren, daß ihr Protest bei den Siegern wenig
Eindruck machen würde – aber darauf zielten sie gar nicht ab.
Die Spitze richtete sich vielmehr gegen diejenigen im eigenen
Lande, die diese nationale Demütigung und Schande hinnah-
men – gegen die »waltenden Machthaber«. Der Schriftführer
des Unternehmens, der Historiker Eduard Meyer, hob die
tiefere Absicht unmißverständlich hervor: »Die Hauptsache ist,
daß die Bewegung für Deutschlands Ehre und Wiederauf-
raffung nicht einschläft, sondern dauernd wach erhalten wird,
und daß sie hinausgetragen wird in alle Gaue des verstümmel-
ten Vaterlandes, wenn wir die Hoffnung nicht aufgeben wollen,
daß es den nächsten Generationen gelingen wird, die Wunden
zu heilen und Deutschland noch einmal wieder in seiner alten
Größe aufzubauen.«[102]

Dieser Vorgang ist bezeichnend für den Verdrängungspro-
zeß, welcher der spontanen Gegnerschaft des Professorentums
gegen die Republik zugrunde lag. Man stand noch unter dem
Schock der unvermuteten militärischen Niederlage, der unfaß-
baren Meutereien in der Flotte und der Arbeitererhebungen im
Lande, des klanglosen Abschieds des Kaisers und Ludendorffs,
der überraschenden Republikausrufung und der deprimieren-
den Waffenstillstandsbedingungen. Doch weit entfernt, darin
das Versagen und den inneren Zusammenbruch des alten
Systems zu erkennen, lastete man das Ganze der jungen Republik und jenen Männern an, die die Verantwortung und damit
auch die Hypothek dieses Staates übernommen hatten.

Die weitere Entwicklung verfestigte diese unreflektierte
Haltung nur. Im April 1919 notierte Ernst Troeltsch: »Da man
den eigentlichen Ursachen des Elends, der giftigen Politik der
Entente, der Desorganisation des Staates und dem psychologischen Zustand der von Hunger und Erregung rasend geworde-

nen Massen nicht beikommen kann, hält man sich an das Einzige, was man zertrümmern kann, an die relative demokratische Ordnung. Es ist ein allgemeiner Ansturm der Enttäuschten, der Ideologen und der Restaurationsmänner gegen die Demokratie.«[103] Als die Bedingungen des Versailler Vertrags bekannt wurden und er mit Zustimmung der demokratischen Parteien von der Regierung gar unterzeichnet wurde, schlug die Erbitterung in offene Feindschaft um.

Der Widerstand der akademischen Welt besaß schon fast programmatischen Charakter. An einem Teil der Universitäten, so stellte Troeltsch fest, wurden die schroffsten Kriegspublizisten zu Rektoren gewählt. Als solcher kommentierte in Berlin Reinhold Seeberg beim Stiftungsfest der Friedrich-Wilhelm-Universität im August 1919 die neuen Verhältnisse: es gebe nur Chaos – keinen Geist, keine Ideale, keine Ideen. »Wirksame Kraft hat das Neue bisher wesentlich nur in der Form der Negation gezeigt. Der negativen Macht steht eine ungeheure positive Ohnmacht zur Seite. Es ist Auflösung, aber keine Integration.«[104] Er stellte fest, ein Volk mit einer so großen Geschichte könne sich auf die Dauer nicht mit politischen Lebensformen begnügen, »die einer armseligen Nachahmung schlecht verstandener fremder Ideen oder der Ausnutzung jeweiliger politischer Konjunkturen entstammen«. Sein Nachfolger Eduard Meyer trat das Amt mit weit militanteren Erklärungen an. Nach Lobpreisungen der Leistungen des alten Reiches zog er über die »gleißnerischen Verheißungen« der Todfeinde und das »Wahngebilde einer greifbar bevorstehenden Umwandlung des gesamten Menschengeschlechts« her, die zur Selbstentmannung eines ganzen Volkes geführt hätten: »So wirft es die Waffen weg, zerbricht sein eigenes Heer, liefert seine stolze Flotte freiwillig aus, und stürzt wehrlos, um Gnade bettelnd, seinen Feinden zu Füßen.«[105]

Der hervorragende Germanist Gustav Roethe bezeichnete in seinem Kolleg diesen Frieden als eine Katastrophe, die nur einem von Juden und Sozialdemokraten verhetzten Volk zustoßen könne. In juristischen Seminaren wurde gescharrt, wenn das Wort »Reichsverfassung« fiel. Das war nicht verwunderlich, denn die Studenten konnten in der Einleitung ihres von dem Staatsrechtler Conrad Bornhak herausgegebenen Textes wertvolle Aufschlüsse darüber bekommen, wie diese

Verfassung möglich geworden war. Reichskanzler Max von Baden hatte danach die Abdankung des Kaisers hochverräterisch ersonnen und der Staatssekretär Scheidemann am selben Tage die Republik unter Bruch seines Diensteides proklamiert. Der beamtete Professor Conrad Bornhak, der seinerseits einen Eid auf eben diese Verfassung abgelegt hatte, nannte ihre Grundrechte inhaltlose Phrasen, die aus der politischen Rumpelkammer von der demokratischen Reaktion wieder hervorgeholt worden waren, und urteilte abschließend kühl: »Daß die Verfassung sich als lebensfähig erweisen wird, ist kaum anzunehmen. Dazu verkennt sie in zu hohem Maße die geschichtlichen Überlieferungen und die wirklichen politischen Machtverhältnisse im deutschen Volke. Aber vorläufig ist mit ihr als der staatlichen Organisation des deutschen Volkes zu rechnen.«[106]

Als Ernst Troeltsch einen »hervorragenden Juristen« nationalliberaler Couleur animieren wollte, eine Erklärung verfassungstreuer Hochschullehrer zu unterzeichnen, replizierte jener, er müsse erst seine Fraktion befragen. Ein gleichgesinnter Naturforscher meinte, es sei ein unerwünschtes Heraustreten des Einzelnen aus der Kollegenschaft. Einer der »glänzendsten Entdecker und Erfinder« – so Troeltsch – befand, Verfassungstreue sei ein Forum für »diese« (sozialdemokratische) Regierung – das aber sei eine empörende Zumutung. Ein Ungar wiederum wußte dem kritischen *Spektator* von berühmten deutschen Professoren zu berichten, die ihn gedrängt hätten, einer Liga unterdrückter Nationen – Irländer, Ägypter, Inder und Armenier – beizutreten, die den Kampf gegen England führe und Graf Reventlow zu ihren Häuptern zähle. Troeltschs Urteil über diese Erfahrungen: »Alles lauter Versuche, die wirkliche Lage nicht zu sehen und von ihr loszukommen, die bestehende Regierung nicht zu verbessern, sondern zu stürzen, ohne Gedanken daran, was denn aus dem Reich noch werden könne und solle.«[107]

Das war die Haltung infamer Vergangenheitsverherrlichung, die auch Conrad Bornhaks 1921 veröffentlichte *Deutsche Geschichte unter Kaiser Wilhelm II.* prägte. Der akademische Erzieher phrasierte darin zielbewußt: »Das Leben ist der Güter höchstes nicht und noch weniger das Geld. Das Echte bleibt der Nachwelt unverloren. So steht auch Deutschlands Heldenkampf gegen fast die gesamte übrige Welt mit unvergänglichen Lettern in den Jahrbüchern der Geschichte verzeichnet, wenn er auch schließlich fast in einer Zote endete.«[108]

Als Signum dieser Zote galten auch die Farben Schwarz-rot-gold, die den Professoren von 1848 heilig gewesen waren. Denen von 1918/19 galten sie als Schande: In der Stunde der Schmach war das schwarz-weiß-rote Banner nationalen Ruhms aufgegeben worden. Friedrich Meinecke hat diese professorale Gehässigkeit ein Gemisch von jugendlichem Idealismus und altersgrauer bockiger Pedanterie genannt. Verantwortlich nicht nur für diesen Farbenwechsel, für die ganze Schande waren die Sozialdemokraten und ihre Hintermänner. Theodor Schiemann bescheinigte ihnen: »Deutschland brach zusammen, als die deutsche Sozialdemokratie infolge einer Art geistiger Krankheit unserem Heer in den Rücken fiel und damit Deutschland und seinem Kaiser den tödlichen Stoß versetzte.«[109]

Zwecks wissenschaftlicher Begründung seiner Aversion gegen die Sozialdemokratie berief sich Schiemann auf ihren Propheten Karl Marx. Erfolgssicher spekulierte er auf die bürgerlichen Ressentiments und hieß den Begründer der materialistischen Geschichtsauffassung unter bezug auf den mittlerweile selbst in bourgeoiser Sicht arrivierten Nationalökonomen Gustav Schmoller einen »talmudistisch-spintisierenden Sozialphilosophen und internationalen Verschwörer«.

Das antisemitische Rezept war gekonnt und entsprach gut-deutsch nationaler Mentalität. Man bediente sich seiner in aller akademischen Würde – etwa wie der Historiker Otto Hoetzsch in der Preußischen Landesversammlung 1919. Er verwahrte sich dort gegen den Vorwurf des Antisemitismus. Die DNVP sei zwar durchaus gegen den landläufigen Radau-Antisemitismus – aber es existiere nun einmal eine solche, sehr mächtige Strömung im Volk, an deren Ursache die Juden selbst durch ihre starke Teilhabe an Kriegsgewinn und Revolution nicht unschuldig und unbeteiligt seien.

Sein Fach- und Partei-Kollege Georg von Below untermauerte diese vornehmen Vorbehalte. Unter Hinweis auf »jüdische Radikale« wie Moses Heß, Marx, Landauer, Toller und Eisner bezeichnete er das Judentum mit einem beliebten Schlagwort als die »Partei der nationalen Dekomposition«, die eine vaterlandslose Politik betreibe. Beeindruckend ist dabei sowohl der fixe Persil-Schein – er »bestreite nicht, daß vereinzelte Juden sich ehrlich bemühen, deutsch zu empfinden« – wie die Gleichsetzung von Judentum und Demokratie: Zwei Drittel der Bevölkerung stünden unter dem Eindruck der nationalen Dekomposition (das war also der Teil des Volkes, der für die Weimarer Koalitionsparteien stimmte). Antisemitismus sei darum eine nationale Notwehr. Die sinn-, aber nicht zwecklose Klitterung des staatsbeamteten Professors mündete in der Forderung, daß der Staat sich nicht der Sozialdemokratie ausliefern dürfe, »da deren politisches Programm Utopie und ihre Führer Utopisten oder, wenn sie die Utopie als Utopie erkennen, Verbrecher sind.«[110]

Allein aus diesem Kontext sind auch die professoralen Ausrufe zum Vertrag von Versailles zu erklären, so wenn etwa der Greifswalder Alttestamentler Otto Procksch 1924 emphatisch klagte: »Der Name Versailles, über dem einst eine Kaiserkrone schwebte, läßt heute das Blut gerinnen. Denn aus Versailles haben wir nur die Narrenkappe heimgebracht; und wir sind heerlos, wehrlos, ehrlos. Wohl hat Frankreich selbst vor einem Jahr den Vertrag von Versailles gebrochen, aber wir erfüllen, erfüllen, erfüllen.«[111]

Es kam diesen nationalen Leichenrednern gar nicht in den Sinn, daß man 1918 mit leeren Händen nach Versailles gegangen war, daß dort gar nichts anderes zu holen war für das ausgepowerte Reich als ein Schluß des Krieges – zu welchen Bedingungen auch immer. Sie gerierten sich, als hätte es keine militärische Niederlage und keine Erschöpfung der Widerstandskraft gegeben; und in der Tat, für sie hatte es das nicht gegeben. Nur die Sozialdemokraten und die Juden hatten durch einen heimtückischen Dolchstoß in den Rücken der heldenhaften Front den Endsieg vereitelt. Und sie traf die Schuld für die erniedrigenden Bedingungen des Versailler Schanddiktates. Der strahlend siegende Siegfried starb an Hagens hinterlistigem Attentat. So war es denn auch nicht als wehmütige Erinnerung, sondern als rachsüchtige Totenklage zu verstehen, wenn der Altphilologe Ernst Lommatzsch 1922 deklamierte: »Wie herrlich war Deutschland, wie stark und mächtig. Es war einmal. Wie elend ist Deutschland, wie tief gedemütigt!«[112]

Die Studenten jedenfalls verstanden die Aufforderung, die in derartigen Festesreden ausgesprochen wurde. In zunehmendem Maße mußte man sich bei ihnen – so das Zeugnis des Philosophie-Professors Ernst Troeltsch – auf antisemitische und antirevolutionäre Einsprüche gefaßt machen. Max Weber hatte schon vorausgesagt, angesichts der zu erwartenden Friedensbedingungen werde in Deutschland ein nie dagewesener Chauvinismus entstehen. Binnen kurzem wurde die akademische Welt immer konservativer, monarchistischer und nationalistischer. Die Notlage führte nicht zur Besinnung, sondern entlud sich im Affekt gegen die Republik. Der Unterstaatssekretär im preußischen Kultusministerium Troeltsch: »Zum Teil steht dahinter die patriotische Scham und Empörung über das Schicksal Deutschlands, den Betrug von Versailles und die Schwäche der Regierung, weiterhin die Suggestionen des Vorbildes von 1813, der Geist des an der Weltpolitik und dem Energie-Evangelium immer noch hängenden Professorentums und die Agitation der sogenannten nationalen Parteien.«[113]

Bei alledem ließen es die Professoren an scheinheiligen Lippenbekenntnissen zum neuen Staat nicht fehlen. Sie erklärten zwar kühl, daß sie eigentlich von der Republik nicht viel hielten, aber im selben Atemzug versicherten sie ihre Loyalität, sich formell dem bestehenden Recht fügen zu wollen. Bei dem alten Imperialisten Dietrich Schäfer, Mitgründer der DNVP und des Deutschnationalen Lehrerbundes, sah diese Loyalität dann so aus: »Ich bin von jeher und unentwegt in Denken und Empfinden demokratisch gewesen, nicht im Parteisinne, aber in der Einstellung auf das Wohl des gesamten Volkes, aller seiner Klassen, in der Einschätzung von Leistungen nach ihrem Wert für die Gesamtheit.«[114] Solch fragwürdige Zustimmung vertrug sich ausgezeichnet mit seinem Eingeständnis, er hasse die Demokratie, weil er die Freiheit liebe.

Selbstverständlich formulierten die meisten Professoren ihre wirklichen Ansichten nicht derart hemmungslos. Es war bei ihnen – wie in der Beamtenschaft – Usus, zu bekennen, man stelle sich »auf den Boden der neuen Tatsachen«. Doch diese laue Versicherung diente allem anderen als der Absicht, diese neuen Tatsachen auch zu verfestigen. In Vorlesungen und Seminaren ergab sich hinreichend Gelegenheit zu versteckten Seitenhieben gegen die Herrschaft der rohen Massen, gegen die Diktatur des Volksschullehrers und der Halbbildung, die

die moderne demokratische Kultur gebracht habe. Diese formale Demokratie, so lautete die Argumentation, besaß keine Lebenskraft: War ihre Verfassung nicht durch den Einsatz der freiwilligen Studenten und des alten Heeres gerettet worden, ihr Bestand allein durch die selbstverleugnende Hingabe alter Beamter und Offiziere gesichert? Nicht der Mehrheitswille, das Prinzip der nackten Zahl, dürfe über das Schicksal des Volkes entscheiden: Allein eine berufsständische Vertretung entspreche seiner organischen Gestalt, und nur die Führung durch eine starke Hand gewährleiste die Festigkeit nationaler Politik.

Die Kräfteverhältnisse innerhalb der Professorenschaft hatten sich kaum verändert und noch weniger die Anschauung ihrer konservativen Mehrheit. Die hatte sich durch den Umsturz der Staatsform eher noch verhärtet und einen größeren Kreis prononcierter Anhänger gefunden. Auch die Teile der Hochschullehrerschaft, die sich früher bei prinzipiellem Einverständnis mit den geltenden politischen Formen in Stillschweigen geübt hatten, verschwiegen jetzt nicht ihre tiefe Abneigung gegen das demokratische System. Die Kluft, die sich in der Annexions-Diskussion von 1915 aufgetan, im Streit um Sieg-Frieden oder Verständigungsfrieden fortgesetzt hatte, verbreiterte sich jetzt noch mehr. Nur in der gemeinsamen Liebe zum Vaterland, so meinte Friedrich Meinecke 1919, seien sich die professoralen Kontrahenten noch einig. Doch so wie die reaktionären Professoren Demokratie und Republik beurteilten, war es auch fraglich, ob sie ihren anders denkenden Kollegen noch Liebe zum Vaterland zubilligten. An allen deutschen Hochschulen, vielleicht mit Ausnahme der neugegründeten Universitäten Frankfurt und Köln, spielten die Anhänger der Republik – wie es Eric Kollmann für die Berliner philosophische Fakultät formuliert hat – nur die Rolle von Foxterriern gegenüber Jagdhunden. Mit Bangigkeit schilderte Meinecke die deprimierende Situation: »Verbittert, verärgert, verfeindet blicken wir aufeinander, und das Trostlose ist, daß nicht nur die alten inneren Gegnerschaften wieder aufgebrochen sind, sondern daß mitten durch die Schichten, die bisher gemeinsam Deutschlands Kultur- und Staatsleben getragen haben, der Riß verläuft.«[115]

Rückwärts zur alten Höhe . . .

Das Bündnis von Ressentiment und Wissenschaft

Die widerwillige Zurückhaltung, die das Verhalten vieler Professoren gegenüber der neuen politischen Entwicklung zunächst noch bestimmte – teils aus Verstörung, teils aus der Mentalität des braven Staatsdieners heraus –, schwand in wenigen Jahren. Sie schwand im gleichen Maße, in dem die Sozialdemokratie Wahlverluste erlitt, die Regierungskoalitionen unsicherer und kurzlebiger wurden und die Rechtsparteien an Boden gewannen. Es war offensichtlich nicht nur ungefährlich, der Republik zu opponieren. Man konnte dabei auch des Beifalls und Einverständnisses der breiten bürgerlichen Schicht gewiß sein, die, wie sich immer stärker herausstellte, ihre bestimmenden Positionen in Staat und Gesellschaft auch innerhalb einer Ordnung behauptete, deren Grundsätze sie ablehnte und zielbewußt unterlief. Zielbewußt zumindest insoweit, als sie die egalitären parlamentarischen und republikanischen Formen abschaffen wollte: einig in der Negation.

Der Erlanger Theologe Hans Preuß bekannte sich in seinem Rektoratsbericht 1923 ausdrücklich zu dem Attribut reaktionär, »mit dem man uns bloßstellen will.« Nachdem er einen verstorbenen Studenten als einen hochgemuten deutschen Mann gelobt und hervorgehoben hatte, daß seinen Sarg die Fahne Schwarz-weiß-rot decke, bekräftigte er vor seinem Honoratioren-Publikum emphatisch: »Ja, wir wollen zurück – zurück vor dem letzten Schritt zu Abgrund und Chaos, rückwärts zur alten Höhe, rückwärts zu ewigen Anfängen, rückwärts zu Gott dem Herrn, der Eisen wachsen ließ – und auf den Sternen waltend sitzet von Ewigkeit zu Ewigkeit.«[116] Im Munde eines Theologen war das ein unmißverständliches Credo zum autoritären Machtstaat, dem göttliche Weihe zugesprochen war.

Wie strikt und in ihrer realen Zielsetzung zugleich absurd, bar aller Vergleichsfähigkeit diese Wendung nach rückwärts sein konnte, wird anschaulich am Beispiel Eduard Meyers. Er hatte im konservativen Berliner »Herrenklub« einen Vortrag Ernst Niekischs gehört, in dem es als Deutschlands Unglück bezeichnet wurde, 1918 der sozialen Revolution ausgewichen zu sein. Anschließend, so erinnert sich der Altsozialist Niekisch, trat der Altkonservative Meyer zu ihm und gestand, daß er mit ihm »im großen und ganzen einig gehe«[117]; der Geschichtsprofessor war überzeugt, daß Deutschland eines Umsturzes bedürfe, wenn seine Existenz einen wiklich neuen Sinn bekommen solle. Das Mißverständnis war ebenso total wie – aus späterer Sicht – decouvrierend. Denn selbstverständlich waren die Ambitionen des »Nationalbolschewisten« Ernst Niekisch und des Reaktionärs Eduard Meyer absolut konträr: Der eine kreidete der Sozialdemokratie die versäumte Umgestaltung Deutschlands zur sozialistischen Gesellschaft an, der andere verurteilte das neue Regime, weil gerade im nationalen Zusammenbruch eine Uber-Monarchie ihm der einzig richtige Ausweg schien, der zugleich eine Korrektur und Erhöhung des alten Staates gewesen wäre.

Bei seiner feierlichen Inauguration als Berliner Rektor im November 1919 hatte Eduard Meyer diesen Gesichtspunkt programmatisch verklärt. Herrschaft der Majorität, so führte er aus, bedeute Zerreißung des Volkes in Parteien, die nur Sonderziele verfolgten; wahrhaft unabhängig sei nur eine Regierung mit monarchischer Spitze. Nicht auf Wilhelm II. allerdings, sondern auf dessen Großvater berief sich der Historiker – aus guten Gründen, doch wohl schlechten Gewissens –, als er orakelte: »Die Uberlegenheit dieser Staatsform über jede andere besteht eben darin, daß in ihr, wo immer sie gesund und lebenskräftig ist, die Interessen der Gesamtheit des einheitlichen Staats untrennbar zusammenfließen mit der zum Träger der Krone berufenen Einzelpersönlichkeit und den ererbten Traditionen seines Geschlechts und daß er daher frei ist von der Gebundenheit durch eine Partei oder eine Gruppe und ausgleichend, in unabhängiger Stellung, die Gegensätze zu vermitteln und sich über sie zu erheben vermag.«[118] Weder die selbstgenannten Einschränkungen noch die historische Erfahrung und erst recht nicht die gesellschaftliche Umwälzung des Zeitalters brachten den Gelehrten auf den Gedanken, daß dieses romantisch-imperiale Wunschziel irreal sein könne. Unerschüttert von der Realität pries er es als die Erfüllung der wahren Staatsidee, deren Richtigkeit wissenschaftlich erweisbar sei.

Die aus Ressentiments geborenen Urteile von Deutschlands

110

Professoren gegen die Weimarer Republik waren meist von zwei Komponenten geprägt, die hier zusammenfließen. Das erste, vordergründige Argument versuchte die republikanische Grundordnung unter Berufung auf Mißhelligkeiten, die sie doch aus den Unzulänglichkeiten und Streitigkeiten des zerfallenen alten Systems geerbt hatte, mit dem Vorwurf des Formalismus zu erschlagen. Diese Beweisführung war schwach. Sie gab eine vergleichende Betrachtung vor und spekulierte doch nur – freilich mit großem Erfolg – auf vorhandene Animositäten, die sich logischen Vergleichen verschlossen. Es gab auch in Professorenkreisen Stimmen, die sich gegen diese einseitige Verkehrung der Tatsachen zur Wehr setzten. So klagte der Geschichtslehrer Walter Goetz, Mitglied der Deutschen Demokratischen Partei (DDP): »Man nimmt eine Monarchie, die ein unzeitgemäß gewordener Obrigkeitsstaat und ein von Strebertum und Byzantinismus auf der einen, von Klassenhaß auf der anderen Seite zerfressener Körper war, für ein deutsches Staatsideal und klagt eine junge, im Sturm geborene Demokratie an, daß sie korrupt sei. Man nennt sie eine formale Demokratie und vergißt, daß die angeblich die Gegensätze ausgleichende Monarchie in ganz anderem Maße Anspruch auf den Namen einer Formalmonarchie hatte.«[118a]

Dieser Vorwurf, von allen rechtsnationalen Kräften erhoben und gepflegt, legte den Hochschullehrern noch keine Eigenleistung bei, auch wenn man berücksichtigt, daß seine Autorisierung durch die akademischen Lehrer der Nation ihm besonderes Gewicht verlieh.

Die Professoren gingen einen Schritt weiter und ließen sich etwas Eigenes einfallen. Sie paarten ihren Groll mit ihrem geistigen Anspruch, ihrem Auftrag und Talent: dem der Wissenschaft. Sie suchten den Beweis dafür anzubringen, daß Eigenart und Geschichte des deutschen Volkes der republikanischen Staatsform zuwiderliefen, daß dieser Nation allein eine ständisch-autoritäre Ordnung angemessen und angeboren sei. Die gelehrten Gegner der Demokratie glaubten fest an die Wissenschaftlichkeit dieser Erkenntnis. Und wiederum kamen ihnen außer ihren eigenen auch die emotionalen Vorbehalte des Bürgertums gerade recht, dessen Söhne sie unterrichteten und bildeten. Die hohe soziale Wertschätzung ihrer akademischen Funktion im Verein mit der gemeinsamen Resistenz gegen den neuen Staat ließ an den von Professoren ex cathedra geäußerten politischen Anschauungen überhaupt keinen Zweifel zu, wenn sie sie als wissenschaftliches Denken verkleideten. Sie taten das absichtsvoll und überzeugend, wie der miterlebende Pädagoge Theodor Litt berichtete: »Sich auf die Demokratie einzulassen meinte man dem deutschen Volk deshalb widerraten zu sollen, weil die wissenschaftliche Erforschung seines Werdens und Wesens den unversöhnlichen Gegensatz seiner historischen Sendung und der demokratischen Lebensordnung offenkundig machte. Es waren die Fortwirkungen einer durch den Ersten Weltkrieg provozierten Diskussion, die in dieser antidemokratischen Volkscharakterologie zu Wort kam.«[119]

Die gleiche Tendenz akademischer Überhöhung aktueller Fragestellung kennzeichnete die Festreden der Professoren, deren Programmthema Gegenwartsfragen waren. Auch dabei stellte sich dann der Effekt ein, daß der verklausulierten, ins Philosophische transponierten Antwort auf ganz konkrete Probleme das Air der Wissenschaftlichkeit verliehen wurde. Diese Wendung war obligatorisch. Man entzog sich damit der nüchternen Abwägung von Pro und Contra, konnte unvermittelt republikfeindliche Aussagen umgehen – und blieb dennoch unmißverständlich. Ein Musterbeispiel dieser induktiven Methode ist die Ansprache des Marburger Professors Friedrich Wolters auf dem Erlanger Studententag 1921. Der Historiker und Volkswirtschaftler, der später die Geschichte des George-Kreises schrieb und ihm nahestand, analysierte den jungen Akademikern Gegenwart und Zukunftsaufgaben: »Wir stehen in der größten Gefahr von außen: denn die Welt um uns starrt in Waffen. Wir stehen in der größten Gefahr von innen: denn wir drohen in der Wirtschaftswelt zu ersticken. Was uns retten kann, ist nicht Befriedigung, sondern Kampf, ist nicht der Wirtschaftsmensch, sondern der heldisch gehobene Mensch. Tiefer Gegensatz zwischen einem reinen Nützlichkeitsstreben und dem heroischen Streben eines Volkes ist aufrechtzuerhalten ... Auch der Unterschied zwischen Universalmensch und Individualmensch ist unwichtig: Das Ziel ist der tragische, opferfähige Mensch, der den Kampf will, auch um die Gefahr des Unterganges.«[120]

Solche Kampfes-Metaphern waren weder leere Formeln noch

idealistische Chiffren. Sie waren sehr reale Anweisungen, sollten der Jugend Leitbilder setzen, ihnen ein Ideal vorstellen, dessen man eines Tages zur Wiedererringung deutscher Größe bedürfe. So wetterte bei der Jenaer Reichsgründungsfeier 1922 der renommierte Kantforscher Bruno Bauch: »Jetzt, wo Parteisucht ihre demoralisierende Wirkung immer bedrohlicher ausübt, kann nur innere Einheit uns aus dem Elend, vor dem Verderben retten, und eine trügerische Hoffnung ist es, daß unsere Erniedrigung auch so rasch vorübergehen werde, wie vor mehr als einem Jahrhundert vor den Freiheitskriegen. Vor allem ist die Erkenntnis vonnöten, daß Schuld an unserem Elend der Umstand trägt, daß die Ideale verloren gegangen waren in dem krassen Materialismus der Zeit; sie wiederzufinden muß der Leitstern sein.«[121] Und in Halle verkündete auf dem abendlichen Festkommers des Hochschulringes Deutscher Art der baltendeutsche Geheimrat Hans Scupin, Paläontologe, Ziel und Verheißung deutscher Einheit: »Sind wir uns erst einig, dann werden wir auch nach außen hin wieder selbstbewußt auftreten können. Dem Sadismus unserer Feinde gegenüber gibt es nur ein Gefühl – das der Rache. Wir werden zur Hermannsschlacht ausziehen können und das Joch der Knechtschaft wird wieder abgeschüttelt werden, wenn der Deutsche sich wieder auf sein Nationalgefühl besonnen hat.«[122]

Heroismus, Opfermut, innere Einheit, Nationalgefühl, Idealismus, Hermannsschlacht, Befreiungskriege: All diese »Leitsterne«, für sich genommen akzeptabel oder diskutabel, waren wohlverstandene Teile einer Beschwörungsformel deutschen Wesens, die im Widerspruch zum demokratischen Staat stand und aus alter Vergangenheit eine neue Zukunft malte.

Dieser Staat ist undeutsch ...

Konservative Staatsideale

Der Vorwurf des Formalismus, der allenthalben und gerade von seiten der Universität gegen die junge Demokratie erhoben wurde, entstammte dem Arsenal konservativen Staatsden-

113

kens, das seit Adam Müller in Deutschland akademische Tradition hatte. Als Gegenbewegung zu den Ideen der Französischen Revolution entstanden, war dieser Konservatismus zur gleichen Zeit wirksam geworden wie der Liberalismus. Während jener jedoch in der Revolution von 1848 unterging, erhob sich dieser in der Ara Bismarck zur herrschenden Lehrmeinung. Die konservative Staatstheorie betonte die Rolle des historisch Gewachsenen, der Kontinuität, was im Deutschen Reich bedeutete, daß sie an der Monarchie und einer ständischen Gesellschaftsordnung orientiert und strikt antidemokratisch, antiliberal und antikapitalistisch war. Es kennzeichnet ihren Ursprung aus der deutschen Romantik, daß ihr Lieblingsbegriff »organisch« war. Es kennzeichnet ihren theoretischen Grundcharakter, daß sie als geltende Staatslehre auch die Jahrzehnte der Industrialisierung, des Wirtschaftsliberalismus und der sozialen Deklassierung unbeeindruckt mit ihrem alten Anspruch überstand, antikapitalistisch und sozial zu sein.

Immerhin hatte es im Kaiserreich auch gelehrte Kritiker gegeben – und das waren neben den Kathedersozialisten auch rechtskonservative Stimmen gewesen – die der so geprägten Gesellschaftsordnung formale Erstarrung und soziale Fehlhaltungen vorgeworfen hatten. Unbehagen am Wilhelminismus war als kulturkritische Stimmlage en vogue. Nach 1918 war das auf der rechten Seite völlig in Vergessenheit geraten. Der Jenaer Philosoph Max Wundt zum Beispiel erklärte nach einer Beschimpfung von Marxismus und Sozialdemokratie ungeniert, »die wahren Sozialisten, die Sozialisten der Tat« seien Bismarck und Wilhelm II. gewesen.

Der Konservativismus wurde in der Republik zu einer mächtigen Strömung und entfaltete eigentlich erst jetzt seine immanenten Kräfte – in der Destruktion. Seit ehedem waren Aufklärung und Naturrecht sein Konterpart, Ziel seiner Angriffe gewesen. Da deren Gedanken der Ordnung des neuen Staates ihren Stempel aufgedrückt hatten, blies man unverzüglich zur Attacke. Versäumnisse, die man sich selbst vorzuwerfen gehabt hätte, Vorstellungen, die durch die Entwicklung überholt waren: solche Einschränkungen brauchte man nun nicht mehr zu berücksichtigen. Es ging, gottlob, ums Prinzip, und danach waren die Kommentare denn auch. So etwa die kaum beweisbare Behauptung, durch die Aufklärung sei im 19.

Jahrhundert der Glaube an das Sinnliche allein bestimmend geworden, der Mammon, das Geld der einzige Maßstab. In einer unglaublichen Volte wurde diese antimaterialistische Sentenz dann mit der demokratischen Staatsform in Beziehung gesetzt: Volksherrschaft sei die Herrschaft des Geldes, nämlich die für die Zwecke des Kapitals bequemste Verfassung. Kein Gedanke daran, wie bequem für Großgrundbesitz und Großindustrie die Verfassung – und Verfassungswirklichkeit – des preußisch majorisierten Kaiserreichs gewesen war.

Jedoch muß man den Professoren zugute halten, daß ihre Reflexionen über das Wesen des Staates nur selten von solch niederen Gegenständen wie Geld und Geldeswert handelten. Sie dachten in höheren Kategorien, sie erwogen das wahre Gemeinwohl und kamen zu dem Schluß, daß die Gleichheit aller Menschen nur eine verderbliche Fiktion sei – ein Formalismus.

Waren nicht alle Menschen nach Begabung, Herkunft und Bildung verschieden, unterschieden in solche höheren und geringeren Wertes für die Gemeinschaft? Und hatte nicht die Gesamtheit des Volkes – welche die Lehrer der Nation ununterbrochen im Sinn hatten – den höchsten Profit davon, daß nur die Besten zur Herrschaft gelangten? Aber konnte das egalitäre, von unwissenden Massen und parteiischen Sonderinteressen beherrschte parlamentarische System überhaupt die Qualität der Besten erkennen und sie gar an die Spitze bringen? Hatte eine aus dem materialistischen Mehrheitsprinzip hervorgegangene Regierung denn das Wohl des ganzen Volkes im Auge, unabhängig und überparteiisch?

Solche verständlichen Überlegungen wurden nun nicht etwa in das Bemühen umgesetzt, für den vorhandenen Staat auf dem Boden seiner Verfassung einen gangbaren besseren Weg zu suchen: Sie bedeuteten bereits das Verdikt über seine Gestalt. So bemängelte der Staatsrechtler Richard Schmidt in einer Leipziger Rektoratsrede 1922, die Verfassung enthalte kein – autoritäres – Gegengewicht gegen das »schlechthinnige Übergewicht des Parlaments« und garantiere darum nicht die Stetigkeit des Staatslebens. Die zweifellos beabsichtigte Folge solcher Festtags-Attacken war die Abwertung der parlamentarischen Vertretung des Volkes und damit auch die Abwertung von Staat und Regierung.

Es war durchaus nicht so, daß die Gelehrten nicht konkrete Vorstellungen von einer besseren und richtigeren Ordnung der Gesellschaft und des Staates gehabt hätten – nur vertrugen sich diese Vorstellungen in keiner Weise mit einer demokratischen Verfassung. Die Volksgemeinschaft, so lautete diese Überzeugung, war ein abgestufter Organismus, der sich in seinen Ständen, seinen Berufsständen repräsentierte. Diese Stände stellten eine Rangordnung dar, in der sich der Aufbau des Staates von unten nach oben manifestierte. In dieser Hierarchie gab es eine Oligarchie der Besten, aus deren Kreis wiederum der Beste als Führer hervorging. Nur eine an diesem natürlichen, organischen Aufbau orientierte Verfassung gewährleistete ein geordnetes und festes Staatswesen. So postulierte denn auch Georg von Below nach einem Vergleich der deutschen Reichspolitik einst und jetzt im Jahre 1922: »Ein besserer Weg zur Wiederherstellung geordneter Verhältnisse ist es doch wohl, das Übel an der Wurzel zu fassen, das heißt der Demokratie die notwendige Einschränkung zu geben, vor allem durch das Zweikammersystem und durch eine selbständige Stellung des Reichspräsidenten, mag man ihn Monarch oder Präsident nennen.«[123]

Wieder einmal bestätigte sich für die Gelehrten, daß ihre alten Neigungen und ihre wissenschaftliche Erkenntnis übereinstimmten. »Dieser Staat ist undeutsch von der Wurzel bis zum Gipfel«, befand Max Wundt [124] mit einem Satz, der wie das Programm jener »antidemokratischen Volkscharakterologie« anmutet. Undeutsch war er für ihn, weil er unter der Herrschaft der Aufklärung und des Geldes stünde, weil die Macht der Parteien sein Elend vergrößerte, weil international statt national gedacht würde, weil die Masse statt Männer das Schicksal des Volkes bestimmte. Dem setzte der Philosoph deutsche Ideale entgegen: Hingabe an das Übersinnliche, Wille zum Tod, Heldentum, Kriegertum, Zucht, Gehorsam und Pflichtbewußtsein. Von Freiheit, Geist und Persönlichkeit müsse ein deutscher Staat geprägt sein, und sittliche Freiheit hieße innere Bindung, bedeutete das Ineinander von Befehl und Gehorsam. Die Einheit von Freiheit und Autorität – das war Vernunft. So präzisierte Wundt 1920 – »Vom Geist unserer Zeit« – die alte Konstante konservativen Denkens.

Das waren keine leeren Metaphern, sondern der philosophische Überbau zu den sozialromantischen Vorstellungen von einem deutschen Ständestaat, der dem bestehenden entgegengestellt wurde. Wundt verlangte wie Below die ständische Volksvertretung mit einer starken Spitze, die sich auf das Prinzip von Führung und Gefolgschaft stützen konnte: »Wenn uns das Wasser an die Kehle steigt, wird das deutsche Volk einsehen, daß es von Redensarten nicht leben kann, und nach dem Retter schreien, zu dessen starker Hand es einzig Vertrauen hat.«[125]

Die Gelehrten machten sich auch Gedanken darüber, wie man dieses von seinen Traditionen abgefallene Volk wieder zum Bewußtsein seines wahren Wesens bringen könne. Für Wundt war es klar, daß man eine Volkserziehung nur ohne die Wahngedanken von Schrift- und Redefreiheit durchführen könne. Der Jurist Ernst Mayer wollte unbarmherzig die Polizei gegen das herrschende »Kupplertum« in Kino, Theater, Tanz und Literatur einsetzen und seine ständischen Abgeordneten durch strenge Gesetze zu politischer Moral zwingen. Der Würzburger Professor gab detaillierte Anweisungen, wie die benötigte neue Oberschicht gezüchtet und veredelt werden könne. Er stellte sich darunter eine Kombination des alten Geburtsadels und der gebildeten Schichten vor, zu denen er das Beamtentum, industrielle Unternehmer, Kaufleute und auch Landwirte zählte – das heißt, die Besten von ihnen. Diese soziale Führungsschicht sollte streng nach unten abgegrenzt werden und staatliche Förderung durch ein entsprechendes Erbrecht, durch Stiftungen und eine gezielte selektive Schulung der Jugend erhalten. Der Ständestaatsgedanke schlug hier schon in den faschistischen um.

Wie sehr diese konservativen Staatsvorstellungen ihre Kraft aus deutschem Boden sogen, wird offenkundig an dem Kölner Historiker Martin Spahn. In einer Rektoratsrede 1921 beschrieb er die gegenwärtige Situation als einen Kampf der Germanen gegen die Romanen und das »Westlertum«, worunter die Ideen der Aufklärung und der Französischen Revolution zu verstehen sind. Der Professor bereitete die Studenten auf künftige Aufgaben vor mit der mystischen Verheißung: »Auch eine Niederlage vermag nichts daran zu ändern, daß diese Ströme heiligen, unversehrten und unverbrauchten jugendlichen Blutes die deutsche Erde mit frischen Kräften erfüllen, durch die sie unsere Anstrengung wird tragen und aufs höchste steigern können, wenn uns die Stunde der neuen Erhebung und dann des Greifens unmittelbar ans Ziel schlägt.«[126]

Martin Spahn, der einstige Protegé Althoffs und Zentrumsabgeordnete, war einer der Führer der jungkonservativen Bewegung; er wurde später Reichstagsabgeordneter der DNVP. 1922 war er an erster Stelle Beiträger zu dem programmatischen Sammelwerk *Die neue Front*, das von den Theoretikern des konservativen Kreises Moeller van den Bruck, Heinrich von Gleichem und Max Hildebert Boehm herausgegeben wurde. Darin orakelte der Kölner Geisteslehrer in der nämlichen antirationalistischen, irrationalen Tonart unter Hinweis auf die Situation von 1648 von der Heraufkunft einer großen Zeit, wenn es »uns glückt, wieder Führung in das Leben hineinzubringen, wieder Kraft an die Stelle der Schwäche, wieder den Willen von Charakteren an die Stelle eines bloß zum Räsonnement fähigen Intellekts der Intellektuellen, ein schöpferisches Organisationsvermögen an die Stelle bloß verwaltender und ordnender Tätigkeit«.[127] Im gleichen Band verkündete der ständische Kulturpessimist Moeller van den Bruck sein Menetekel »An Liberalismus gehen die Völker zugrunde.«

Gegen die modernen Varianten von Liberalismus und Marxismus wandte sich auch Othmar Spann. Der Wiener Professor, als akademischer Vortragsredner viel gefragt, verdammte den Individualismus, aus dem die Prinzipien der Gleichheit und der Demokratie entsprossen. Allein die Besten waren der Herrschaft würdig: »Nur durch Verehrung und Hingabe kann der niedere Mensch an dem Höheren in seiner Weise Anteil nehmen.«[128] Der Volkswirtschaftler und Philosoph lehrte einen Universalismus, nach dem der Einzelne nur Glied einer höheren, ständisch geordneten Ganzheit war. Denn: »Herrschaft kann ihrer Natur nach nur stufenweise von oben nach unten gehen, niemals aber unmittelbar vom obersten zum untersten Kreise.«[129]

Unter den Ständestaatstheoretikern der Zeit war Spann der aktivste. Sein Hauptwerk *Der wahre Staat – Vorlesung über Abbruch und Neubau der Gesellschaft* erschien 1921, erlebte während der Republik zwei weitere Auflagen und 1938 die vierte. Darin erläuterte der Gelehrte auch die wahre berufsständische Gliederung des Volkes. Auf der untersten Stufe sollten danach die Handarbeiter stehen, über die sich die höheren Arbeiter erhoben: »Kunstwerker« oder »darstellende Geistesarbeiter«. Über dieses Gros waren zuerst die Wirtschaftsführer gesetzt und danach als vierter Stand die Staatsführer, zu deren Kaste auch die »höheren Krieger« und »höheren Priester« gehören sollten. Auf dem Gipfel dieses Stufenbaus aber thronten, so konstituierte der ideenreiche Denker, »endlich die Weisen oder der schöpferische Lehrstand, der nur uneigentlich ein Stand ist und dessen Schöpfungen zuerst ein vermittelnder geistiger Stand weitergibt.«[130]

Schon ihre Terminologie verrät, wie tief diese Ständetheorien in der Romantik und in mittelalterlichen Ordnungsvorstellungen verwurzelt und befangen waren. Was sich da als einzig wahre Wiederbelebung einer geschichtlich gewachsenen Form deklarierte, war ein Gesellschaftsaufbau, der durch die historische Entwicklung längst illusorisch geworden war. Von einer konservativen, bewahrenden Kontinuität konnte nicht die Rede sein. Es war ein Sprung in die Vorzeit.

Das Vorbild der fessellosen oppositionellen Agitatoren ...

Volksgemeinschaft und Judentum

Diese ständischen Theoreme waren nun nicht nur romantisch bis zur Irrealität; sie waren auch, betrachtet man sie von ihrer möglichen Wirkung her, recht kompliziert.

Die sozial frustrierte Schicht bürgerlicher Bildung und Halbbildung, mit der es die Universität zu tun hatte, akzeptierte zwar gewiß und mit verbittertem Einverständnis die akademischen Angriffe auf den neuen Staat demokratischer Gleichheit. Das Bürgertum sah sich in seiner angestammten Rolle als die staatstragende Gesellschaft zurückgedrängt, nachdem die Republik die unterprivilegierte Masse der Arbeiterschaft zu politischer Gleichrangigkeit erhoben hatte. Das parlamentarische System war es, das dieser geschmähten Klasse und ihren sozialistischen Anschauungen Einfluß, ja Macht in die Hände gab.

119

Dieses Bürgertum stimmte ebenso gewiß zu, wenn die Professoren als Gegenbild zur Republik die gute alte Zeit und die hierarchische Ordnung des Obrigkeitsstaates priesen, in der es sich heimisch gefühlt hatte. Den professoralen Entwürfen eines ständischen Idealstaates vermochte es jedoch sicher nicht mehr zu folgen. Das Bürgertum besaß zwar auch nicht sehr viel mehr Realitätssinn als seine akademischen Lehrer, aber es war geistigen Höhenflügen abgeneigt und hatte seine Erfahrungswerte. Diffizile ständische Schichtungen waren nicht darunter, sondern lediglich eine rudimentäre Klassenalternative: entweder man war staatsbejahend – im alten Sinne – oder vaterlandslos. Selbst die Gruppierungen innerhalb der alten Oberschicht waren nun durch die gemeinsame Front gegen die Gleichmacherei der Republik von Weimar verwischt.

Es war nicht die ständische Gliederung, die den konservativen Staatsvorstellungen Anklang und Gewicht verlieh. Es war ihre Berufung auf das Deutschtum und die Grundkonzeption der Volksgemeinschaft. Wieder einmal paarten sich alte Ressentiments mit pseudowissenschaftlichen Erkenntnissen.

Dem deutschen Volke, so lautete der völkische Erklärungsversuch, hätte die Schande der Niederlage und die Schmach der Revolution und ihrer Folgen nicht zustoßen können, wenn es gesund gewesen wäre. Doch seine Kraft und Größe waren zersetzt und unterhöhlt worden durch undeutsche Elemente: durch Juden. Diese triviale Argumentation war offenkundig irrational und dumm, aber sie hatte wenigstens den Vorteil, als solche erkennbar, wenn auch nicht überwindbar zu sein.

In den professoralen Stellungnahmen verkleidete sich das gleiche Ressentiment wissenschaftlich, und dann war es – die allgemeine Voreingenommenheit vorausgesetzt und ex cathedra begründet – schwerer erkennbar und bedeutete die Rechtfertigung des primitiven völkischen Antisemitismus.

Den Lehren von der Volksgemeinschaft als der Grundlage eines deutschen Staates war die Gefahr des antisemitischen Akzentes immanent. Er war sogar logisch und kaum zu vermeiden. Wenn nämlich die völkische Geschlossenheit die höchste Steigerung nationalen Wesens und staatlicher Kraftentfaltung bedeutete und dieses Volk als ein historisch gewachsener biologischer Verband verstanden war, dann bedeuteten volksfremde Elemente eine Schwächung und Zer-

120

setzung des organischen Körpers. Die Termini ergaben sich ganz von selbst aus der sozialdarwinistischen Charakterologie. Es ist darum nicht verwunderlich, wenn die antisemitische Komponente bei dem Programmatiker der Ideen von 1914, die im Gegensatz zum materialistischen einen höheren deutschen Sozialismus erfanden, sofort wieder auftauchte – natürlich mit ganz sachlicher Begründung. Johann Plenge hielt 1920 ein Seminar »Über den politischen Wert des Judentums«, dem er die Bemerkung vorausschickte, er möge zwar kein Jude sein, aber ein Antisemit sei er nicht. Eine solche Haltung sei dumm – wenn auch die Juden viel zur deutschen Uneinigkeit und Kriegsniederlage beigetragen hätten. Diese' Technik der sogleich zurückgenommenen Distanzierung ist charakteristisch, und sie wirkte verführerisch. Konrad Haenisch, der sozialdemokratische Kultusminister Preußens, empfahl die Schrift Plenges ob ihrer Objektivität intensivem Studium.

In der objektiven Darstellung des Münsteraner Professors wurde das Judentum als »eine gesellschaftliche Verhaltensweise« definiert. Die »Wirtsvölker« dieser Rasse kritisierten an ihr »eine gierige und ausschweifende Sexualität, die den Germanen abstößt«. Ferner sei der Jude gemütloser als jener, besitze aber einen schärferen Verstand und ein abstrakteres Denken, während ihm »die Fähigkeit zum schöpferischen organischen Aufbau fehlt«. Der Jude wird mit einem »zersetzenden, auflösenden, die alten Wirtschaftsformen sprengenden Handelskapitalismus« identifiziert – was den Soziologen nicht zu konstatieren hindert, daß der Klassenhaß durch die Ghettostimmung und den Neid des Judentums seine bitterste Schärfe bekommen habe. Der Wissenschaftler, der kein Antisemit war, führte solche jüdischen Eigenschaften bis in die Vorvergangenheit zurück. Er erinnerte an Jakobs Betrug der Erstgeburt, an Josephs Wuchergeschäfte, und beschrieb die Propheten als »das ewige geschichtliche Vorbild der fessellosen oppositionellen Agitatoren«. Es durfte dann die aktuelle Parallele nicht fehlen, daß der Marxismus eine »in ihrem innersten Kern jüdische Bewegung« sei und die Juden über Geldmacht und Presse herrschten. Der politische Wert des Judentums, in aller Vornehmheit und mit vielen Wenn und Aber erörtert, lag offensichtlich unter dem Strich. Besonders originell ist des Gelehrten Wortschatz freilich nicht, und auch die eruierten Attribute bestimmten schon seit vier, fünf Jahrzehnten die antisemitischen Kampagnen.

Bei den anderen Ständestaatlern fand das Judentum ver-gleichbare Bewertungen. Kaum einer wurde allerdings so deutlich wie der Würzburger Professor Ernst Mayer, der hinter den »sogenannten« sozialen Kämpfen der Gegenwart die Interessen eines mit Meuchelmord und Klassenverhetzung agitierenden künftigen Judenreiches witterte. Minderwertige, Volksfremde wie Juden, Feiglinge, Lüstlinge, Diebe, Schieber und Amtsschleicher hoffte der Akademiker durch natürliche Auslese zu beseitigen: »Der Staat soll nicht hindern, daß diejenigen Volksgenossen durch die Natur beseitigt werden, die ihre Pflicht gegen ihn nicht tun.«[131]

Verhindern sollte der Staat hingegen – und das war eine ganz aktuelle Fragestellung – die weitere Zunahme der starken ostjüdischen Immigration: darüber waren sich nicht nur betont deutschnationale Professoren wie Below und Hoetzsch einig. Für die Motive, die diese Abwehrhaltung mitbestimmten, ist eine rückblickende Betrachtung Bornhaks aufschlußreich: »Der polnische Jude war im halbdeutschen Osten dem Aussterben nahe, und man konnte den Zeitpunkt berechnen, wo man ihn nur noch ausgestopft im Museum zu bewundern Gelegenheit haben würde. Er wanderte weiter nach Westen in die großen Städte, besonders nach Berlin, begründete hier kaufmännische Geschäfte, ließ seine Söhne Arzt oder Rechtsanwalt werden und sich auf die Aufgabe vorbereiten, künftig einmal nach 1918 das Deutsche Reich und seine Bundesstaaten zu regieren.«[132]

Die Erziehung zur Volksgemeinschaft wurde in zunehmendem Maße auch als akademische Bildungsaufgabe postuliert. Aus der Verachtung ihres Volkstums sei den Deutschen seit 1648 ihr größtes Laster erwachsen, die Demut: so der Hallenser Romanist Karl Voretzsch in seiner Reichsgründungsrede 1923, in der er Lehrstühle für deutsche Volkskunde verlangte. Auch diese gegenaufklärerische Aufforderung zu völkischer Rückbesinnung hatte zwangsläufig einen antisemitischen Beiklang: »Was die Erziehung der Jugend betrifft, so soll sie in erster Linie bewußte Volkstumserziehung unter Vermeidung aller überflüssigen Ausländerei sein. Auch wir müssen heute zurückkehren zu den Quellen volkstümlicher Literatur, die seit Jahn in Männern wie Brentano, Hauff, den Gebrüdern Grimm, einem Treitschke und anderen herrliche Blüten getrieben hat. Nur dann finden wir ein Mittel gegen das Sterben des Volkstums, wenn wir uns durch uns selbst helfen. Zeigen wir die Deutschheit, die von so vielen Kleingläubigen für ein überwundener Standpunkt gehalten wird, und reißen wir alles Wesensfremde heraus.«[133]

Staatsrechtler, Philologen, Philosophen – sie alle glaubten völkische Irrationalismen mit wissenschaftlichen Belegen rationalisieren und erhärten zu können. Hermann Schwarz, Dekan der Philosophischen Fakultät in Greifswald, bezeichnete Vaterlandsliebe als den Drang zum Volksgenossen und die Opferbereitschaft für die Volksgemeinschaft. Von daher definierte der Philosoph soziale Sittlichkeit als auf das Volkstum bezogene Gesinnung, die höher stehe als das altruistische individuelle Verlangen. Mit solchen ethischen Grundsätzen wandte sich der Philosoph ausdrücklich gegen Verfremdung, ausländische Vergiftung, völkische Entwurzelung und die Erkrankung des Denkens und Fühlens der Volksgenossen am jüdischen Wesen: »So verstanden gehört der Antisemitismus ins deutsche Gewissen hinein.«[134]

Antisemitismus als Gewissenspflicht – damit war wohl ein Gipfel akademischer Entwürdigung erreicht. Der gleichen verantwortungsbewußten völkischen Mentalität entsprangen die Bestrebungen, Dozenturen für Rassenkunde und einen Numerus clausus für jüdische Studenten und Professoren einzuführen. Lujo Brentano setzte sich zur Wehr gegen die antisemitische Bewegung, »die seit 30 Jahren und mehr unser öffentliches Leben verpestet«[134a], aber er fand schon 1924 nur wenige Mitstreiter in der Akademikerschaft.

Die deutschen Universitäten, so erinnerte der Frankfurter Anglist Emil Wolff 1923, seien Kinder der Aufklärung und müßten es bleiben, »selbst auf das Wagnis hin, die Grenzen gegenüber der Sehnsucht nach dem Geheimnisvollen und Wunderbaren einmal etwas zu streng zu ziehen«.[135] Nur allzuviele Professoren waren dabei, diese Grenzen weit hinter sich zu lassen und damit den Beruf zu verfehlen, den Rektor Wolff in seinem Mahnwort der deutschen Universität zugewiesen hatte: »Hier ist der Weg, auf dem die Universitäten ihre Autorität wieder gewinnen und Autorität neu schaffen können: wenn sie das Bewußtsein des Volkes zwingen könnten zu der Gewißheit, daß es eine Stätte gibt, die ihre geistige und sittliche Unabhängigkeit gegenüber allen drohenden Gewalten der Welt und des Tages bewahrt, an der Schlagworte hohl verklingen, wo kein Anspruch übermütiger Macht gilt, sondern nur das Recht: Wenn dies erreicht wäre, dann hätten die deutschen Universitäten in den Stunden der Entscheidung das Recht zu sprechen und gehört zu werden. Denn dann wären sie das, was sie ihrer reinsten Idee nach zu sein bestimmt sind: das Gewissen des deutschen Volkes und des deutschen Staates.«[136]

Kapitel V

Die alten Interessen

Sachwalter und Siegelbewahrer eines wahren deutschen politischen Idealismus zu sein: Mit dieser großen Gebärde traten die Professoren der Republik von Weimar entgegen; mit dieser widersinnigen Behauptung verschlossen sich die Hochschulen ihren eigenen aufklärerischen Prinzipien, als die zum Fundament gesellschaftlicher Ordnung werden sollten. Die demonstrative Geste hehrer Geistigkeit und akademischer Objektivität konnte jedoch nicht darüber hinwegtäuschen, daß die Gegnerschaft des Professorentums mitnichten allein in einer geistig-politischen Tradition und dem unparteiischen Blick von höherer Warte auf das Wohl der Gemeinschaft begründet war. Das war nur eine Komponente. Die andere bestand in den handfesten gesellschaftlichen Interessen eines bevorzugten Standes. Eines bisher bevorzugten Standes, denn nicht minder als die monarchistisch-konservativen Überzeugungen der Hochschullehrer waren durch den Wandel der Staatsordnung ja auch ihre sozialen und beruflichen Privilegien in Frage gestellt. Es standen auf dem Spiel: Ihr hohes Ansehen in der bildungsbürgerlichen Hierarchie und die autoritäre Struktur ihrer Wirkungsstätte Universität, aus der sie den Beweis ihrer Superiorität tagtäglich ableiten durften.

Nach dem Zusammenbruch erfolgte ein geistiger Ansturm auf die Elite-Bildungsstätten der Nation, der einerseits nur natürlich war, auf akademischer Seite jedoch einen ungeheuren Schock auslöste. Ob dieser Schock heilsam sein würde – das hing einmal ab von der Fähigkeit der Hochschulen, ihre bisherigen Versäumnisse in bezug auf das Gesamt der Gesellschaft zu reflektieren und zu begreifen. Es hing zum zweiten ab von dem Geschick der neuen Regierungen und ihrer Kultusverwaltung, die Hochschulen unter Berücksichtigung ihrer überkommenen Denkweisen zur Einsicht in ihre veränderte Aufgabenstellung in einer demokratischen Gesellschaft hinzuführen.

Eine geschlossene Kaste eigener Art ...

Der Klassengeist

Die Hochschulen seien ein Vorrecht der besitzenden Klassen, eine Hochburg des Kapitalismus und der Rückständigkeit. Sie hätten die zukunftstärksten Schichten des Volkes, die Arbeiter, von ihren Erkenntnissen und ihrer Lehre ausgeschlossen. Sie bedürften einer Umgestaltung von Grund auf und müßten, sähen sie das nicht ein, der Gewalt weichen.

Mit derart massiven Vorwürfen wurden die Professoren nach dem November 1918 konfrontiert. Sie waren berechtigt und blieben es: 1920 berichtete Kultusminister Haenisch, unter Preußens Studierenden seien acht Arbeitersöhne.

Die drohenden Attacken, vorgetragen in den Wochen staatlichen Umbruchs und vollkommen unübersichtlicher und ungewisser Entwicklung, verfehlten ihre Wirkung nicht; verfehlten sie um so weniger, als ihre Intensität für die Hochschulen völlig überraschend war. Höchstens von einigen irregeleiteten Kathedersozialisten waren bisher solche Gesichtspunkte eröffnet worden, doch die Universität war über sie ohne sonderliche Beachtung und in der Gewißheit obrigkeitlicher Zustimmung hinweggegangen. Man verstand auch nicht ihre Berechtigung. Das Gros der Professoren hatte in seinem Hurrapatriotismus den gesellschaftlichen Strukturwandel gar nicht wahrgenommen, der in der Agonie des Kaiserreiches nach dem August 1918 doch deutlich genug in Erscheinung getreten war. Gelähmt standen sie darum vor einer Anklage, deren Nachdruck für sie ebenso unerwartet war, wie ihr Inhalt unglaublich schien.

Die Folge waren weithin Unsicherheit und – da hinter dieser Bezichtigung ja auch der Druck einer anscheinend entfesselten »proletarischen« Öffentlichkeit stand – wohl auch Angst. In dieser Labilität war ein Ansatz für die Umgestaltung der bisherigen Klassen-Universität gegeben. Überdies schienen die Intentionen der »neuen Machthaber« in der Regierung – der aufgestiegenen Volksschichten – und die Ambitionen der revolutionären Studentengruppen zusammenzustimmen. Der Schein trog. Zwei Exempel sind symptomatisch für die Grundlagen der universitären Restauration.

Wie an einigen anderen Hochschulen hatte sich an der Friedrich-Wilhelm-Universität im November ein mehrheitssozialistisch orientierter Studentenrat etabliert, dem auch konservative Beobachter anerkennenswerte Arbeitsleistungen bescheinigten. Nichtsozialistische Studenten opponierten, und der Berliner Arbeiter- und Soldatenrat verweigerte mit prompter und absurder Konzessionsunwilligkeit dem studentischen Brudergremium die Anerkennung: Der Studentenrat sei nicht demokratisch legitimiert. Dies war wohl keine dieser Räte-Institutionen, die auf revolutionärer Legitimation fußten, doch was soll's: Man war um Aussöhnung mit den bürgerlichen Herrschaftskreisen bemüht und machte dafür gerne ein kleines Zugeständnis. Die kleinen Zugeständnisse summierten sich dann bekanntlich so, daß eine Republik von einem republikfeindlichen Beamtentum verwaltet und von einem republikfeindlichen Heer geschützt wurde.

Der zweite charakteristische Vorfall ereignete sich an der Universität München. Dort stellten sich an einem Novembertag die Professoren den Studenten und Hochschulfeinden, die Rechenschaft von ihnen forderten. »Mit bleichen Gesichtern, todernst, zogen Rektor und Senat ein. Dann wurden plötzlich die Angriffe über Erwarten gemäßigt, sie brachten manchen vertretbaren und vernünftigen Vorschlag, man ging ruhig, fast zufrieden auseinander.«[137]

Der Stab war offensichtlich sehr viel weiter geworfen worden, als man zu springen beabsichtigte. Dieser Eindruck mußte sich jedenfalls den Professoren aufdrängen. Engagierte Studenten wurden von ihren sozialdemokratischen Mitstreitern desavouiert; enragierte Kritiker verloren in den akademischen Hallen ihren Schneid. Eben daß diese hochschulinternen Opponenten der alten Universitätsverfassung sich nicht revolutionärer Mittel bedienten, sondern in Ruhe und Sachlichkeit ihre Ziele zu erreichen suchten, verurteilte ihre Absichten zum Scheitern, nachdem auch die Unterstützung von außen ausblieb. Die Hochschullehrerschaft konnte erleichtert aufatmen: Die Gefahr war offensichtlich gar nicht so akut, wie man befürchtet hatte. Die Gegner waren bereit, sich den akademischen Spielregeln anzupassen, und das hieß dann auch: sie akzeptierten die alten Spielleiter.

Die Professoren, um Selbst- und Sendungsbewußtsein nie

verlegen, überwanden so ihren Anfall von Unsicherheit mit Leichtigkeit. Der eingefleischte Respekt vor ihrem Amt und ihrem Prestige überdauerte offensichtlich auch eine Revolution. Es war kein Wunder, daß sie daraus sofort auch eine Bestätigung ihrer Überzeugungen ableiteten. Ihre Selbstinterpretation wurde auch in Weimar anerkannt – also mußten nicht sie sich nach den Gehversuchen dieses jungen Staates richten, sondern sie hatten ihm aus der Höhe ihrer Erfahrung Ratschläge zu erteilen. Das bedeutete konkret, daß sie sich ungerührt von allen Wechselfällen wieder in der Rolle des erhabenen Kritikers sahen – nur daß diese Rolle nun durch den prinzipiellen Widerwillen gegen das System und den demütigenden Anfall eigener Schwäche ungemein verschärft war. Die alten Privilegien verteidigte man deshalb nur um so hochmütiger und erbitterter.

Einer der beiden ersten – gemeinsam amtierenden – preußischen Kultusminister war Adolf Hoffmann, und an ihm entzündete sich umgehend die Empörung der akademischen Welt. Hoffmann hatte lediglich die Elementarschule besucht, war gelernter Graveur und stand mit Grammatik und Orthographie auf Kriegsfuß. Ein »Analphabet« als oberster Chef der Unterrichtsbehörde – über diese Zumutung kamen die Tempelwächter hoher Bildung auch dann nicht hinweg, als der USPD-Mann im Januar 1919 abtrat und seine Nachfolger »vollgültige« Akademiker waren. Sie kultivierten ihren Groll und ersetzten Gründe durch schiere Gehässigkeit. Der Philosoph Hinrich Knittermeyer höhnte in einem Vortrag vor Studenten über den Dilettantismus der preußischen Kultusverwaltung. Der würdige Altphilologe Wilamowitz-Moellendorff genierte sich nicht, dem sozialdemokratischen Journalisten und Buchhändler Konrad Haenisch zu bescheinigen, er sei auf einen Abweg geraten, »der ihn auf den Sessel eines Ministers für Wissenschaft und Kunst führen sollte, weil er nichts von ihnen verstand.«[138]

Dabei gab sich gerade Preußens Kultusminister Haenisch redliche Mühe, die Vorurteile gegen die sozialdemokratische Regierung an den Hochschulen abzubauen. Im Februar 1919 bekannte sich Haenisch zu einer sozial betonten Persönlichkeitsbildung und versicherte mit Nachdruck, die Verwirklichung dieses Zieles könne natürlich Jahrzehnte beanspruchen

– doch er sei ein »Mann der Entwicklung, des organischen Wachsens und Werdens«. Das sollte seinen Hörern in der Berliner Handelshochschule angenehm in den Ohren geklungen haben. Noch eindeutiger entsprach es dem akademieüblichen Tenor, als er die nationale Gleichgültigkeit verurteilte und zur Einigkeit und Zusammenarbeit über alle Interessen-, Parteien- und Weltanschauungsgegensätze hinweg aufrief. Haenisch ging noch weiter und erschreckte sicher manchen seiner Parteigenossen, als er den versammelten Akademikern gestand, Deutschtum und Sozialismus seien für ihn niemals Gegensätze, sondern immer »eine einzige schöne Einheit« gewesen. Und er baute schließlich den elitebewußten Hochschullehrern goldene Brücken mit der Erklärung: »Auf dem Boden der Demokratie und auf dem Boden des Sozialismus erhoffe ich das allmähliche Erstehen einer neuen geistigen Aristokratie, die nichts zu tun hat mit der Geburtsaristokratie von ehemals, die nichts zu tun hat mit der Geldaristokratie der letzten Jahrzehnte. Ich wünsche einen Zustand, wo wirklich die Aristoi, die Besten in intellektuellem und ethischem Sinne, die führenden Männer auch in Staat und Gesellschaft sein mögen.«[139]

Die Anstrengung des Kultusministers war völlig umsonst. Nicht etwa deshalb, weil die Professorenschaft ein begreifliches Mißtrauen in seine wohlklingenden Zugeständnisse gesetzt hätte – so weit dachte sie gar nicht. Die Entscheidung war längst im Vorfeld solcher Überlegungen gefallen: Die Bildungspolitik der Republik, so lautete die simple Einordnung, gab der Sozialdemokratie die Gelegenheit, ihre alten Absichten durchzusetzen – und sie tat es »ohne viele verfassungsmäßige Bedenken«, wie der Schulpolitiker und Erziehungswissenschaftler Johannes Tews in einem vielverbreiteten Grundsatzreferat behauptete.

Als Beweis für die Disqualifizierung mußten die insgesamt allerdings recht anfechtbaren Richtlinien herhalten, die Adolf Hoffmann für die Arbeit seines Ministeriums erlassen hatte. Dort hieß es unter Punkt 24: »Hervorragende wissenschaftliche Vertreter des Sozialismus und anderer bisher systematisch ferngehaltener Lehrrichtungen sollen auf akademische Lehrstühle berufen werden.«[140]

Diese Bestimmung – der erste von sechs Punkten zur Universitätsfrage – bezeugte erschütternde Ungeschicklichkeit.

Nachdem die Regierung der Volksbeauftragten schon einer energischen, mit äußerem Druck notfalls erzwungenen Umgestaltung des Hochschulwesens abgesagt hatte, war taktische Klugheit erste Sozialistenpflicht. Diese rabiate Formulierung aber war gar nicht klug. Sie machte es, den Professoren nur allzu leicht, das Menetekel eines sozialdemokratischen Herrschaftsanspruchs über die Wissenschaft in die Hörsäle zu malen. Sie taten es prompt und konnten auch damit für die nächsten anderthalb Jahrzehnte die Berechtigung ministerieller Kritiken am Charakter der Universitätsverfassung verschleiern.

In diesem teilweise sicher gutgläubigen Eifer wurde die Professorenschaft durch ihre eigene Begriffsstutzigkeit beflügelt. Hoffmann hatte auch die Einrichtung soziologischer Lehrstühle gefordert; Haenisch verfolgte diese Absicht weiter, und Carl Heinrich Becker erblickte darin als Staatssekretär wie als Kultusminister einen der wichtigsten Reformpunkte. Es mag sein, daß für Hoffmann ein ideologischer Zusammenhang zwischen Soziologie und Sozialismus bestand – auf jeden Fall sahen ihn die konservativen Hochschullehrer, und sie sahen nur dies. Mit dem Lehrfach Soziologie sollte nur die sozialistische Lehre gefördert werden, empörte sich Georg von Below; und es ist höchst beachtlich, mit welcher Unbefangenheit der Historiker Begriffe wie sozialistisch, sozialdemokratisch, sozialpolitisch und schließlich soziologisch durcheinander bringt. Das war für ihn alles das gleiche, war austauschbar.

Mit solch törichter, doch deshalb nicht unbeabsichtigter Infamie war jedenfalls eines erreicht: Dem wissenschaftsgläubigen Publikum und sich selbst hatten die akademischen Mentoren die Hochschulpolitik der Regierung als parteiisch, ja gar sozialistisch, als a priori sach- und wissenschaftsfremd angeprangert. Damit suchte man – erfolgreich – darüber hinweg zu täuschen, daß die Vorwürfe und Bestrebungen der Ministerien Haenisch oder Becker – sie stehen zugleich für die der übrigen Länder – auf etwas ganz anderes abzielten und damit recht hatten.

Es ging ihnen darum – auch Hoffmanns Punkt 24 –, den stillschweigenden, doch offiziösen Numerus clausus aufzuheben, den die Fakultäten bisher gegenüber Lehrstuhlkandidaten sozialdemokratischer Gesinnung oder jüdischer Abstammung, aber auch – in Preußen – gegenüber Katholiken oder – in Bayern – gegenüber Protestanten nichtbayerischer Herkunft angewandt hatten. Das hieß objektiv: Den Ordinarien wurde vom Staat die Erlaubnis verweigert, nach alter Übung begabten Kollegen aufgrund wissenschaftsfremder konservativ politischer Maßstäbe den Aufstieg zum Lehramt zu verwehren. Man entzog ihnen das Gewohnheitsrecht, geeignete Anwärter nur deshalb zu übergehen, weil ihre politische oder konfessionelle Gesinnung dem akademischen Vorschlagsgremium nicht paßte. Und die Unterrichtsbehörde machte von ihren Rechten Gebrauch und sorgte dafür, daß solche Anwärter gleichfalls vorgeschlagen und berufen wurden. Subjektiv, nämlich in der Darstellung der Hochschule aber hieß das: Staatliche Beschneidung der akademischen Autonomie, des Rechtes auf Selbstverwaltung der Universität und Selbstergänzung der Lehrkörperschaft.

Sobald der Staat seinen Rechten gemäß eingriff, etwa um die Lehrfreiheit politisch fortschrittlicher Professoren zu schützen, erhob sich regelmäßig ein gewaltiger Proteststurm. Zweierlei ist daran beachtlich.

Zum einen hatten die Professoren offenbar vollständig die resolute Praxis des kaiserlichen Universitätsverwalters Althoff vergessen, der ausgesprochen selbstherrlich mit ihnen und ihrer Autonomie umgesprungen war und Lehrstühle nach seinen Intentionen zu besetzen wußte; notfalls durch nackten Oktroi. Dabei hatte er nur zweimal Widerspruch erfahren, sehr zwiespältigen überdies. Davon war nun nicht mehr die Rede. Das Kaiserreich fuhr auf in die Glorie makelloser Erinnerung. Dazu ein Zitat von Conrad Bornhak, das exemplarisch ist für diese Mentalität der Gegenwartsbewältigung im Zeichen der Kyffhäuser-Saga: »Der Kaisergedanke schlummert mit den Farben schwarz-weiß-rot, deren Beibehaltung die Republik mit Recht sich versagte. Doch wenn die Zeit der inneren Erneuerung einst abgeschlossen sein wird, dann wird das deutsche Volk die Erfüllung der Zeiten erkennen, indem ein Kaiser es wieder zum Schwerte ruft unter dem alten Siegeszeichen Schwarz-Weiß-Rot.«[141]

Und ein zweites ist erstaunlich. Es kam den Fakultäten anscheinend gar nicht in den Sinn, daß die Auswahlprinzipien ihrer bisher – angeblich – unangefochtenen Kandidatenlisten von politischen Kategorien mitbestimmt gewesen waren und noch immer waren. Selbst unter der heftigen Kritik von außen und angesichts eines völlig veränderten gesellschaftspolitischen Horizontes erkannten die ordentlichen Gelehrten nicht, daß sie durch die anmaßende Handhabung ihrer autonomen Rechte in eine totale Isolation geführt worden waren. Sie sahen weder den Widerspruch zwischen inneruniversitärer und gesellschaftlicher Entwicklung noch überhaupt die Gefahren oligarchischer Verantwortungsfolge.

Deutschlands Professoren besaßen zur Realität weder Verhältnis noch Talent. Auch ihre Gesellschaftsvorstellung war nur ein romantisches Hinterglasbild, in dem vor allem sie selbst sich spiegelten. Sie sahen einmal, was sie sehen wollten, und sie bemaßen ihre Wertschätzung zum anderen nach den Vorteilen, die in der Gesellschaftsverfassung für sie enthalten waren. Die Nutzanwendung lautete demnach: Staat und Gesellschaft sind in Ordnung, wenn sie die Privilegien des akademischen, speziell des Professorenstandes bewahren.

Die Republik von Weimar stellte trotz allen Werbens um Verständnis dieses Vorrecht in Frage. Sie hob die staatliche Legitimation der antisemitischen, antisozialistischen und konfessionellen Vorbehalte der Ordinarien-Hierarchie auf. Solche Machtbeschränkungen wurden drastisch fühlbar, als Preußen die außerordentlichen Professoren – auch um ihnen die allseits geforderte materielle Sicherung zu bieten – zu persönlichen Ordinarien erhob. Dadurch wurden schlagartig Fakultäten und Senate erheblich vergrößert und der alte Intimzirkel akademischer Herrschaft aufgelöst. Überdies kamen mit dieser Welle Leute in die Entscheidungsgremien der Hochschulen, die man zwar aufgrund ihrer wissenschaftlichen Leistungen nicht hatte ausschließen können, denen aber wegen ihrer sonstigen unbequemen oder unbeliebten Vorstellungen oft politischer Natur im Extraordinariat eine Wartestellung auf Lebenszeit zugedacht gewesen war.

Die sozialdemokratische Kultusbehörde hatte noch mehr solch lästiger Einfälle. Sie verfügte die Pensionierung beamteter Hochschullehrer, und auch in dieser sozialen Maßnahme erblickten die Universitäten nur Kränkung. Sie sprachen von der demütigenden Zwangsversetzung verdienter Gelehrter in den Ruhestand, und der Kölner Rektor Karl Thieß formulierte in einem bissigen Seitenhieb: »Abgebaut wegen zu gründlichen Wissens.«[142] Gewiß, die Emeritierung traf auch wissenschaftlich noch durchaus produktive Professoren; doch die wütende Reaktion war auch durch die Tatsache bestimmt, daß dadurch die ehrwürdigen konservativen Spitzen des Lehrkörpers ausschieden und sich seine gewohnte Struktur in einem – freilich maßvollen – Verjüngungsprozeß ein wenig wandelte.

Schließlich verwehrte die Republik den Gelehrten auch noch die Befriedigung ihrer kleinen Eitelkeiten: Sie konnten nunmehr weder geadelt noch Geheimrat noch mit einem der vielen dekorativen Fürstenorden geschmückt werden. Die Republik hatte diese Auszeichnungen abgeschafft. Auch dadurch fühlte sich die Professorenschaft persönlich zurückgesetzt. Moritz Julius Bonn erzählt aus eigener Kenntnis: »Diese Dinge bedeuteten nicht viel für Gelehrte von Ruf und Ansehen, aber sie machten böses Blut unter den weniger prominenten Kollegen.«[143] Und das war ja wohl die Mehrzahl.

Auch unter diesem Aspekt war die republikfeindliche Tendenz der Hochschullehrer zu sehen. Ihr widerspenstiger Beharrungswille hatte seine Wurzeln nicht allein im Reiche reiner Ideen. Zumindest seine verbitterte Schärfe erklärt sich viel eher aus der ganz reellen gesellschaftlichen Diffamierung, der sich die akademischen Würdenträger durch die demokratischen Regierenden ausgesetzt glaubten. Die Professoren waren nicht nur im allgemeinen gegen die entwürdigenden Nivellierungserscheinungen des Systems. Sie waren ganz besonders dagegen, wenn das ihre eigene Vorrechte traf: die Selbstherrlichkeit der Universitätsgremien, die Unantastbarkeit der professoralen Position, das prestigefördernde bürgerliche Dekorum.

Die Resistenz der akademischen Schichten hatte zu einem beträchtlichen Umfang ihre Ursachen in solch ebenso konkreten wie trivialen Frustrationen. Daraus versteht sich auch der scheinbare Widerspruch, der zwischen der vielbemühten Feststellung eines unpolitischen Professorentums im Kaiserreich und der vielgemiedenen eines reaktionär politisierten in der Republik besteht. Weder das politische Interesse und erst recht nicht die politische Begabung der Bildungsbeamten hatten sich wesentlich geändert. Es ist angesichts der bisher bewiesenen Weltferne der Berufsgelehrten sogar höchst fraglich, ob ein Wechsel des politischen Systems für sich allein bereits ihre Stellungnahme in solcher Entschiedenheit hervorgerufen hätte. Es war wohl eine unmittelbare Verletzung persönlicher Interessen vonnöten, um die Professoren derart geschlossen zur Flucht nach vorn in die Politik zu veranlassen.

Diese ursächlichen Zusammenhänge machen deutlich, daß es sich bei der Reaktion der Hochschulen auf die gesellschaftlich-staatliche Entwicklung mitnichten um ein Erwachen politisch verantwortlichen Verhaltens handelte, sondern um eine ressentimentgeladene Aktivierung durch subjektive Interessen. An den Universitäten erwuchs nicht unversehens politisches Bewußtsein, sondern es entfalteten sich politisch virulente Standesinteressen.

Auf dieses Mißverhältnis zwischen national-politischem Anspruch und nacktem Klasseninteresse wies auch der gewiß nicht des Marxismus verdächtige Ernst Troeltsch hin, als er den Kapp-Putsch 1920 kommentierte: »Was hier durchbrach, war überhaupt nicht der deutschnationale Anspruch, sondern der Klassengedanke des Militärs und der mit dem Militär eng zusammenhängenden früher herrschenden Klassen, der Junker, der Studenten und der Akademiker. Die früher herrschende Gesellschaftsschicht, die heute aus der Herrschaft entfernt ist und es verschmäht, sie auf dem Wege der unentbehrlichen Mitarbeit und der geistigen Leistung in der heute möglichen Form wieder zu erwerben . . .«[144]

Die ständische Exklusivität, die stupende Uneinsichtigkeit der Professoren in die Anforderungen der Zeit hatte erst kurz zuvor, im Januar des Jahres, der Erste Deutsche Hochschultag in Halle gezeigt. Mit hochmütiger Selbstsicherheit und verachtungsvoller Arroganz gab dort der Vorsitzende des Deutschen Hochschulverbandes, Professor Rudolf Schenck, die Ansicht seiner Kollegen wieder: »Die deutschen Universitäten stehen jetzt im Mittelpunkt des Interesses weiter Kreise. Berufene und Unberufene erheben direkt oder bei der Volksvertretung Forderungen, die bald eine Erweiterung des Kreises der Zuzulassenden, bald die Handhabung und die Gegenstände des akademischen Unterrichts betreffen. Wir können nicht einmal sagen, ›die Philister sind uns gewogen‹, denn es fehlt nicht an Verdächtigungen und Verunglimpfungen der Professoren, ja selbst nicht an Regungen, auch den geistigen Führern nach berühmtem Muster die Achselstücke von den Schultern zu reißen; die

Abschaffung der akademischen Würden, deren tieferen Sinn man nicht erkannt hat, wenigstens wird von bestimmter Seite ernsthaft verlangt.«[145]

Diese Illustration ständischen Dünkels ist eindrucksvoll. Es wurde von vornherein jedem Nichtmitglied der Korporation das Recht verwehrt, über Angelegenheiten der Hochschulen zu urteilen. Neu war daran allerdings, daß man nun wie Münchens Rektor Friedrich von Müller auch den Unterrichtsbehör-den – deren Personal ja nur in der Spitze gewechselt hatte – die Sachkenntnis akademischer Belange absprach; und neu war, daß jetzt auch die Philister, einst soziale Rechtfertigung und Rückhalt der universitären Selbstdarstellung, kühl abqualifiziert wurden. Es gab da ein suspektes demokratisches Potential im Bürgertum, das nicht vor Tadel an den geheiligten Stätten deutscher Bildung zurückschreckte.

Beides beweist nur eines. Selbst die Kritik aus den Reihen alter Verbündeter brachte die Hochschule nicht dazu, ihre Position neu zu überdenken. Statt der lauthals verkündeten Öffnung in die Gemeinschaft des Volkes zog sie sich noch stärker auf sich selbst zurück und hätschelte nach wie vor ihren elitebewußten Status. Wer sie dennoch und deshalb an ihre ständische Verengung und gesellschaftliche Verweigerung gemahnte, war bereits Außenseiter. So der Kölner Sozialwissenschaftler Christian Eckert, der in einer Rektoratsrede 1920 vergeblich erinnerte: »Sicher ist, daß die politischen Formen und wirtschaftlichen Verhältnisse abgewandelt bleiben, daß künftig die akademischen Stände nicht eine bevorrechtigte Herrenschicht, eine geschlossene Kaste eigener Art im Volksganzen sein werden.«[146]

Genau das waren die Hochschulen und ihre Lehrer, und genau das wollten sie bleiben, bis ein unausweichlicher neuer Tag des Deutschen als Ernte der ganzen Zeit ihnen vielleicht die Bestätigung ihrer Haltung erbrächte – der konditionale Widerspruch liegt tatsächlich in der kontroversen Natur der höchst unrationalen Sache. Er resultierte aus dem eifrigen und gutgläubigen Bestreben, die Wahrung persönlicher Vorteile und Vorrechte mit behaupteten nationalen Vorzügen und Vorstellungen zu identifizieren. Krass gesagt: Subjektive Zwecke zu objektiven Interessen zu überhöhen.

Was dieses Professorentum bei einiger analytischer Anstrengung für sich hätte entschuldigend anführen können, war durchaus nicht schmeichelhaft. Es lief nämlich darauf hinaus, daß ihm diese frappante Verquickung von Eigennutz und Gemeinwohl deshalb so wirkungsvoll und unmittelbar glaubhaft gelang, weil es dank seiner bisherigen Erfahrung das eigene Wohl gar nicht vom Nutzen der Gemeinschaft zu unterscheiden imstande war. Um das böse Wort M. J. Bonns noch weiter zuzuspitzen: Vor 1918 waren die Universitäten für die Professoren da, und die Struktur dieser Universitäten entsprach den Herrschaftsverhältnissen der Gesellschaft; nach 1918 war diese Übereinstimmung ausgelöscht, nicht aber waren es die Maximen der Gelehrten: Also hatte sich die Gesellschaft nach den Professoren zu richten. Und dafür wirkten sie in ihrem Kreis: durch ihr öffentliches Ansehen und durch ihre Studenten.

Das Problem der Professoren im Übergang vom Obrigkeitsstaat zur Republik ist weder das ihrer rationalen Kraft noch das ihrer intellektuellen Redlichkeit. Solche Fragen stellten sich erst gar nicht, und insofern ist auch die Anklage verfehlt, der Positivismus als Wissenschaftsprinzip habe die politische Infantilität der Professoren auf dem Gewissen. Die Entscheidung fiel bereits im Vorfeld aller Denkprozesse: Sie war die Konsequenz überlieferter und institutionalisierter Mentalität.

Schält man den harten Kern aus den Äußerungen des großen Orientalisten Carl Heinrich Becker über seine Kollegen heraus, so zeigt sich folgendes Bild.

An der Gegnerschaft der Professoren zur Republik von Weimar war die vorzügliche Entwicklung ihres historischen Sinnes schuld. Es war ihnen eine rückwärts gerichtete Denkgewöhnung eigen; sie hatten den Glauben an die herkömmlichen Mittel der Politik nur allzu gut gelernt. Dies bedeutete, daß sie den Machtgedanken – Troeltschs »Machtevangelium« – ausschließlich im Sinne staatlich-militärischer Macht begriffen und damit die Vorstellungen des 19. ins 20. Jahrhundert hinübertrugen. Der Weltkrieg fügte diesem Machtverständnis noch eine wirtschaftliche Komponente hinzu – es war die deutschtümelnd autarke der Ideen von 1914. Die Macht der Idee als einer gesellschaftsbildenden Kraft erkannten sie jedoch auch 1918 nicht, da ihnen doch durch die Niederlage des Bismarckschen Reiches und die demokratische oder bolschewistische, aber auch die sozialdemokratische Veränderung der Weltordnung die Gewalt solcher Ideen eigentlich greifbar vor Augen lag.

Die Überalterung der Professorenschaft – hier kommt die konkrete Nutzanwendung – war der Aufnahme solch neuer Gedankengänge nicht günstig; es ist zu ergänzen, daß in Anbetracht der hierarchischen Bedingungen der deutschen Universität auch dreißigjährige Dozenten oft überaltert waren. Mit der Erreichung der akademischen Pfründe »ordentlicher Professor« – so der Ordinarius Becker – sei der heilsame Stachel des Aufbegehrens, der Auseinandersetzung nur allzu oft abgestumpft. Von diesem Augenblick an genüge die Wissenschaft sich selbst: Überblick, Auswahl und Synthese gehen verloren; Partikularismus und Spezialistentum überwuchern; in der praktischen Ethik ist ein Mangel an überindividuellem und politischem Sinn die häufige Folge.

Carl Heinrich Becker war der dritte und eindrucksvollste Kultusminister im demokratischen Preußen. Er war nicht nur parteilos, er war auch international geschätzter Wissenschaftler und beamteter Ordinarius. Ihm konnte man weder mit dem Vorwurf des Analphabetismus noch des Dilettantismus und auch nicht mit dem eines akademischen Versagers begegnen. An seiner Amtierung mußten sich die Charaktere entblättern, und sie taten es. Mit kleinlichen Gehässigkeiten war gegen diesen Mann nichts auszurichten, obschon seine Gegner ihn in den Ruf eines Nestbeschmutzers brachten.

Becker traf bei den Hochschulen auf eine hartnäckig geschlossene Front der Selbstbehauptung, die diese vorher nie zustande gebracht hatten. Sie machten ihre Tore zu und überließen es unanfechtbaren Gelehrten, ihre Abneigung mit rationalen Gründen auszustatten. Die waren aber dennoch verräterisch, wie bei dem bedeutenden Philosophen Max Scheler, der in seiner Schrift *Probleme einer Soziologie des Wissens* polemisierte: »Die herrschend gewordene und schließlich auf Frauen und halbe Kinder erweiterte Demokratie ist keine Freundin, sondern eher eine Feindin der Vernunft und Wissenschaft. Es beginnt bei uns mit kirchlichen Weltanschauungsprofessuren und sozialdemokratischen ›Strafprofessuren‹, mit parlamentarischem Druck aller Art auf schwache Staatsautoritäten in akademischen Besetzungsfragen.«[147]

Die Musterfälle

Die Weimarer Zeit hat ihre »Fälle« gehabt, Auseinandersetzungen zwischen Hochschulen und Regierungen, in denen die politische Haltung an Deutschlands Hochschulen deutlich, nicht selten überdeutlich hervortrat.

Dem oberflächlichen Blick könnte es scheinen, als habe die akademische Welt zumindest in den Anfangsmonaten der Republik ihre tatkräftige Unterstützung geliehen. Die Fakten legen diesen Eindruck nahe; doch es war eine höchst zweifelhafte Unterstützung, die alles andere als Zustimmung beinhaltete.

Während der Spartakus-Woche im Januar 1919 wurde in Berlin eine Studentenwehr gegen die Spartakisten gebildet. Universität und Technische Hochschule wurden von den Rektoren geschlossen, damit die kämpfenden Studenten nicht gegenüber den Verteidigungsunwilligen benachteiligt würden. Nach dem Abklingen des Putschversuches entwaffnete die sozialdemokratische Regierung ihre akademischen Kampfeshelfer und inhaftierte ihren Anführer. Das war wohl nicht gerade die rechte Art vertrauensvoller Zusammenarbeit, und es war auch peinlich: Denn schon im März mußten Reichswehrministerium und preußisches Kultusministerium bei den Senaten und Studentenschaften um erneute Hilfe vor drohender Gefahr nachsuchen. Zögernd erklärte dann erst am 9. April ein Kongreß der Senats- und Studentenschaftsvertreter von 37 Hochschulen: »Die Versammlung hält es für die Pflicht aller deutschen Akademiker, sich unverzüglich dem Vaterland erneut zur Verfügung zu stellen und durch den sofortigen Eintritt in die Freikorps und Reichswehr die Reichsregierung zu unterstützen. Die Tagung erklärt feierlichst, daß sie sich frei weiß von allen reaktionären Bestrebungen.«[148]

Das Votum klang ausgezeichnet, und Reichswehrminister Noske gab schleunigst seiner Befriedigung Ausdruck: In München und Braunschweig empörten sich Rätesysteme gegen die Zentralgewalt, in Sachsen tobten blutige Unruhen. Doch die Hochschulvertreter taktierten vorsichtig, denn sie mußten die

Wiederholung des Vorwurfes reaktionärer Absichten befürchten. So veranlaßten sie Noske zu einem Rückversicherungsvertrag. Der sozialdemokratische Reichswehrminister erklärte die Akademiker frei vom Verdacht reaktionärer Gesinnung und begrüßte dankbar ihren Eintritt in die Freiwilligen-Verbände.

Er erhielt die erflehte Hilfe, aber den mehr oder weniger erpreßten Blanko-Scheck füllten alte und junge Akademiker nach eigenem Gutdünken aus. Das klang dann etwa so unreaktionär wie in der Frankfurter Universität, wo der Kampf gegen die Aufrührer in einer überfüllten Aula proklamiert wurde. »Zuerst wurde der Aufruf zum Eintritt in die Freiwilligen-Corps verlesen und von der Versammlung durch zustimmendes Füßetrampeln begrüßt. Dann hielt der Rektor eine Ansprache, die sich in nichts von den unvergessenen Hetz- und Haßreden der schlimmsten Kriegszeit unterschied. Er nannte die streikenden Arbeiter und ihre Führer ›vaterlandsloses Gesindel‹, immer vom Beifallsgetrampel der Studenten bekräftigt, sprach salbungsvoll von Opfer und nationaler Pflicht und verhieß denen, die sich jetzt melden würden, um an den Kämpfen – gegen das eigene Volk – teilzunehmen, volle Anrechnung der dadurch verlorenen Studienzeit sowie alle möglichen Vorteile und Erleichterungen bei ihren späteren Examen.«[149] Bleibt erhellend nur hinzuzufügen, daß Carl Zuckmayer – von dem diese Schilderung stammt – aus dem Hörsaal geprügelt wurde, als er empört in die Runde schrie, die streikenden Arbeiter seien die Frontkameraden von gestern und wer auf sie schieße, sei kein Patriot, sondern ein Feind seines Volkes und ein Schuft.

Das Verhängnis war eben gewesen, daß die junge Republik effektiv und unmittelbar nicht von rechts, sondern von links bedroht war. Sie hatte nach der Reduzierung der Reichswehr auf minimale Truppenkontingente, wie sie die Waffenstillstandsbedingungen vorschrieben, gar keine andere Wahl, als gegen Spartakus, Rätesysteme und kommunistische Aufstände die just entlassenen Frontstudenten zur Hilfe zu rufen, die sich dem vaterländischen Appell in gutdeutscher Haudegen-Manier nicht entzogen. Die Regierung mußte dafür mit ideellen Versicherungen und materiellen Versprechungen zahlen, die zum einen nur halbherzig abgegeben wurden und von vornherein fragwürdig, zum anderen aufgrund finanziellen Mangels einfach unerfüllbar waren.

Das Resultat auf akademischer Seite war unvermeidbar und leicht begreiflich. Die studentischen Zeitfreiwilligen und ihre professoralen Mentoren hatten sich der Republik auf deren eigenes Ersuchen zur Verfügung gestellt, als sie um ihren Bestand zu kämpfen hatte. Sie waren zu Hilfe gerufen worden gegen eine linke Umsturzbewegung, und den Weimarer Regierungen war in ihrer Zwangslage nichts anderes übrig geblieben, als bei ihren unentbehrlichen Kombattanten auch Intentionen und Kampfparolen zu tolerieren, die mit den demokratischen und sozialen Auffassungen einer Republik wenig gemein hatten.

Daß unter solchen Voraussetzungen die politischen Vorstellungen an den Hochschulen keine Liberalisierung erfuhren, ist einleuchtend. Ja, das Gegenteil war der Fall. Verständnis für die Grundsätze der Sozialdemokratie und des von ihr geführten Staates konnte ein Gegner von der Rechten schwerlich entwickeln, wenn er von der Arbeiterpartei gegen die Arbeiterklasse zur Staatsverteidigung aufgerufen wurde. Das mußte die vorhandene Abneigung nur verstärken und konnte die unzulänglichen ideologischen Begriffe wahrlich nicht klären. Es bestätigte indes alte Überzeugungen: Das akademische Bürgertum hatte sich wieder einmal als die staatserhaltende Schicht erwiesen. Und der Lohn dieser geretteten Republik war schnöder Undank – denn ihre sozialdemokratischen Führer konnten ihre Versprechungen nicht halten und überdies nicht umhin, die Hochschulen erneut reaktionärer Gesinnung zu zeihen.

So ist es ein Mißverständnis, die akademische Hilfsaktion als eine Unterstützung der Republik zu deuten. Sie galt allein der Bewahrung des Staates und gab außerdem willkommene Gelegenheit, den vaterlandslosen Gesellen ihre Grenzen zu zeigen. Selbstverständlich geriet man dadurch noch tiefer in den Widerspruch zur neuen Ordnung, und dies um so mehr, als es die sozialdemokratischen Regierenden oft genug an Fingerspitzengefühl fehlen ließen. Sie kamen genauso wenig wie ihre Kontrahenten über ihre Vorurteile hinweg und schufen dadurch manche unnötige Spannung.

Die Diskrepanz verschärfte sich zusehends und fand ihren

Höhepunkt in der Mechterstädter Affäre. Im März 1920 wurde eine Marburger Studentenwehr gegen Thüringen in Marsch gesetzt. Sie sollte die Arbeiter »befrieden«, die eben die Verfassung der Republik gegenüber den Hochverrätern des Kapp-Putsches verteidigt hatten. Beim Einzug der Truppe herrschte zwar Ruhe, doch auf Denunziation einiger Bauern verhaftete sie – ob aus Rache oder Prophylaxe – 15 Arbeiter, die angeblich Angehörige der Roten Garde waren. Ein Begleitkommando sollte die Verdächtigen nach Gotha zur Kriegsgerichtsverhandlung bringen. Der Transport kam nicht an. Die Verhafteten wurden nacheinander – die letzten acht bei Mechterstädt – allesamt erschossen: »auf der Flucht«. Die merkwürdigen Umstände rechtfertigten den naheliegenden Verdacht, daß die festgenommenen Arbeiter keineswegs zu fliehen beabsichtigt hatten, sondern von den Freikorps-Studenten nach selbstgeschaffenem Standrecht erschossen worden waren.

Der Fall schuf öffentliche Furore und gelangte bis in den Reichstag. Die elf beteiligten Studenten wurden im Juni 1920 vor ein Kriegsgericht gestellt – und freigesprochen. In eigener Sache gewissermaßen, wie die empörte Presse konstatierte; sie nannte die Universität eine »Mörderzentrale«. Kultusminister Haenisch sprach in einem Interview vom »feigen Meuchelmord der Marburger Buben«.

Damit war ein ohnehin labiles Vertrauensverhältnis zwischen Studentenschaft und Regierung endgültig zerbrochen. Auch Haenisch trug daran Schuld; denn wie zweifelhaft auch immer die Entscheidung des Kriegsgerichts sein mochte – es war die eines anerkannten Gerichtes, und nicht nur taktische Klugheit hätte den Minister von erbitterten Korrekturen abhalten sollen. Mit späteren Entschuldigungen war da nichts mehr zu retten, zumal Haenisch bei allem ehrlichen Mühen um Verstehen sein erklärliches Mißtrauen in die Arbeiterfeindlichkeit der jungen Akademiker nicht leugnen konnte. Zu eng waren für ihn die drastischen Befriedungskampagnen der studentischen Freikorps mit dem Ereignis des Kapp-Putsches verflochten: »Bei diesen Ereignissen waren es immer wieder vornehmlich zeitfreiwillige Studenten, die den zum Schutze der Republik aufgestandenen sozialistischen Arbeitermassen mit der Waffe in der Hand entgegentraten. Auf beiden Seiten hat es dabei die verhängnisvollsten Mißverständnisse gegeben. Manche Studentengruppen, die ganz ehrlich glaubten, nur für ›Ruhe und Ordnung‹ einzutreten, kämpften tatsächlich im Dienste der Hochverräter. In republikanischen, verfassungstreuen Arbeitern sahen sie wilde Kommunisten und Spartakisten. Auf der anderen Seite erblickten zahllose Arbeiter in jedem zeitfreiwilligen Studenten ohne weiteres einen Parteigänger Kapps ... Nur aus dieser furchtbar gespannten Lage heraus ist auch die erschütternde Tragödie von Mechterstädt zu erklären. Die wahren Schuldigen sind auch hier viel weniger die beteiligten Studenten als die Kapp, Lüttwitz, Ehrhardt und ihre Spießgesellen. Sie sind es, die das ganze Unglück über unser Volk gebracht haben.«[150]

Die Hochschullehrer fühlten mit ihren Schülern. Die Schwächen der ministeriellen Position waren nicht zu verkennen, und die Gelehrten bedienten sich ihrer in aller Vornehmheit. Rektor und Senat der Marburger Universität stellten sich in einer Erklärung vor ihre attackierten Schüler. Nach der Kriegsgerichtsverhandlung verwiesen sie darauf, daß ein endgültiges Urteil – die Berufung – zwar noch ausstehe, man sich aber gegen die Beschimpfung aus Presse und Parlament verwahren müsse. »Daß unsere Studenten in der Stunde der Not diesem Rufe der Regierung in opferwilliger Hingabe gefolgt ist, dafür schulden wir ihnen nach wie vor nur Anerkennung und Dank.«[151] Zu den Unterzeichnern dieser legitimen Scheinheiligkeit gehörten der Historiker Wilhelm Busch, der angesehene Zivilrechtler Franz Leonhard und der geheimrätliche Chemiker Karl von Auwers.

Die Berufungsverhandlung fand vor einem außerordentlichen Schwurgericht in Kassel statt und endete wie zu erwarten: Der Freispruch der schießwütigen Studenten wurde bestätigt. Bestätigt wurde damit allerdings auch der Zweifel an der forensischen Vorurteilslosigkeit: Die Zeugenaussagen waren gar zu widersprüchlich – oder eindeutig. Die Angriffe auf die Universitäten, die ja auch die Richter ausbildeten, erhielten neue Nahrung. Den Vorsitzenden des Deutschen Hochschulverbandes veranlaßte die evidente Fragwürdigkeit der Situation jedoch keineswegs zu der Zurückhaltung, die man von Haenisch verlangte. Professor Schenck erstaunte sich auf dem Zweiten Deutschen Hochschultag 1921 unter Bezug auf

Mechterstädt in hehrer Unschuld: »Die Hochschule und insbesondere die Universitäten finden bei den herrschenden Parteien und der von ihnen beeinflußten Masse nicht die Beurteilung und die Würdigung, auf welche sie durch ihre Leistungen und Verdienste unbedingten Anspruch haben. Im Gegenteil, Professoren und Studenten werden nicht selten verdächtigt und mit Vorwürfen überhäuft.«[152]

Die Leistungen und Verdienste der Hochschule, vor 1914 in schöner Einmütigkeit auf den reinen Bereich akademischer Forschung und Lehre reduziert und personaliter den Herrschaftsverhältnissen idealiter angepaßt, hatten inzwischen einen spürbar politischen Akzent bekommen. Die Senate, die ihre politikfreie, nur von Wissenschaftskriterien bestimmte Einstellung immer so sehr betont hatten, bekannten sich jetzt zu politischen Maßstäben. Sie wahrten selbst eine Lex Arons und fochten für sie im Namen der Autonomie der Hochschule – eine denkwürdige Pervertierung. Das Professorentum zeigte nun seine längst fixierte politische Mentalität, indem es seinerseits und nicht nur ohne staatlichen Zwang, sondern jetzt entgegen staatlichen Richtlinien Wissenschaftler aus den akademischen Reihen zu eliminieren trachtete, die – privatim – politische Überzeugungen links der widerwillig geduldeten Mitte hegten. Es begann mit dem Fall Nicolai.

Der Berliner Privatdozent Georg Friedrich Nicolai, Autorität auf dem Gebiet der Diagnostik von Herzkrankheiten, wurde Ende 1919 auf wiederholten Antrag von Fachvertretern im Einvernehmen mit der medizinischen Fakultät und ohne Widerspruch der Universität in Berlin zum außerordentlichen Professor ernannt. Nicolai stand der USPD nahe und war überzeugter Pazifist; in den Jahren 1914/18 hatte er leidenschaftlich – unter anderem mit seiner Schrift *Zur Biologie des Krieges* – gegen den sogenannten vaterländischen Kampf Stellung bezogen. Als Nicolai im Januar 1920 seine Antrittsvorlesung halten wollte, traf er auf eine tobende Gruppe deutschnationaler Studenten, die seinen Vortrag verhinderten. Er wandte sich darauf an den akademischen Senat mit der Bitte, ihn vor den Attacken der Jungakademiker zu schützen, damit er seiner Amtspflicht genügen könne. Der Senat dachte gar nicht daran. Er erteilte seinem Extraordinarius vielmehr wegen seiner politischen Überzeugungen eine deftige Rüge.

Darauf griff das Kultusministerium ein und erklärte in aller Entschiedenheit, es werde für die Aufrechterhaltung der akademischen Ordnung sorgen. Der Zusammenstoß zwischen Regierung und Universität war da, als Haenisch den Senat tadelte:»Statt daß dieser in seiner Stellungnahme die akademische Lehrfreiheit wiederhergestellt hätte, übte er die Tätigkeit eines Ehrengerichtes aus und fällte entgegen seiner eigenen Auffassung ein politisches Urteil, bei dessen Bildung er freilich den völligen Umsturz der Verhältnisse in Deutschland außer acht ließ. Man kann über die Art, wie Nicolai seine Überzeugung während des Krieges ausdrückte, verschiedener Ansicht sein, aber eine akademische Behörde kann nicht zu einer Beurteilung schreiten auf Grund von Handlungen, die unter die allgemeine Amnestie einer vom Volk gewählten Regierung fallen. Auch kann der Senat als rein wissenschaftliche Behörde für ein politisches Urteil nicht als zuständig angesehen werden. Die Disziplinarbefugnis steht ihm gegenüber einem außerordentlichen Professor nicht zu.«[153]

Die Hochschule war nun keinesfalls gewillt, Haenischs Einschreiten als Garantie der Lehrfreiheit zu verstehen. Sie protestierte vehement gegen sein Verhalten als einen parteiischen Eingriff in die Autonomie der Universitäten. Das war bei diesem Exempel wahrlich töricht: Schon die simpelste Überlegung hätte den Gelehrten sagen können, wie unliebsam dem patriotischen Minister vom rechten Flügel der Sozialdemokratie die strikten Anschauungen des idealistischen Pazifisten Nicolai im Grunde waren. Doch für solch nüchterne Abwägung hatten die Professoren kein Organ, wollten es nicht haben. Darum hörten sie auch nicht hin, als der Kultusminister in einem Vortrag versprach und beschwor:»Die Herren Eduard Meyer, Dietrich Schäfer, Wilamowitz und Roethe oder Herr Professor Hoffmann können sich des nämlichen Schutzes versichert halten, wie er Herrn Nicolai zuteil geworden ist. Nennen Sie mir nur einen einzigen deutsch-nationalen Hochschullehrer, dem unter dem neuen Regime auch nur ein Haar gekrümmt worden wäre! Mancher dieser Herren hat die neue Regierung und auch den ihm vorgesetzten Unterrichtsminister in Wort und Schrift auf das heftigste angegriffen – ich habe es noch stets abgelehnt, deswegen einzugreifen ... Wir müssen es endlich lernen, wie in religiösen Fragen und in Fragen der Weltanschauung, so

144

auch in politischen Fragen einander zu dulden und zu ertragen.«[154]

Der Versuch war fruchtlos, und Haenisch merkte es selbst. Resigniert erklärte er dem *Berliner Tagblatt,* der Fall Nicolai sei nur ein Glied in einer Kette ähnlicher Vorfälle; man müsse der Tatsache ins Auge sehen, daß die höheren Lehranstalten und Universitäten Herd der gegenrevolutionären Bewegung seien.

Ihre schürende Kraft hat die Professorenschaft immer wieder bewiesen. Sie war empört über die Anordnung der Unterrichtsbehörde, Fürsten- und Kaiserbilder aus den Lehrräumen zu entfernen, nationale Gedenkfeiern wie Kaiser-Geburtstag und Sedan-Tag einzustellen. Die Reaktion ihrer Standesvertretung Deutscher Hochschulverband im Jahre 1921: »Der Zweite Deutsche Hochschultag beschließt, daß der 18. Januar an allen deutschen Hochschulen als dies academicus gefeiert werden soll.«[155] Damit begann der deprimierende Zyklus der Reichsgründungsreden. Einige Lehrer verkrochen sich in wissenschaftliche Fachreferate, doch auch sie kamen nicht umhin, einen einleitenden Blick zurück auf stolze Größe zu werfen. Dann wußte man das Gute zu sagen, daß immerhin die Einheit des Reiches gerettet sei. Die meisten aber malten unter historischem oder philosophischem Mantel ein Monumentalbild alter Herrlichkeit, betonten es durch das öde Grau der Gegenwart und ließen die Vision einer goldenen Zukunft aufleuchten.

Gleich dem Berliner gab gegen Ende dieses Jahres 1921 auch der Freiburger Senat seine politische Kompetenzerklärung ab. In den *Basler Nachrichten* hatte der Rechtsphilosoph Hermann Kantorowicz unter dem Titel »Bismarcks Schatten« scharfen Tadel geübt an der Macht- und Gewaltpolitik des Eisernen Kanzlers und seine Einverleibung Elsaß-Lothringens einen Raub genannt. Der Aufsatz war jedoch ganz aktuell gedacht und richtete sich nicht zuletzt gegen die Hochschulen: »Solange Bismarcks Schatten über den jungen Baum der deutschen Demokratie fällt, kann dieser nicht gedeihen und für die äußere und innere Politik Früchte tragen. Denn in Bismarck hat sich der alte deutsche Macht- und Obrigkeitsstaat ›verkörpert‹, wird er, was noch gefährlicher ist, heiß geliebt. Das Licht, das diesen Schatten zerstreuen könnte, müßte aus einer neuen Geschichtswissenschaft und einem neuen Geschichtsunterricht kommen.«[156] Zur Erhellung der Situation: Der große Historiker des Liberalismus, Veit Valentin, 1910 in Freiburg habilitiert und seit 1920 am Reichsarchiv in Potsdam, erregte noch – oder schon – 1925 den Unwillen der völkischen Akademiker wegen seiner kritischen »neudeutschen« Geschichtsauffassung. Es ist deshalb zu begreifen, weshalb der sozialistisch intendierte Geschichtsschreiber Arthur Rosenberg ein Außenseiter seiner Zeit war. (Die deutsche Geschichtswissenschaft hat ihre germanomane oder machtverherrlichende Determinante seit Bismarcks Zeit nie verloren[157].)

Bismarck war ein Idol und die akademische Welt empört über Kantorowicz' Akt von Heiligenschändung. In der *Deutschen Hochschul-Zeitung* reagierte der Wiener Professor Benno Immendörfer mit wütenden Ausfällen. Es charakterisiert das Niveau seiner Polemik, daß er Kantorowicz als Juden aus Posen beschimpfte und ganz nebenbei gleich ihm seinen »Stammesgenossen und Stiefvater der Reichsverfassung« Hugo Preuß mit dem Attribut hirnrissig belegte.

Doch auch die Freiburger Gelehrten erbosten sich über die Äußerungen ihres Senatsmitgliedes. Der Historiker Georg von Below, angesehener Wortführer der Konservativen, startete in der *Breisgauer Zeitung* heftige Angriffe gegen die Bismarck-Interpretation seines Kollegen. Der akademische Senat vergaß die durch die Verfassung garantierte Freiheit der Meinungsäußerung und untersagte Professor Kantorowicz in einem Schreiben weitere politische Betätigung.

Der Fall schlug seine Wellen bis in den badischen Landtag, wo Zentrum und SPD Aufklärung über den Fall Below-Kantorowicz heischten. Denn das ist seine besondere Pointe: Kurz vor des Republikfreundes Kantorowicz' absprechenden Urteils über das Regiment Bismarcks hatte der Bismarck-Verehrer Below in einer Zürcher Zeitung die amtierende Reichsregierung Wirth attackiert. Selbstverständlich kam keinem der Akademiker der Gedanke, darin könne ebenfalls eine unzulässige politische Stellungnahme zu erblicken sein.

Es mehrten sich die Belege dafür, daß die Hochschule Parteigänger der Republik nur unwillig in ihren Hallen duldete und dazu neigte, sie unberechtigt ungerechtfertigten Schikanen auszusetzen. Republikfeindliche Äußerungen hingegen wurden nicht nur achtlos übergangen, sondern zählten gemäß der konservativen und monarchistischen Mentalität der Professoren zum akademischen Sprachgebrauch. Hinzu kam die eindeutig reaktionäre Haltung der Freikorps-Studenten und der völkischen Verbindungen, hinzu kamen die Querfäden, die offensichtlich zwischen Studentengruppen und schwarzen Terrororganisationen (Organisation Consul) bestanden. Die Kluft zwischen dem Staat und seinen Hochschulen wurde immer tiefer. Nach dem Rathenau-Mord – unter den Beteiligten waren mehrere Studenten und Gymnasiasten – fiel im Reichstag Wirths berühmtes Wort: Der Feind steht rechts! Ernst Troeltsch berichtete im Juli 1922: »Insbesondere ist die Linke erbittert gegen die Universitäten, die ihnen – und dem gesamten Ausland – als Herd des Kampfes gegen die Republik gelten. Neulich trat mir ein Reichsminister ganz einfach mit den Worten entgegen: »Nun werden wir die Universitäten auflösen. Wir werden doch immer betrogen.«[158]

Im Anschluß an das Republikschutz-Gesetz erließen Sachsen und Thüringen noch im Juli 1922 Sonderverordnungen für die Hochschulen, die den Studenten und ihren Lehrern monarchistische und antirepublikanische Betätigung verbot und mit Verweisung beziehungsweise Entlassung bedrohte. Mit biederer Unverfrorenheit kommentierte der Hochschulverbandsvorsitzende Schenck diese Maßnahme. Der Naturwissenschaftler hatte wohl noch nie vom Kausalkonnex zwischen Ursache und Wirkung vernommen, als er treuherzig versicherte: »Aus den Sondermaßnahmen spricht die Furcht, daß unserem Staatswesen von seiten der akademischen Welt besondere Gefahren drohen. Wer Professoren und Studenten kennt, weiß, daß, wie verschieden auch die Weltanschauungen in diesem Kreise sein mögen, niemand daran denkt, durch Gewaltmaßnahmen eine Änderung unserer politischen Zustände herbeiführen zu wollen. Politischer Mord bleibt Wahnsinn, gewalttätige Beunruhigung unseres schwerkranken Volkskörpers und Störung des Genesungsprozesses ein Verbrechen; das ist die aufrichtige Meinung der gesamten akademischen Welt.«[159]

Die Hochschule wirkte einstweilen im Stillen für die Genesung des Volkes, und sie wirkte dafür ungestört. Denn wie lautstark sie auch immer gegen staatliche Eingriffe in ihre Autonomie protestierte: die Anlässe waren doch recht unergiebig, und oft genug endeten die vehementen Attacken in betretenem Rückzug. Der Schreckensruf Oktroi war verfrüht, denn bei aller Aufregung um die Besetzung von Lehrstühlen für Strafrecht, Nationalökonomie und Soziologie insbesondere stellte sich bald heraus, daß die bessere Argumentation auf seiten der Regierung war. Sie hatte den Hochschulen keine Lehrer aufgezwungen, sondern eigene Kandidaten vorgeschlagen und von ihrem Recht Gebrauch gemacht, auch den zweiten oder dritten Mann der Liste zu berufen. War das tatsächlich einmal ein Sozialdemokrat, so hatte er auch achtbare wissenschaftliche Leistungen aufzuweisen. Die Defensivstellung der Universitäten war zwar einmütig und wirkungsvoll, aber sie war im Faktischen schwach. Was fehlte, war einfach ein Paradefall, an dem man der Öffentlichkeit endlich einmal das behauptete rücksichtslose Vorwalten von Parteiinteressen in der republikanischen Hochschulpolitik eindeutig nachweisen konnte.

Im Jahre 1923 herrschte in Thüringen eine sozialdemokratische Regierung, die sich im Oktober gar durch eine Koalition mit den Kommunisten nach links verfestigte. Das Volksbildungsministerium Greil bescherte der akademischen Welt endlich das heimlich ersehnte Musterbeispiel. Greil ließ sich auf einen Konflikt mit der Universität Jena ein, dessen Eklatanz nur drei Erklärungen zuläßt: Entweder war dieser Mann stockdumm, oder ein Idealist ohne Sinn für Realität, oder ein revolutionärer Stratege, dessen Ziel der provokatorische Anstoß war. Auf jeden Fall erreichte er das Gegenteil dessen, was beabsichtigt war.

In der Jenaer juristischen Fakultät war eine außerordentliche Professur für Strafrecht neu zu besetzen. Das Ministerium berief keinen der vorgeschlagenen Kandidaten, sondern den Privatdozenten Dr. Karl Korsch, den die Fakultät ausdrücklich abgelehnt hatte. Korsch hatte einst in Arbeitsrecht habilitiert und wurde nun gar zum persönlichen Ordinarius für die Fächer Bürgerliches, Prozeß- und Arbeitsrecht ernannt. Korsch trat allerdings sein Amt nie an, denn noch vor Beginn des Wintersemesters wurde er thüringischer Justizminister – und bald darauf landesflüchtig: Er war einer der kommunistischen Parteiführer.

In der medizinischen Fakultät sollte ein Lehrstuhl für Naturheilkunde eingerichtet werden. Die Fakultät war einverstanden, schied jedoch aus dem Kreis der Anwärter den Professor

Dr. Klein aus. Das Ministerium holte Klein und setzte ihn auf einen Lehrstuhl, der mit der Intention der Universität ebensowenig gemein hatte wie mit der Qualifikation des Kandidaten: Für klinische Pathologie und Therapie.

Am übelsten wurde der Philosophischen Fakultät mitgespielt. Für das Fach Pädagogik berief Greil einen Ordinarius – Professor Petersen –, den die Fakultät nicht wollte; binnen zwei Wochen einen Extraordinarius – Dr. Mathilde Vaerting –, zu dem die Fakultät aus Zeitmangel keine Stellung nehmen konnte; und drei Honorarprofessoren, die die Fakultät abgelehnt hatte und die den dienstrechtlichen Voraussetzungen nicht genügten.

So viel Mißachtung trieb die Empörung der Universität verständlicherweise auf den Siedepunkt. Der Rektor lehnte die akademische Einführung Professor Kleins ab und wandte sich mit seinem Protest an die Öffentlichkeit.

Das Weimarer Staatsministerium reagierte rasch und brutal. Es unterstellte den gesamten Schriftverkehr der Universität amtlicher Zensur; mit ihrer Durchführung wurde Professor Julius Christoph Schaxel beauftragt, der sich als überzeugter Kommunist der Regierung zur Verfügung gestellt hatte. Gegen ihn richtete sich dann auch die größte Wut der Kollegen: Schaxel leitete an der Universität Jena das Institut für experimentelle Biologie. (Die Universität hat dafür zehn Jahre später schäbige Rache genommen: Sie entzog 1933 dem emigrierten und ausgebürgerten Gelehrten die Doktorwürde mit der lumpigen Erklärung, es handle sich dabei nicht um eine wissenschaftliche Disqualifikation, sondern um die Aberkennung eines bürgerlichen Dekorums.)

Jetzt schaltete sich auch die Professoren-Gewerkschaft ein. Ihr Vorstand wandte sich am 5. November an die angeschlossenen Hochschulen und die Unterrichtsverwaltungen der Länder: »Der Verband der Deutschen Hochschulen unterbreitet den Tatbestand der Öffentlichkeit und ruft sämtliche Hochschulen auf, zu diesem im geistigen Leben der Neuzeit fast unerhörten Vorgange Stellung zu nehmen ... Die formale Frage der juristischen Berechtigung oder Nichtberechtigung des ministeriellen Vorgehens tritt völlig in den Hintergrund gegenüber diesem den Geist der Neuzeit wie die altbewährte Freiheit der Universitäten gleich sehr in das Gesicht schlagenden Versuch, durch brutale bürokratische Mittel eine Knebelung der freien Meinungsäußerung herbeizuführen. Wir haben den Eindruck, daß das Thüringische Ministerium die ihm obliegende und unbestrittene allgemeine Staatsaufsicht für seine parteipolitischen Sonderzwecke mißbrauchen und um solcher Sonderzwecke willen das alte Grundrecht der wissenschaftlichen Körperschaften, die Freiheit des Wortes, zu Boden treten möchte.«[160]

Den letzten Akt des Eklats setzte das Ministerium mit der Einrichtung einer selbständigen erziehungswissenschaftlichen Abteilung innerhalb der philosophischen Fakultät. Sie bestand aus eben den gegen den Willen der Universität berufenen Lehrern und erhielt in ihrer Satzung das Recht zum Berufungsvorschlag, zu Habilitationen und Promotionen – also die Selbständigkeit einer Fakultät. Der Große Senat verweigerte der Institution seine Anerkennung.

Damit war das Ende der Affäre gekommen: Die Reichsregierung verfügte gegen die roten Regierungen in Sachsen und Thüringen die Reichsexekution, die thüringische Linkskoalition löste sich auf, und im Februar 1924 beseitigte eine Neuwahl die »rote Herrschaft«. Erlöst forderte der Jenaer Mathematiker Robert Haußner in der Deutschen Hochschul-Zeitung, nun müßten die sozialdemokratischen »Errungenschaften« beseitigt werden – womit er alle Maßnahmen der bisherigen Regierung meinte.

Das Fatale an dem Fall war, daß die Hochschule endlich ihr Paradigma hatte – denn selbstverständlich gab sie nicht zu, daß es sich hier keineswegs um ein Musterbeispiel, sondern um eine Ausnahme handelte, für die es höchstens noch in der Berufung Professor Julius Goldsteins an die Technische Hochschule in Darmstadt eine – freilich zu interpretierende – Parallele gab. Und ebenso gewiß mied sie die notwendige Differenzierung zwischen der linkssozialistischen Konstellation in Thüringen und der maßvollen Praxis der sozialdemokratischen und demokratischen Kultusverwaltungen in Preußen und den südwestdeutschen Staaten.

Die Gelegenheit war auch zu schön. Man konnte die Republikaner endlich einmal mit ihren eigenen Waffen schlagen. Und so trat man die angeblich unfreiwillige Flucht in die Öffentlichkeit mit stillem Vergnügen an. Wie gut klang es, wenn der Hochschulverbands-Vorsitzende Schenck eine Lanze für die Freiheit der Meinungsäußerung brechen konnte. Und welche Freude machte es dem Jenaer Rektor Henkel, in seinem veröffentlichten Protestschreiben mit biedermännischer Aufrichtigkeit klagen zu können: »All diese Vorgänge sind um so befremdlicher, als sie von einer Regierung ausgehen, die sich die Pflege demokratischer Anschauungen zur besonderen Aufgabe machen will. Zur Pflege demokratischen Geistes gehört aber unseres Erachtens vor allem die Achtung vor den Rechten einzelner Personen und insbesondere des Selbstverwaltungsrechtes der Körperschaften. Das Vorgehen des Ministeriums gegen die Universität läßt aber gerade das völlig vermissen.«[161]

An der Alma mater Jenas war nämlich die Pflege demokratischer Anschauungen durchaus nicht heimisch. Dort entrüstete man sich nicht nur darüber, daß das Ministerium Greil Ausländer herangezogen und das Tragen völkischer Abzeichen verboten hatte, daß es in einem Anfall von Bilderstürmerei die Konterfeis des Alten Fritz, der Königin Luise, des ersten Wilhelm und Großherzog Carl Augusts aus der Universität entfernen ließ. Man führte auch bewegte Klage, daß der Lehrkörper mit sozialdemokratischen Professoren »politisch durchseucht« worden sei. Und die Kommilitonen wüteten gegen »zwei republikanische und zwei jüdisch-russische Studenten« und drohte ihnen für den Fall ihrer Rückkehr nach Jena Schreckliches an, weil sie den Professor Ludwig Plate denunziert hätten.

Plate war der Nachfolger Ernst Haeckels auf dem Jenaer Lehrstuhl für Zoologie; ein Vorgang, der mit beklemmender Anschaulichkeit die Anfälligkeit deutscher Wissenschaft für völkisch-rassische Theorien demonstriert. Haeckels idealistisch bemühter und philosophisch überhöhter Darwinismus reduzierte sich bei Plate, dem Mitherausgeber des Archivs für Rassen- und Gesellschaftsbiologie, auf einen pseudowissenschaftlichen Rassismus mit politischen Implikationen.

Gegen Plate war ein Disziplinarverfahren angestrengt worden, weil er sich in seinen Vorlesungen antisemitisch geäußert hatte. In welchem Ausmaße und mit welcher Tendenz – das zeigt am besten die »Rechtfertigung«, die er selbst darauf am 1. 2. 1924 in der *Weimarischen Zeitung* publizierte: »Die Judenfrage ist zweifellos eine Rassenfrage und gehört daher in eine zoologische Vorlesung. Es ist meine Pflicht, an der Hand von Tatsachen darauf hinzuweisen, daß die Juden als Rasse bzw. als Volk zwar manche gute Eigenschaften, aber sehr viel mehr schlechte haben, und daß daher vor einer Vermischung von Juden und Ariern dringend zu warnen ist. Jeder Lehrer soll zugleich ein Erzieher sein, und als Rassen- und Vererbungsforscher ist es ebensosehr meine Pflicht, meine Zuhörer zu Rassenstolz und Rassenbewußtsein zu erziehen . . .

Ich beanspruche für mich das Recht, die Anschauungen der Sozialdemokratie zu kritisieren, denn an Hand der Biologie läßt sich leicht der Nachweis führen, daß das ganze Gedankengebäude derselben – ich sehe hier ab·von der nationalökonomischen Seite, die nicht zur Diskussion steht – eine Kette von Irrlehren ist und uns schon aus diesem Grunde in das furchtbarste Elend führen mußte. Falsch ist die Lehre von der allgemeinen Gleichheit der Menschen und daß deren Unterschiede in erster Linie durch die Umwelt bedingt werden; sie liegen vielmehr im Blute und sind erblicher Natur. Überall erreicht die Natur ihre Pracht und Mannigfaltigkeit durch Gegensätze und Unterschiede, nicht durch öde Gleichmacherei. Falsch ist die pazifistische Einstellung der Sozialdemokratie, denn die ganze Natur ist durch und durch militaristisch . . .

Es darf mir nicht verdacht werden, daß ich als naturwissenschaftlicher Professor meine Zuhörer über alle diese wichtigen Fragen aufkläre, ganz gleichgültig, ob einige meiner Zuhörer oder die Regierung anders darüber denken. Da es sich um die höchsten Fragen handelt, von denen Sein oder Nichtsein des ganzen Volkes abhängen, habe ich das Recht zu scharfer Kritik und brauche nicht jedes Wort auf die Goldwaage zu legen.«[162]

Das Disziplinargericht schloß sich dieser faszinierenden Beweisführung an: Es sprach Plate frei.

Diese biologistische Spielart eines völkischen und politisch ambitionierten Rassismus wird ergänzt durch eine romantisch-irrationale Variante. Auf dem Akademikertag 1924 in Potsdam predigte nach einem Referat Othmar Spanns der Theologe Reinhold Seeberg seinen Hörern: »›Rasse‹, ist sie Glaube oder ist sie Erkenntnis? . . . Der Laie antwortet da immer: Er wisse es nicht, aber es sei bewiesen. Ach, es braucht ja gar nicht bewiesen zu sein, durch unbewiesene Gedanken sind Tausende selig hindurchgegangen. Das letzte Motiv dieses Bekenntnisses ist immer ein Erlebnis: man hat das Klingen in der eigenen Seele gehört, man hat das Brausen fremden Blutes vernommen, wahrlich, Blut ist ein besonderer Saft. Dieses Erlebnis führt uns dann zur Erkenntnis: Unser Blut ist ein besonderes Blut; wir besinnen uns unseres Volkes. Und dann erkennen wir, daß wir mit Schuld haben an seinem Tiefstand, und alles versuchen müssen, seine Feinde zu bekämpfen, den praktischen Materialismus und das unglückliche Wirken der Sozialdemokratie.«[163]

Im selben Jahre 1924 amtierte an der Universität Greifswald ein Rektor, der vom Mai bis Dezember der nationalsozialistischen Reichstagsfraktion angehörte, der Mathematiker Theodor Vahlen. Er ließ am Verfassungstag die Fahne der Republik am Universitätsgebäude niederholen. Später wurde er zur Dienstentlassung verurteilt, weil er sich in verschiedenen Fällen der Verächtlichmachung der Reichsfarben und der Person des Reichspräsidenten Ebert schuldig gemacht hatte.

Die Konflikte zwischen Universität und Republik rankten sich weiter von Namen zu Namen. Zur Reichsgründungsfeier 1925 hielt Professor Fritz Freiherr Marschall von Bieberstein in der Freiburger Aula die Gedächtnisrede. Unter dem Motto »Vom Kampf des Rechtes gegen die Gesetze« schweifte der Gelehrte zielbewußt um die These von der Illegitimität der republikanischen Regierung und skandierte mit juristischer Überlegenheit: »An den Gesetzestexten recht gemessen, waren objektiv / die Willensakte der Usurpatoren, / die sich angebliche ›Gesetzeskraft‹ beilegten / − de facto freilich die Gesundung vorbereitend −, / doch nichts als Hochverrat.«[164] Der Ordinarius für Öffentliches Recht unterschlug im Druck der Rede die originale Einblendung, in der er mit der saloppen Formulierung »Ebert, Haase und Genossen« den amtierenden Reichspräsidenten als Hochverräter qualifiziert hatte. Freilich machte Marschall diese Zurücknahme mit seinen Fußnoten und Kommentaren mehr als wett: sie sind von infamer Dreistigkeit − rein wissenschaftlich natürlich. Nebenbei hatte der Festredner in gut deutschnationaler Wortkunst auch Galliens Gier, die freche Freveltat des nimmersatten Frankreich und die britische Brutalität verschrien.

Der Senior der juristischen Fakultät erklärte auf ministerielles Ersuchen voller Unschuld, »daß er aus der ganzen Rede keinerlei agitatorische oder gar die heutige Staatsform verlet-

153

zende Tendenz herauszulesen vermöge«; und der Rektor schloß sich dieser erstaunten Diagnose an.

Der badische Unterrichtsminister Willy Hellpach (DDP), im Zivilberuf Psychologie-Professor an der TH Karlsruhe, war wohl oder übel gezwungen, das angestrengte Disziplinarverfahren einzustellen. Er sprach jedoch auf eigene Faust einen Verweis aus mit der Begründung: »Der Beamte genießt kraft seiner amtlichen Stellung Achtung und Vertrauen; aus dem Verhältnis des Beamten zum Staat ergibt sich, daß der Beamte seinerseits verpflichtet ist, dem Staate und dem verfassungsmäßigen Träger der Staatsgewalt mit Achtung zu begegnen. Der Beschuldigte hat diese Pflicht in gröblicher Weise verletzt, indem er den Reichspräsidenten unter Namensnennung in der wegwerfenden Form ›Ebert, Haase und Genossen‹ als Usurpator bezeichnet und ihn faktisch des Hochverrates geziehen hat.«[165]

Der rechtskundige Freiherr setzte sich über diese Argumente hohnlächelnd hinweg, entdeckte an der Sache aber doch eine ernste Seite: »Denn der vorliegende Fall zeigt in erschreckender Weise die Ohnmacht, zu der das geltende Disziplinarrecht vieler deutscher Länder uns Hochschulprofessoren verurteilt, selbst wo es sich um so offenkundige Eingriffe in die uns doch vom Reich verfassungsmäßig garantierte akademische Lehrfreiheit handelt.«[166] Das konnte wohl nur heißen: Die Beamtenpflicht des Hochschullehrers endet da, wo er sich mit der staatsbeherrschenden politischen Ordnung nicht mehr einverstanden erklären kann. Dann wird die Pflichtverletzung des Beamten durch die Lehrfreiheit des Hochschullehrers gedeckt.

Marschall konnte sich bei dieser Rechtsauslegung auf prominente Unterstützung berufen. In der *Deutschen Allgemeinen Zeitung* hatte der hervorragende Staatsrechtler Otto Koellreutter festgestellt: »Der Professor ist kein politischer Beamter, der der herrschenden Mehrheit nach dem Munde zu reden hat. Im Gegenteil, gerade von ihm verlangt man, daß er unbekümmert seine Meinung in den Grenzen der Gesetze sage, auch wenn sie nach oben nicht angenehm klingt. Byzantinische Professoren haben immer ein besonders klägliches Schauspiel geboten ... Der Fall Marschall hat jedenfalls gezeigt, welche Gefahren der heutige Parteienstaat für die Unabhängigkeit der akademischen Lehrer bringt. Es muß gefordert werden, daß das Disziplinarrecht der akademischen Lehrer in Deutschland einer Sonderregelung unterzogen wird, die der Eigenart ihrer Stellung und dem Prinzip der Lehrfreiheit die nötigen Garantien gibt.«[167]

Die Exegese verdient genauere Beachtung. In der Theorie konstituiert sie eine Unabhängigkeit des beamteten Hochschullehrers – des ordentlichen Professors – von der Staatsanschauung, wobei er sich im Rahmen der geltenden Gesetze zu bewegen hat – wie jeder Bürger. Sie deutet zugleich eine politisch-gesellschaftliche Zuständigkeit und Verpflichtung des akademischen Lehrers an, die höher steht als seine beamtenrechtliche Bindung. Sie unterwarf damit zugleich seine Loyalitätspflicht gegenüber dem Staat dem höheren Kriterium seines Intellektes und Gewissens. In der praktischen Nutzanwendung hieß das: Der Hochschullehrer hat das Recht, dem Weimarer Staat ideellen Widerstand zu leisten, denn dieser Staat ist »nur« Ausdruck einer herrschenden Mehrheit. Für die historisch-pragmatische Betrachtung bedeutet es: Die Auffassung der Professoren von ihrer Beamtenpflicht war eine relative Größe. Sie wurde absolut gesetzt, wenn dieser Staat den Sympathien und Anschauungen der akademischen Beamten entsprach; sie wurde bedingt, wenn er ihnen zuwider war. Die nach 1945 geläufige Rechtfertigung akademischer Lehrer, ihre Beamtenschaft habe sie wenigstens zunächst auch zur Loyalität gegenüber dem Dritten Reich verpflichtet, wird damit selbst nach der Meinung zurückhaltender Rechtslehrer der Weimarer Zeit zur Farce degradiert. Wenn es die Loyalität nicht gar als Bekenntnis denunziert.

Denn im Widerstand gegen die Staatsgewalt und die herrschende Staatsmeinung waren Deutschlands Professoren 1933 längst erprobt. Gerade in der Auslegung der Termini Beamtenpflicht und akademische Lehrfreiheit zeigten sie immer wieder, wie sehr sie zu mutigem Widerstand begabt waren. Der Fall Lessing ist ein weiteres Exempel dafür.

Theodor Lessing, Privatdozent für Philosophie an der TH Hannover, wurde im Jahre 1925 zum akademischen Streitfall, als die Gemüter noch von den staatlichen Übergriffen gegen den aufrechten Marschall von Bieberstein erhitzt waren. Lessing hatte im *Prager Tagblatt* zu dem konservativen Kandidaten für die Reichspräsidentschaft, Paul von Hindenburg, Stellung bezogen. Er zitierte in seinem Aufsatz aus einer Ansprache des Feldmarschalls an Schüler die heroischen Greisenworte: »Deutschland liegt tief darnieder. Die herrlichen Zeiten des Kaisers und seiner Helden sind dahin. Aber die Kinder, die hier ›Deutschland über alles‹ singen, diese Kinder werden das alte Reich erneuern. Sie werden das Furchtbare, die Revolution, überwinden. Sie werden wiederkommen sehen die herrliche Zeit der großen, siegreichen Kriege. Und sie, meine Herren Lehrer, sie haben die schöne Aufgabe, in diesem Sinne die Jugend zu erziehen. Und ihr, meine lieben Primaner, werdet siegreich, wie die Väter waren, in Paris einziehen. Ich werde es nicht mehr erleben. Ich werde dann bei Gott sein. Aber vom Himmel werde ich auf Euch niederblicken und werde mich an Euren Taten freuen und Euch segnen.«[168]

Es gab allen Grund, an der Eignung dieses Kandidaten für die Präsidentschaft der Republik zu zweifeln. Und da Lessing nicht nur Philosoph, sondern auch politisch engagiert und ein blendender Stilist war, zog er fulminant vom Leder. Seine Bewunderung für die naive Größe und den braven Ich-dien-Komplex des Kriegshelden war mehr als Satire, war nackter Hohn. Das entworfene Bild war dennoch perfekt und war prophetisch, wie der Schluß zeigt: »Ein Philosoph würde mit Hindenburg nun eben nicht den Thron besteigen. Nur ein repräsentatives Symbol, ein Fragezeichen, ein Zero. Leider zeigt die Geschichte, daß hinter einem Zero immer ein künftiger Nero verborgen steht.«[169]

Lessing hatte ein nationales Idol beleidigt, und entsprechend war die Reaktion. Die Studenten randalierten in seiner Vorlesung, bedrängten ihn und seine Frau tätlich und übersiedelten gar in einem kollektiven Auszug mit spektakulärer Geste von der TH Hannover an die TH Braunschweig, wo sie ein Großer Bahnhof erwartete. Publikum und Presse spendeten Beifall.

Es ist keine Frage, daß Lessing sich bei seiner im Grunde berechtigten Provokation zu weit hatte hinreißen lassen. Seine Attacke war nicht nur unklug, sie war in ihrer Heftigkeit auch verletzend – pietätlos. Das Ministerium Becker konnte nicht umhin, sich von solchen Ausfällen zu distanzieren, und komplimentierte den Privatdozenten mit einem Forschungsauftrag aus der Hochschule hinaus. Was Becker übrigens von den akademischen Kreisen als zu lax übelgenommen wurde.

Aufmerken muß man dennoch bei der Reaktion der professoralen Kollegen. Sie, die nie einen noch so boshaften oder plumpen Angriff auf amtierende Reichskanzler oder den Reichspräsidenten Ebert gerügt hatten, stiegen bei der Verlästerung eines Präsidentschafts*kandidaten* reaktionärer Couleur auf die Palme und wurden prinzipiell. Die Hannoveraner Professoren erklärten ihrem Ministerium: »Wir sind uns einig, daß Herr Lessing nach seinem unakademischen Verhalten und seiner ungeheuren Verhöhnung der eigenen Hochschule nicht mehr würdig ist, Mitglied ihres Lehrkörpers zu sein.«[170]

Der Vorsitzende des Deutschen Hochschulverbandes – inzwischen Kiels Historiker Otto Scheel – nutzte den Fall zu einer weiteren Grundsatzerklärung, die im Vergleich mit früheren Stellungnahmen bei Vorfällen konträrer politischer Färbung nichts weniger als verblüffend ist. Scheel erklärte auf dem deutschen Studententag 1926 in Bonn, der mit einem Krach und dem Auszug der völkischen Mehrheit begonnen hatte, vor eben dieser Majorität: Der Hochschullehrer müsse sich, gerade weil er Lehrfreiheit genieße, größte Zurückhaltung auferlegen. Um des heiligen Dienstes für Nation und Öffentlichkeit willen habe er alles zu vermeiden, was den Anschein der Würdelosigkeit und gewissenlosen Literatentums hervorrufen könne. Und sein Credo nahm eine kaum faßbare praktische Wendung: Wichtig sei auch die Auslese der akademischen Lehrerschaft. Es müsse nicht nur auf wissenschaftliche Qualifikation gesehen werden, sondern auch darauf, daß der Bewerber ein deutscher Mann sei.

Restliche Unklarheiten beseitigte der Fall Gumbel in Heidelberg, und auch dies geschah im Jahr 1925.

Emil Julius Gumbel kam von der Betriebsräteschule des Gewerkschaftsbundes, als er sich 1923 in Heidelberg für Statistik habilitierte; ein Jahr später gab ihm die Universität einen Lehrauftrag. Der Privatdozent hatte sich schon früher mit seinen Veröffentlichungen über die Schwarze Reichswehr und die Statistik politischer Morde – die vom Reichsjustizminister in einer unveröffentlichten Denkschrift bestätigt wurde – den Unwillen nationaler Kreise aufgeladen. Gumbel war Kriegsfreiwilliger gewesen, zum Pazifisten und Anhänger der USPD geworden. Jetzt hatte er in einem Vortrag vor sozialistischen Studenten erklärt, die Soldaten des Weltkrieges seien auf dem

Felde der Unehre gefallen; das Kriegerdenkmal sei für ihn nicht eine leichtbekleidete Jungfrau mit Siegespalme, sondern – in Erinnerung an die Hungerjahre – eine einzige große Kohlrübe. Die bittere Sequenz war für die etablierte Akademikerschaft wieder einmal ein Akt nationaler Schande und Beleidigung. Und man muß einfach verdeutlichen: Die ungedienten professoralen Marsjünger, in frontferner Kriegsverherrlichung erprobt, schwangen sich zu Richtern auf über das Entsetzen und den Abscheu ihres kriegserfahrenen jungen Kollegen. Die Heidelberger Philosophische Fakultät forderte Gutachten an, psychiatrische Expertisen gewissermaßen. Ihr eigener Unterausschuß befand unter anderem: »Der Eindruck ist der einer ausgesprochenen Demagogennatur . . . So viel ist gewiß, daß in seiner politischen Tätigkeit auch nicht der leiseste Einfluß wissenschaftlicher Qualitäten zu spüren ist. Vielmehr ist hier neben einem erheblichen Tiefstand des geistigen Niveaus in sachlicher und stilistischer Hinsicht ein vollkommener Mangel an Objektivität der hervorstechendste Zug.«[171]

Wie gesagt: Zwei Jahre zuvor hatte die Universität Gumbel – wohl unter Vernachlässigung der von Scheel proklamierten »deutschen« Eignungsmerkmale – als akademischen Lehrer habilitiert. An seiner wissenschaftlichen Leistung war aber bisher und fürderhin nicht zu zweifeln, wie auch das Sondergutachten eines der beiden Beisitzer erklärt: »Auf den ersten Blick ist Gumbel ein fanatischer Idealist. Er glaubt an seine Sache, den Pazifismus, und an seine Mission darin. Leidenschaftlich und voll Haß steht er allem gegenüber, was ihm Gewalt, Nationalismus, Tendenz zu zukünftigem Kriege scheint. Wo dieser Idealismus in Frage kommt, hat er Mut, nicht nur Zivilcourage zu sagen, was er denkt, sondern den Mut zum Wagnis seines Lebens . . . Man sieht in seiner politischen Betätigung das typische Ganze aus Idee, anmaßlichem Selbstbewußtsein, persönlicher Affektivität (Ressentiment, Haß), Sensationslust und Demagogie. Dieser Mann ist zugleich ohne Zweifel ein Gelehrter.«[172]

Der Gutachter war offensichtlich fassungslos. Er redete zwar unablässig von Ganzheit, aber es war ihm offenbar unmöglich zu begreifen und zu akzeptieren, daß diese Verflechtung von persönlichem Verhalten, politischer Überzeugung und wissenschaftlicher Befähigung auch für Gelehrte gelten könnte, die

158

politisch links standen. Und so geriet ihm denn die – in Parallele zu Hellpachs Verweis für Marschall – denkwürdige Formulierung: »Der Universität, der er sich innerlich offenbar noch nicht verbunden hat, verdankt er eine Position, die ihm eine im Vergleich zu bloß privatem Dasein erhöhte Stellung gibt. Auf den Frieden der Universität Rücksicht zu nehmen, sich still zu verhalten angesichts eines verbreiteten Unwillens, Provokationen zu vermeiden, das liegt seinen Gedanken selbst als Problem fern.«[173]

Die Professoren waren Opportunisten; aber den Opportunismus als gutmeinende Gebrauchsanweisung für Linksdenker im Hochschulbereich zu formulieren – das war schon eine Decouvrierung akademischen Gewissens von ganz besonderer Art.

Doch die Erstaunlichkeiten enden damit nicht. Die Fakultät zeigte sich vielmehr von diesen widersprüchlichen Gutachten beeindruckt und entschloß sich zu der öffentlichen Verlautbarung: »Auf Grund dieser Schilderungen und ihrer eigenen Beobachtungen sieht sich die Fakultät genötigt, auszusprechen, daß ihr die Zugehörigkeit Dr. Gumbels zu ihr als durchaus unerfreulich erscheint. Sie erklärt ausdrücklich, daß Dr. Gumbel durch sein Verhalten in allen Kreisen der Universität starken und berechtigten Anstoß erregt hat. Durch seine bekannte Äußerung hat er die nationale Empfindung tief gekränkt, der Idee der nationalen Würde, die die Universität auch zu vertreten hat, ins Gesicht geschlagen. Die Fakultät sieht in seiner Gleichgültigkeit gegen die korporative Solidarität eine Gefahr für ihr einheitliches Wirken.«[174]

Das Argument von der Richtkraft der Solidarität, vorgetragen an einer deutschen, der Heidelberger Universität des Jahres 1925, ist beklemmend. Die deutsche Hochschule, die sich einerseits über die Mehrheitsentscheidungen ihres frei wählenden Volkes achtlos hinwegsetzte und sich dabei auf ihre freie Geistes- und Gewissensentscheidung berief, erklärte andererseits die korporative Haltung ihres Elite-Zirkels zum bindenden Gesetz. So nahe lagen pseudointellektuelle akademische Selbstsicherung und demagogische Methode beieinander.

Der Verweis für Emil Gumbel wurde von Heidelbergs philosophischer Fakultät mit nur einer Gegenstimme angenommen; der Opponent war Karl Jaspers.

Gumbel erhielt einen strengen und eindeutigen Tadel; doch er wurde nicht aus der Fakultät ausgeschlossen – und das spricht für das Heidelberger Kollegium. Es erinnerte sich nämlich wahrhaft akademischer Prinzipien, als es sich selbst die Beschränkung auferlegte: »Die Fakultät muß den Gefahren ins Auge sehen, die entstehen, sobald das kostbare, in einer langen Geschichte herausgebildete Prinzip der freien Lehre, der freien Vertretung aller Weltanschauungen von ihr selbst verletzt würde.«[175]

Eben diese Liberalität, die letztlich doch gerettete Unterscheidung von wissenschaftlicher Potenz und politischem Engagement des Hochschullehrers, die ja theoretisch akademischer Tradition entsprach, provozierte den Zorn der Kollegen. Heidelberg war für demokratische Kritiker zu weit, für professorale Gemüter nicht weit genug gegangen. In der *Deutschen Akademiker-Zeitung* sprach der angesehene Berliner Anatom Rudolf Fick die Mißbilligung seiner Kollegen aus: »Die Heidelberger Fakultät kann sich wahrlich nicht wundern, wenn leider sehr viele zu dem Schluß gedrängt werden, die Fakultät habe aus Schwäche, aus Scheu vor einer gewissen Presse den Fehlspruch getan, was der Fakultät in Wahrheit, wie ich annehmen will, ferngelegen hat. Jedenfalls ist sowohl durch das Verhalten des Herrn Gumbels als auch durch den Fehlspruch der Fakultät dem Ansehen der altberühmten Universität Heidelberg sowohl bei den Studierenden als auch bei den Schwesterhochschulen schwerer Schaden zugefügt.«[176]

Die Hochschulen der Weimarer Zeit hatten sich erfolgreich eingeredet, daß die republikanische Unterrichtsverwaltung keinen anderen Zweck verfolge, als die Autonomie der Universitäten und die akademische Lehrfreiheit zu untergraben; der erste Ausgang des Falles Gumbel – bei späterem Anlaß flammte die Empörung noch einmal auf und endete mit der Dienstentlassung des Gelehrten – schien ihnen die subversive Gefahr solcher Einweihung zu belegen: Wenn schon die altehrwürdige Universität Heidelberg demokratischen Einflüsterungen nicht widerstand und Leuten wie diesem die Lehrbefugnis nicht entzog ...

Der Affront galt vor allem dem sozialdemokratischen Preußen, genauer gesagt: dem abtrünnigen Bruder Kultusminister Professor Becker. Nun läßt sich von dem vielgeschmähten

Becker wahrlich nicht sagen, er sei ein progressiver Hochschul-politiker gewesen. Er kannte zwar aus eigener Erfahrung die Mängel und Schwächen der überkommenen Hochschulverfassung und wollte sie beheben, doch er war ebenso überzeugt von den Prinzipien, auf denen die Hochschule seit 80 Jahren fußte: von der akademischen Lehrfreiheit, von der Selbstver-waltung der Universitäten, vom Selbstergänzungsrecht ihres Lehrkörpers.

Die Hochschulen sahen in ihm jedoch nicht den akademischen Gefährten, sondern nur den republikanischen Gegner. Dabei wäre es so leicht gewesen, ihn als regierungstreuen Verfechter universitärer Interessen zu erkennen. Denn im Jahre 1927 beispielsweise hatte Reichsaußenminister Gustav Stresemann versucht, die Berufung Hermann Kantorowicz' nach Kiel zu verhindern. Kantorowicz hatte nämlich nicht nur von Bis-marcks Schatten seine eigenen Vorstellungen, sondern er nahm auch in der heißdiskutierten Kriegsschuldfrage einen Stand-punkt ein, der von der Lehrmeinung deutscher Historiker ebenso abwich wie von der opportunen These konservativer Politiker à la Stresemann – und Becker. Er bestritt nämlich die Alleinschuld Englands und Frankreichs am Kriege und verwies auf den Wilhelminischen Anteil.

Becker, der Kultusminister Preußens, trat Stresemann, dem Außenminister des Reiches, entgegen mit den denkwürdigen Sätzen: »Kantorowicz ist eine jener merkwürdigen, man darf wohl sagen, genialen Persönlichkeiten, bei denen ein starker wissenschaftlicher Idealismus den Regierenden gelegentlich recht unbequem werden kann. Ich kann von seiner Berufung nur absehen, wenn ich einsehe, daß dadurch das deutsche Ansehen geschädigt würde. Ich habe nicht auswärtige Politik zu machen, aber ich bin allerdings verantwortlich dafür, daß die Freiheit der Überzeugung unserer akademischen Lehrer nicht durch politische Überzeugungen eingeengt wird. Der Entschluß fällt mir außerordentlich schwer, weil ich in der Sache natürlich ebenso denke wie Sie. Wäre nicht ein amtliches Mundtotma-chen eines Mannes vom Range und Ethos Kantorowicz viel-leicht ein noch größerer Fehler?«[177]

Der Kern unserer Universitäten ist gesund . . .

Gedanken zur Hochschulreform

In den stürmischen Novembertagen 1918 wurde in Berlin auch ein »Rat der geistigen Arbeiter« gegründet. Er stand in Verbindung mit dem Arbeiter- und Soldatenrat und entwarf ein Programm »für die kulturpolitische Radikale auf dem Boden der sozialistischen Politik«. Punkt 5 beschäftigte sich mit der Hochschule und verlangte: »Freie Dozentur und Wahl der Professoren durch die Studenten. Unbeschränkte Freiheit der politischen Diskussion und Aktion sämtlicher Hochschulbürger . . . Freiheit der Schule, der Forschung, der Kunst von staatlicher Bevormundung, ständiger Rat der geistigen Arbeiter.«[178]

So revolutionierend neu war das nicht einmal: Verwandte Ziele hatten auch die Reformer von 1848 angemeldet. Doch die Erfolgschancen waren sieben Jahrzehnte später um keine Spur günstiger. Selbstverständlich wurde diese hochschulpolitische Gewaltkur abgelehnt; sie wurde nicht einmal als eine radikale Alternative diskutiert, und zwar von keiner Seite. Sie fiel der Anpassungswilligkeit und dem Bildungsrespekt zum Opfer, der bei den Sozialdemokraten nicht minder ausgeprägt war als im Bürgertum. Der privatgelehrte Kulturkritiker Richard Benz brachte das 1920 auf die Formel: »Eine geistige Revolutionierung der Universität ist nicht eingetreten: Throne wurden gestürzt, aber an keinem Katheder wagte man zu rütteln.«[179] Doch galt auch in diesem Falle wieder, daß die Hochschule die extreme Provokation zum Vorwand und als Rechtfertigung benutzte, um jede Art auch maßvoller Reformen zu diskreditieren und jedwede Veränderung zu boykottieren.

Denn was Carl Heinrich Becker, bis 1930 der maßgebliche Mann im preußischen Kultusministerium, an Wünschen zur Hochschulreform vorlegte, ging im Grunde kaum über die Vorschläge hinaus, die bereits vor 1914 erwogen und von einer Reihe aufgeschlossener Hochschullehrer auch anerkannt worden waren. Becker wollte die Universitätsverfassung keineswegs umkrempeln – das lag seinem eigenen Bekenntnis zu akademischen Traditionen viel zu fern. Er wollte sie lediglich modernisieren, sie ihrer veränderten pädagogischen und wissenschaftlichen Aufgabenstellung angleichen – doch schon das lag den Interessen der Professorenschaft völlig fern. Sie nutzte die einmalige Gelegenheit, berechtigte und unberechtigte Einwände gegen die Hochschulstruktur gleichermaßen als solche des demokratischen Systems, als öde Gleichmachungsbestrebungen zu deklarieren, und damit von vornherein als ungeeignet und wissenschaftsfremd abzustempeln.

Becker ging bei seinen »Gedanken zur Hochschulreform« davon aus, daß die Universität eine falsche Vorstellung von ihrer Aufgabe hätte. Sie begriff sich als Gelehrtenschule; doch 95 Prozent ihrer Studenten erwarteten und erhielten von ihr eine Ausbildung für die höheren Berufe. Eine unzureichende Ausbildung, wie Becker kritisierte, denn die Universität richte ihr Erziehungsbestreben nur auf den Intellekt, vernachlässige jedoch die Willens- und Charakterbildung und damit die Erziehung zum Staatsbürger. Dem stellte der Reformminister drei Aufgaben entgegen: »Die Hochschulen müssen Forscherschulen, Berufsschulen, Staatsbürgerschulen sein.«[180]

Unmittelbarer, weil durch die vorgeschlagenen Maßnahmen persönliche Vorrechte der Professorenschaft in Gefahr gerieten, traf natürlich Beckers Kritik an der hierarchischen Struktur und dem Mißbrauch autonomer Rechte die akademische Korporation. In den Klagen über die schlechte Besoldung auf allen Stufen war sich die Hochschullehrerschaft einig; auf diesem Gebiet entfaltete ihr Interessenverband auch die größte Aktivität. Becker unterstützte sie darin, doch dachte er mehr an das Wohl der niederen Chargen, als den Ordinarien lieb sein konnte.

Die schlechte Honorierung der außerordentlichen Professoren und ihre ungerechte Behandlung als – nichtordentliche – Vorsteher selbständiger kleinerer Abteilungen wollte Becker durch ihre Ernennung zu Ordinarien verbessern. Gleichzeitig hoffte er damit die eingeschlafenen Fakultäten wachzurütteln: »Die Stellung der Ordinarien gegenüber den Nichtordinarien ist nicht nur ideell, sie ist auch materiell nahezu absolutistisch.«[181] Die Privatdozenten sollten durch eine – befristete – Kolleggeldgarantie finanziell gesichert werden.

Darüber hinaus beabsichtigte der Kultusminister, die Berufungs- und Habilitationsverfahren zu neutralisieren, indem er sie der Nachprüfung durch eine vom Ministerium zusammenzustellende objektive Kommission unterwarf – keine Regierungskommission wohlgemerkt. An der Notwendigkeit eines solchen Warnsignals, das ja nur bei Mißbrauch der akademischen Selbstergänzungsrechte aufleuchten konnte, war auch in Gelehrtenkreisen kein Zweifel – in nichtordentlichen vornehmlich. Der Leipziger Extraordinarius Bernhard Schmeidler faßte 1920 zusammen: »Auch mit Ministerialaufsicht gibt es reichlich Nepotismus und Begünstigung im Berufungswesen, aber ohne eine solche dürfte es noch viel mehr geben, das möchte vielleicht die kürzeste Formel für die Ansicht objektiver und ruhig denkender Beurteiler in weiten Kreisen des akademischen Lebens, bei Ordinarien und Nichtordinarien sein.«[182]

Carl Heinrich Becker ging bei seinen Reformanstrengungen von der Überzeugung aus: »Der aristokratische Charakter der Wissenschaft darf nicht gefährdet werden; er ist aber bedroht, wenn man ihn mit oligarchischen Organisationsformen und mit dem formalen Autoritätsprinzip im Lehrverhältnis zu schützen wähnt.«[183] Er bekannte sich also zum traditionellen Wissenschaftsprinzip, doch er wollte es durch maßvolle Reformen im Universitätsbereich vor Erstarrung und Entartungserscheinungen bewahren. Er war im Grunde so überzeugt von der Richtigkeit der alten Universitätsidee und der Entwicklungsfähigkeit ihrer akademischen Träger, daß er die erstaunlich optimistische Feststellung treffen – und aufrechterhalten – konnte: »Der Kern unserer Universitäten ist gesund.«[184] Die Behauptung ist seither zum Lieblingsargument aller konservativen Hochschulkräfte geworden.

Beckers Vorstellungen stießen auf wenig Gegenliebe. Das mindeste, was gegen die staatlichen Reformbestrebungen eingewandt wurde, war, daß sie von der falschen Seite kämen. Auch ein so aufgeschlossener Ordinarius wie der Jenaer Mineraloge Gottlob Linck war der Ansicht, an der Verbesserung der alten Universität versuchten sich unberufene Leute – obschon er im ganzen ähnliche Reformvorschläge anbot. Becker selbst hatte ja das Argument für diese Abwehrhaltung geliefert: Die Universität, so Linck, war schon immer groß gewesen und wurde immer besser, wenn sie auch naturgemäß konservativ eingestellt sei und manche lange Zöpfe flocht. Man müsse es aber den Professoren überlassen, die notwendigen Verbesserungen durchzuführen. In gleicher Weise zuckte auch der große

Münchener Psychiater Emil Kraepelin bei seinen über Becker weit hinausgehenden Anregungen zur Umgestaltung der Hochschulen vor dem vermeintlichen Einbruch staatlicher Interessen in die Hochschulrechte zurück: Er lehnte ängstlich, doch wenig überzeugend Beckers Bemühen um eine Objektivierung des Berufungswesens mit dem Hinweis ab, die Fakultäten könnten doch besser und unter Berücksichtigung der »Schulen« über die Eignung der Kandidaten urteilen – was Becker kaum bestritten hätte, aber das Problem eben der Schulen-Bildung nicht aus der Welt schaffte.

Dem Gros der rechtsstehenden Professorenschaft jedoch waren das preußische Kultusministerium und all seine Anstrengungen von vornherein suspekt, und es war von der Güte seiner Gründe überzeugt: »Die Achtung und Liebe der Demokratie zur Wissenschaft geht so weit wie ihr Parteiinteresse und ihr Wille zur Macht; und deswegen wird sie, wenn nicht die stärksten Hemmnisse sich entgegenstellen, die Universitäten im Parteiinteresse umzugestalten suchen.«[185] Der Anatom Otto Lubarsch war gewillt, als Parteiinteresse ebenso Haenischs Ansinnen zu verbuchen, die Hochschule müsse sich der· demokratischen Führererziehung widmen, wie Beckers Verlangen, sie müsse sich von Obrigkeitsstaat und Zunftmeistertum abkehren und demokratischen Ideen zuwenden.

Die Zumutung, diese Ideen auch in der Universitätsverfassung zu verwirklichen, löste als »öde Gleichmacherei der demokratischen Zeit« die besondere Entrüstung des konservativen Gelehrten aus. Lubarsch wollte zwar für eine materielle Besserstellung der Nichtordinarien gesorgt wissen – dadurch würden sie auch wissenschaftlich unabhängiger! –: aber sie an den überlieferten Rechten der Ordinarien beteiligen, das wollte er keinesfalls. Die akademischen Kollegien zu vergrößern und dann der »allein seligmachenden Kraft des Parlamentarismus« auszuliefern – das mußte er auf das Konto »Umsturz- und Neuordnungswahnsinn« abschreiben: »Mehrheiten haben in der Regel weder Scham noch Gewissen, weil sie namenlos sind und jeder einzelne die Verantwortung auf einen anderen abwälzen kann.«[186] Es ist zu beachten: So urteilte Professor Lubarsch über seine Kollegen, jene große Zahl außerordentlicher Professoren, die als Abteilungsvorsteher in die Fakultäten aufgenommen werden sollten.

Noch unverblümter sprach diesen reaktionären Standpunkt ein mutiger badischer Anonymus – Christoph Emeritus – aus, der gegen die »paritätische Besetzung« der akademischen Gremien wütete und diese Demokratisierungstendenzen als Teil einer Bewegung zum Rätesystem brandmarkte. Der dahinterstehende Dünkel definiert sich selbst: »Stolz auf Unabhängigkeit, der keinen Richter anerkennt, als das Urteil der höchststehenden Fachgenossen und die Zensur der Nachwelt, und das Bewußtsein, seine besten Kräfte in den Dienst idealer Ziele zu stellen.«[187]

Es war nur zu begreiflich, daß Becker auf dem Göttinger Studententag 1920 klagte: »Wir brauchen eine Hochschulreform, weil Staat und Gesellschaft sich geändert haben, weil die alte Hochschule ein Ausdruck der alten Zeit ist und die neue Hochschulreform mit der neuen Zeit fortschreiten muß.«[188]

Der Professorenverband blieb die Antwort auf die zunehmende Kritik nicht schuldig und zeigte damit die Aussichten einer Reform. Sie waren so gering, Dozentenschaft wie Studentenschaft zeigten so wenig Neigung zu »Umkehr und Einkehr«, daß der Philosoph Otto Braun schon 1920 fürchtete, nur eine Neugründung gegenüber der Universität, nur eine neue Hochschulgemeinde könne helfen. Professor Schenck 1921 auf dem Hochschultag über seinen obersten Chef und dessen Regierung: »Im preußischen Kultusministerium singt man das Lied von der Unbeliebtheit der Professoren, und vor dem Hauptausschuß der Landesversammlung sprach der bisherige Staatssekretär und jetzige Kultusminister Herr Professor Becker von dem ›Dornröschenschlaf‹ der Universitäten und machten den Professoren den Vorwurf, daß sie sich bisher nur um ihre wissenschaftlichen Aufgaben gekümmert hätten, nicht aber um ihre große Verantwortung, die der Universitätslehrkörper im Staatsganzen habe.« Der Verbandsvorsitzende legte schärfste Verwahrung ein und fuhr gekränkt und mit deutlicher Spitze fort: »Wer die politischen Vorgänge still beobachtet, erhält den Eindruck, daß einflußreiche Kreise an der Arbeit sind, die öffentliche Meinung gegen die Universitäten einzunehmen. Den Massen wird die Abneigung gegen die akademische Welt geradezu suggeriert. Verhetzung und Suggestion sind ja wirksame Kampfmittel der Gegenwart, und wenn es ginge, möchte man auch in unsere eigenen Reihen die Idee von der Unzulänglichkeit und dem völligen Versagen der Universität und der Universitätsbildung tragen. Doch der Körper unserer Hochschulen ist gesund und wird der Infektion unzugänglich bleiben.«[189]

Das Verhältnis zwischen Unterrichtsverwaltung und Hochschulen war schlecht; so schlecht, daß es bereits hoffnungslos war. An eine gemeinsame Durchführung wirklicher Reformen war nicht zu denken. Die Versuche dazu blieben, von der Professorenschaft hartnäckig desavouiert, in Ansätzen und Halbheiten stecken. Sie reichten genau so weit, wie es den Universitäten beliebte. Und es beliebte ihnen wenig. Der Münchener Rektor Erich von Drygalsky beschrieb das Maß der anerkannten Reformen, und darüber kam man in der Weimarer Zeit tatsächlich nicht hinaus. Auf der 450-Jahr-Feier seiner Universität plädierte er für die größere Selbständigkeit der Hochschulen gegenüber dem Staat und erklärte bündig: »Was die Universitäten heute selbst reformieren wollen und auszuführen unternommen haben, darf man wesentlich in drei Richtungen sehen: in der Verbreiterung ihrer Selbstverwaltung, in der Erweiterung ihrer wissenschaftlichen Aufgabe und in der Pflege der Leibesübungen. Hierin dürfte auch alles enthalten sein, was sie brauchen.«[190]

An dem Grundproblem der Hochschule, ihrer starren hierarchischen Organisation mit einer höchst ungleichen Verteilung von Rechten und Pflichten, wurde also nicht gerüttelt. Sie setzte sich erfolgreich allen Demokratisierungsbemühungen entgegen – es sei denn, man nannte die Zulassung von zwei oder drei Vertretern der Nichtordinarien in die Senate und Fakultäten einen Erfolg. Die Universität behauptete ihre strenge autoritäre Ordnung, die absolut herrschende Exklusivität ihrer Ordinarienkollegien, und sie bewahrte durch sie auch den ständisch-reaktionären Geist, der dieses System geprägt hatte.

In der Selbstverwaltung der Hochschule war die Masse der sogenannten akademischen Bürgerschaft ohne alle aktiven Bürgerrechte; sie stellte lediglich die Verwalteten. Der Lehrkörper gliederte sich in drei Stände, die nach Zunftprinzipien unterteilt sind: die Meister – die ordentlichen Professoren –, die Gesellen – außerordentliche Professoren – und Lehrlinge – die Privatdozenten. Wie im Zünftewesen war ausschließlich der erste Stand, die Ordinarien, Träger der Selbstverwaltungsrechte. In Senaten und Fakultäten bildeten sie die alleinentscheidende Obrigkeit.

Schon im Jahre 1919 hat der ausgezeichnete Staatsrechtler Kurt Wolzendorff auf die Gefahren – und nicht nur die augenscheinlichen der Stagnation eines solchen abgeschlossenen Zirkels – dieser Strukturen hingewiesen. »Es ist ein soziologisches Gesetz, daß jedes System sich seinen Geist erzeugt und dieser Geist selbst dann wieder das System weiter in seine Eigenart hineinsteigert. Das Universitätssystem ist das ständische und Zunftsystem. Sein Geist muß der Geist jenes sein. Das Zunftsystem bedeutet Ableitung der persönlichen Bewertung aus dem beruflichen Standeswerte, statt aus dem Leistungswerte, und die Verbindung der Standesstellung mit der Verfügung über öffentlich-rechtliche Macht. Das erzeugt den Zunftgeist: die Tendenz, mit Hilfe dieser Macht den Standeswert, auch wenn er hohl geworden ist, äußerlich zu stützen und zu diesen Zwecken monopolistisch abzuschließen; eine Kultur des Besitzinstinktes verbunden mit einer Einengung des Rechts- und Pflichtsinnes. Das ist der Universitätsgeist, das die Atmosphäre, auf deren Einatmen die Professoren angewiesen sind: die Atmosphäre einer Sozialwelt aus vergangenen Jahrhunderten.«[191] Dieser Circulus ist selbstverständlich auch von gesellschaftlich-politischer Bedeutung für seine Mitglieder. Er prägt in einem Akt fortwährender Selbstbestätigung auch ihre Wertvorstellungen: die eines hierarchisch-autoritären Standessystems mit einer elitebewußten Führungsgruppe. Die Unvereinbarkeit so beschaffener Maßstäbe mit einer demokratischen Gesellschaftsordnung liegt auf der Hand. Sie mußte in der Weimarer Republik zwangsläufig zum Widerspruch und zur Feindseligkeit zwischen dem Staat und seinen Hochschulen führen.

Die Sache hat noch eine weitere Konsequenz, und auch auf sie hat Wolzendorff in der *Frankfurter Zeitung* warnend hingewiesen. Die Selbstverwaltung der Hochschule wurde in einer Entstellung ihres Bezuges – der ja nur die Unabhängigkeit der Hochschule von Weisungen des Staates ausdrückte – gerne als Freiheit der Universität bezeichnet und ging damit auf die irreführende Annahme aus, die Universität sei eine Körperschaft von akademischen Bürgern mit freien Rechten. Dieser Eindruck wurde gefördert durch die nun offensichtliche Zweckbehauptung konservativer Universitätsdenker, die akademische Selbstverwaltung werde geführt durch die demokratischen Entscheidungen der Korporation. Beides war unwahr. Die Selbstverwaltung der Universität besaß überhaupt keinen Freiheitswert, denn über aktive freie Rechte verfügte nur der kleinste Teil ihrer Bürger: die ordentlichen Professoren. Daß sie dieses Privileg nicht freiwillig aus der Hand geben würden, war eindeutig festzustellen und lag in ihrer Natur. Das bedeutete aber, daß das Problem Universität in der Demokratie, begriffen als das der Demokratie in der Universität, gar nicht zu lösen war durch die Hochschulen selbst. Die fällige Reform – wenn man nicht die Erziehung künftiger Richter, Beamter, Lehrer, Wirtschaftler, Anwälte und Wissenschaftler im Sinne autoritärer Wertmaßstäbe zulassen wollte, die das positivistische Prinzip zumal in den Geisteswissenschaften überlagerten – diese Reform durchzuführen waren die Professoren unmöglich fähig. Sie mußte vom Staat geleistet werden; notfalls und wahrscheinlich gegen die Hochschule. Und dazu war der Staat nicht imstande.

Innerhalb der so bevorzugten Professorenschicht hatte die Interessensolidarität wiederum ein merkwürdiges Verhalten zur Folge, das die Vereinzelung und Erstarrung auch im wissenschaftlichen Bereich förderte und das Gefühl für gesellschaftliche Verantwortung weiter schwächte, dem Gutdünken des einzelnen überließ. Das treffliche Bild dieses Zustandes hat Karl Jaspers überliefert, der von seinem Heidelberger Kollegen Hans Driesch als das unruhige Gewissen seiner Universität gekennzeichnet wurde. »Man läßt jedem einzelnen möglichst weitgehende Freiheit, um auf Gegenseitigkeit selbst diese Freiheit zu haben und vor dem Hineinreden anderer möglichst geschützt zu sein. Man hat das Verhalten von Fakultätsmitgliedern witzig verglichen mit dem der Affen auf den Palmen im heiligen Hain von Benares: Auf jeder Kokospalme sitzt ein Affe; alle scheinen sehr friedlich und kümmern sich gar nicht umeinander; wenn aber ein Affe auf die Palme eines anderen klettern möchte, so gibt es eine wilde Abwehr durch Werfen mit Kokosnüssen. Die Tendenz solcher gegenseitigen Rücksicht geht dahin, schließlich jedem in seinem Bereich seine Willkür und zufällige Richtung zu erlauben, so daß das Wesentliche der Universität nicht mehr gemeinsame Angelegenheit, sondern

nur jeweils die des einzelnen ist, während das Gemeinsame
›taktvoll‹ auf das Formale und auf Berufungen sich erstreckt.
So etwa kommt es vor, daß man jedem Ordinarius seine Habilitationen durchgehen läßt, um auch selbst Freiheit hierin zu
haben. Man vermeidet substantielle Kritik, regt sich dagegen
vielleicht in formalen Dingen auf.«[192]

Man mag mit dem Jaspers von 1923 darin das höhere Positi-
vum entdecken, daß die Freiheit des Gelehrten bis zur Willkür
Bedingung seiner produktiven Geistigkeit sei. Die Folgen
jedoch zwingen zu dem Schluß, daß die Hochschule derart mit
dem in ihr vorhandenen Potential von Freiheit Schindluder
trieb und an ihrer gesellschaftlichen Aufgabe verfehlte. Sie, die
den konservativen Terminus von »Freiheit und Bindung« so
gerne in ihren gesellschaftlichen Idealgemälden anwandte,
verstand nicht einmal zu realisieren, daß auch in ihrem akademischen Reservat individuelle Freiheit durch ein Mindestmaß
an korporativer Kontrolle ergänzt werden mußte, um vor
institutionellen und ideellen Fehlentwicklungen geschützt zu
sein. Die Professoren zementierten mit solchen Zugeständnis-
sen auf der Basis des *do ut des* (»Ich gebe, damit du gibst!«, alt-
römische Rechtsformel) die individuelle und in der Korporation
zusammenfließende Selbstherrlichkeit.

Wie weit dieser Prozeß ständischer Inzucht und ständiger
Selbstverherrlichung führte, demonstriert am schönsten des
Bonner Historikers Adolf Dyroff Schrift *Vom Wesen der Universität*. Sie nahm 1928 zum Thema »Wege und Abwege der
Universitätsreform« Stellung und konstatierte eigentlich nur
Abwege. Der Geheimrat pries überschwenglich das unverändert konservierte Ideal: »Wie herrlich ist die alte Bedeutung
von Universitas! Sie weist mit dem Finger darauf, daß Persönlichkeiten im Vordergrund stehen, indem sie die Universität
nicht als Institut, sondern als Korporation nimmt. Und nach
zwei Richtungen deutet sie: Die Universitas der Dozenten und
die der Studenten nennt sie und das Ganze aus beidem! Leicht
ist zu sehen, daß hierbei die Dozenten das Tonangebende sind.
Die einzelnen Studenten als Werdende und mehr Passive sind
auslösbar, ohne daß die Universität als Ganzes leidet. Anders
der Dozent. Er prägt seiner Universität den Stempel seiner
Eigenart und seines Könnens auf. Jetzt kann es sich nicht mehr
bloß um die Erreichung eines wissenschaftlichen Zweckes han-

deln. Jetzt ist ersichtlich, daß die Personen die Zwecke machen, nicht die Zwecke die Personen, daß Forschung und Lehre nur von Personen getragen werden können.«[193]

Unverfrorener kann man die Hochschule kaum als Veranstaltung für Professoren kennzeichnen. Die Direktive bildete hier nicht einmal mehr der wissenschaftliche Auftrag, der Akt der Wahrheitsfindung, in dessen Dienst der Gelehrte stünde; ganz unverhüllt wurde die Eigenart und das Können des Dozenten zum Gesetz der Hochschule. Was Dyroff manifestiert, ist die Pervertierung der überkommenen akademischen Aufgabe von Forschung und Lehre. Die Universitas ist unabhängig von den Studenten – sie wechseln ja. Die Universität ist aber auch erhaben über objektive wissenschaftliche Zwecke, denn Personen bestimmen die Zwecke. Die Hochschule ist für die Entfaltung der Dozenten da. Die humanistisch-idealistische Basis akademischen Selbstverständnisses hatte der Historiker damit längst hinter sich gelassen. Doch wenn er schon subjektive Zwecke zum Leitbild erkor – weshalb kam er nicht auf den Gedanken, daß die Aufgabe der Universitäten als Bildungsstätten der Nation auch durch die Anforderungen der Gesellschaft begrenzt sein könnte, daß der materielle und ideelle Träger dieser Institutionen ein Anrecht darauf haben könnte, von ihnen Antworten und Lösungsmöglichkeiten seiner Probleme und Schwierigkeiten gezeigt zu bekommen?

Die Antwort darauf, auf die Grundfrage der Universität in einer demokratischen Gesellschaft, war in Dyroffs unglaublicher Beschreibung bereits enthalten. Die Universität erhielt ihren Auftrag eben weder aus sich selbst – das ist ihr Abfall von ihrer eigenen Idee –, noch aus ihrer Umwelt – das ist ihre Wirklichkeitsfremdheit. Sie empfing ihn aus den Interessen des elitären Zirkels ihrer Lehrer. Und das ist ihre ungetilgte Selbstentstellung und -entwürdigung, die Ursache ihres Versagens.

Das gehört durchaus in den Problemkreis Hochschulreform. Der Bonner Gelehrte unterschied bei seinen Ausführungen selbstverständlich zwischen Dozenten und Dozenten und machte seinem Leser die durch idealistische Opfer errungene höhere Urteilskraft seiner Ordinarius-Position klar. Mit erhabenem und verlogenem Schulterklopfen distanzierte er sich von den Mäkeleien niederer Chargen, indem er ihnen nahelegte:

171

»Der Privatdozent ist in gewissem Sinne der glücklichste Dozent. Er kann ohne Belästigung und ohne Zwang zu bestimmten Vorlesungen sich ganz seiner Weiterbildung, ja wissenschaftlichen Liebhabereien hingeben, aus denen ein neuer Wissenszweig erwachsen kann. Anders der Ordinarius. Ihm ist vieles von der freien Bewegung genommen.«[194] Von der miserablen Honorierung der Privatdozenten und ihrer Abhängigkeit von den Ordinarien fiel kein Wort. Denn Organisationsprobleme, das war die übereinstimmende Ansicht aller ordentlichen Lehrstuhlinhaber, sind nur Fragen zweiten Ranges. Gerade in der organisatorischen Reform sah allerdings der Staatswissenschaftler Ludwig Bernhard auch zwei Jahre später, 1930, das Hauptproblem der Universitäten. Er resignierte: »Senate und Fakultäten halten sich an die alten Formen und suchen den Staatsbehörden die Verantwortung für Veränderungen zuzuschieben. Das Gefühl dafür, daß die Universitäten selbst mit äußerster Aktivität und stärkster Initiative die Entscheidung beeinflussen müßten, scheint völlig zu fehlen. Es ist dies die Politik wenig aktionsfähiger, aber von einem bewußten Ewigkeitsgefühl beseelter Korporationen.«[195]

Der Berliner Ordinarius schien selbst über seine noch beschönigende, aber dennoch mutige Klassifizierung erschrocken, denn wie anders sollte man nach dem Krebsgang einer zwölf Jahre alten Republik und angesichts des Siegeszugs nationalsozialistischer Studenten an den deutschen Hochschulen die verwaschene Behauptung begreifen: »Die Hauptgefahr für unsere Universität liegt nicht in der politischen Gegnerschaft, nicht in dem parteipolitischen ausgemünzten Wahn, als ob Universitäten und Professoren Hindernisse für die Entwicklung des demokratischen Staates wären ... In Deutschland werden die Reste der akademischen Selbsttätigkeit durch staatliche Eingriffe gefährdet. Ganz abgesehen von den politischen Strömungen gegen die angeblich politisch reaktionäre Haltung der deutschen Universitäten fehlt überhaupt jede Vorstellung vom Wert einer selbsttätigen akademischen Verwaltung.«[196] »Genau das, was die Franzosen vor 140 Jahren mit den Universitäten versucht haben, scheint in Deutschland bevorzustehen: Die Meisterung der geistigen Angelegenheiten durch einen politisch dirigierten staatlichen Verwaltungsapparat.«[197]

In der Tat, genau das war es, und die Hochschule selbst trug

größte Schuld daran. Es war allerdings mitnichten eine Meisterung unter demokratisch-republikanischen Vorzeichen: die waren ja immer nur lau vertreten und spielend boykottiert worden. Es war eine faschistisch-totalitäre Diktatur, und zu deren
Pseudo-Ideologie hatte die Hochschulstruktur allerdings einige
Verwandtschaftsbeziehung.

Kapitel VI

Die Angeführten des Zeitgeistes

Die Professoren an Deutschlands Hochschulen waren tief überzeugt, daß ihnen mit der Erziehung der künftigen Führer des
Volkes auch eine nationalpolitische Aufgabe gesetzt sei.
Weder Max Webers Forderung, jedes Werturteil und damit
auch die politische Stellungnahme aus dem Wissenschaftsbe-
reich zu verbannen, noch die einfache Überlegung, daß die
Universität ihrem objektiven Zwecke nach Stätte reiner Forschung und Lehre sein sollte, beirrte die Gelehrten in diesem
Glauben. Soviel war daran ja auch richtig: Als Lehrer der akademischen Jugend fiel ihnen eine besondere politische Verantwortung zu, der sie gerecht zu werden hatten – entweder
durch eine kaum durchführbare vollkommene politische Abstinenz oder besser in der methodischen Anleitung zu sachlichem
und rationalem Verhalten auch in politischen Dingen. Eben dies
wäre die Nutzanwendung von Max Webers Theorie gewesen.

Diese positivistische Zuordnung unterschätzte jedoch ein entscheidendes Moment: das Selbstbewußtsein der deutschen
Universität. Sie ließ es sich nicht nur gerne gefallen, als die
Stätte betrachtet zu werden, an der der nationale Wiederaufbau und der deutsche Wiederaufstieg geistig vorbereitet
würde – sie sah sich auch selbst in dieser Rolle. Ungeachtet
der historischen Erfahrung, daß sie seit 1848 keinen Augenblick
lang mehr an der Spitze gesellschaftlich-politischen Fortschritts
gestanden oder ihm auch nur entscheidende Impulse gegeben
hätte. Der Rechtsprofessor Gustav Radbruch, zwei Jahre
sozialdemokratischer Justizminister der Weimarer Republik,
hat diesen Zusammenhang 1926 auf einer Tagung verfassungstreuer Hochschullehrer angesprochen: »Seit langem ist die
Universität viel mehr Organ als Führerin des Zeitgeistes ...
Nur zu oft war vor und während des Krieges der Professor die
Trompete, die selbst zu tönen meinte und nicht wußte, daß und
von wem sie geblasen wurde – nichts ist gutgläubiger als ein

174

Professor außerhalb seines Fachwissens! Mit den Gesten der Führerschaft waren die Universitäten vielfach Geführte, wo nicht Angeführte des Zeitgeistes.«[198]

Diese Verkennung der eigenen Fähigkeiten in Verbindung mit dem hochmütigen Anspruch nationaler Wegweiserschaft hat die Professoren in der Weimarer Republik auf einen bösen Irrpfad geführt. Respektheischend behaupteten sie, allein der Fichteschen Mahnung verpflichtet zu sein: »Und handeln sollst Du so, als hinge / von Dir und Deinem Tun allein / das Schicksal ab der deutschen Dinge / und die Verantwortung wär Dein.«

Wie gemein die Parlamente . . .

Kritik am Parteienstaat

An den Hochschulen wurde heftig Klage geführt, daß für ihre früher institutionalisierte Vertretung in den ständischen Kammern der Einzelstaaten durch die neue Verfassungsordnung kein Ersatz geschaffen worden war. Der Kieler Staatsrechtslehrer Günther Holstein nannte es einen schwer erträglichen Zustand, »daß die deutschen Hochschulen nicht die Möglichkeit haben, in den Parlamenten der deutschen Länder wie des Deutschen Reiches bei großen Kulturdebatten mit eigener Stimme einzugreifen.«[199] Besonders erregte ihn, daß zur gleichen Zeit, da man den Hochschulen ihre Stimme genommen hatte, Wirtschaftsorganisationen – wie »Dienstmädchenverbände« – in weitesten Maße öffentlich-rechtliche parlamentarische Vertretung gewonnen hatten. Und er forderte, daß der Reichsrat im Sinne einer Vertretung der Selbstverwaltungskörperschaften erweitert werden sollte, damit die Universitäten wieder öffentlich-rechtlich repräsentiert seien: »Deutschland, das klassische Land der Hochschulen, hat ein doppeltes Anrecht darauf, daß auch in den Parlamenten, wo um die großen Dinge deutscher Nation gekämpft wird, die Stimme der Universitäten und Hochschulen gehörte werde.«[200] Und er rügte insbesondere das miserable parteimäße Niveau der Hochschuldebatten.

Der Professor wollte durch eine Hintertür ins Parlament: durch die ständische Repräsentation. Den naheliegenden Gedanken, die Stimme des Geistes in der Volksvertretung dadurch zu verstärken, daß mehr Hochschullehrer sich auf dem Wege freier Wahl um einen Sitz bemühten, sprach Holstein nicht aus. Der Einfall war nicht akzeptabel: man hätte sich dazu der Parteien bedienen müssen. Akademische Lehrerschaft und Parteibekenntnis seien jedoch gegensätzlicher Natur. Weil jede politische Partei *ihr* Lebens- und Staatsideal absolut setzen möchte, begründete Eduard Spranger diese These und entschied: »Es wäre der letzte Nagel zum Sarge unserer Nation, wenn auch die Lehrer Parteimänner würden.«[201]

Dabei hatten sich anfangs eine Reihe von Professoren vor allem der DDP und der DNVP zur Verfügung gestellt. Doch auch diese von der Korporation mißtrauisch angesehenen Außenseiter waren weniger geworden. Abgestoßen von der parlamentarischen Routine – so meinte Kölns Rektor Karl Thieß – kehrten sie an ihre Katheder zurück: »Das hängt damit zusammen, daß in der inneren Politik der Eifer zu Neuschöpfungen längst wieder dem seelenlosen Gange der Parteimaschinerie Platz gemacht hat, und ich kann mir denken, daß dieser Zustand für Selbstdenker seine besonderen Schwierigkeiten hat. Der Professor ist gewöhnt, die Erkenntnis von allen Seiten gleichmäßig zu nehmen.«[202]

So absurd in Anbetracht ihres politischen Gedankengutes die Selbstcharakteristik der Professorenschaft anmutet, der Argumentation von allen Seiten offenzustehen: Es war ihre heilige Überzeugung, und sie ergab sich zwangsläufig aus dem Glauben, allein der Wahrheit und dem nationalen Ganzen verpflichtet zu sein. Daraus folgte, daß in der Tat sie auch die politische Wahrheit gepachtet zu haben meinten. Denn wer konnte besser als der akademische Lehrer der Nation das Idealbild erfüllen, das der Kirchenhistoriker Hans Lietzmann auf der Jenaer Reichsgründungsfeier 1924 erläuterte: »Es gilt, auch in unseren Regierungen wieder Männer an die Spitze zu stellen, welche als ihre selbstverständliche Pflicht den Dienst am ganzen Volk, die überparteiliche, rein vaterländisch bestimmte und mit dem vollen Verantwortungsgefühl einer charakterfesten Persönlichkeit geleistete Arbeit erkennen.«[203] Parteipolitiker konnten diese Pflicht unmöglich empfinden.

176

Die Abneigung der akademischen Welt gegen das Parteiensystem war unüberwindlich. Sie stützte sich auf die Behauptung, daß Parteien immer nur Sonderinteressen verfolgten und danach trachteten, ihre Vorstellungen allen anderen aufzudrängen. Sie vernachlässigten dadurch nicht nur den Dienst am Ganzen, sondern sie versündigten sich an ihm. Den Gelehrten wurde gar nicht bewußt, daß dieser Absolutheitsanspruch von ihnen selber in ganz dem gleichen Maße, nur mit schwerer zu erbringender Rechtfertigung erhoben wurde: Denn die Parteien konnten ihre Vorstellungen ja nur durchsetzen, wenn sie von der Majorität, also dem größten Teil dieses vielzitierten Ganzen per Wahl die Billigung ihrer Absichten erhielten.

Dieses Argument verfing bei den Professoren nicht. Sie bezeichneten es als nackte Arithmetik, entsprungen der öden, aufklärerischen Gleichmacherei. Die Menschen – das war die unrationalisierbare Voraussetzung ihrer Gedankenführung – waren eben nicht gleich, und nur die Besten waren zur wahren Einsicht befähigt. Also konnten auch nur sie entscheiden, was für die Gesamtheit gut war – aber nicht die Gesamtheit selbst. Diese aristokratische Grundanschauung bestätigte ihnen das höhere Recht alleiniger Erkenntnis.

Als Friedrich Meinecke 1926 flehentlich mahnte: »Geistige Aristokratie ist durchaus nicht unvereinbar mit politischer Demokratie.«[204], da konterte sein Kollege Georg von Below prompt: »Ist denn unsere demokratisch-parlamentarische Republik etwas besonders Fortgeschrittenes oder Zukunftsreiches? Zunächst enthält sie einen furchtbaren Widerspruch. Ein ausgeprägter Parlamentarismus kann auf aristokratischer Grundlage Großes leisten. Bei uns aber hat man extreme Demokratie und extremen Parlamentarismus zusammengekoppelt ... Jeder, der die politischen Dinge von hoher Warte aus zu überschauen sich bemüht, erkennt, daß die schrankenlose Demokratie heute die große Gefahr für die Staaten darstellt.«[205]

Gegen diese höchste Weisheit gab es keine Berufung. Mit einer anmaßenden Geste und einer ideologischen Prämisse war jede weitere Argumentation aus dem Felde geschlagen: Nur eine Oligarchie könne Großes leisten. Das Beispiel zeigt, wie hier eins ins andere mündete. Der Kampf gegen die Parteien war zugleich ein Kampf gegen den Parlamentarismus und gegen die Demokratie überhaupt.

War es bei Below der aristokratische, so bei Heinrich Triepel der organische Geist, in dessen Namen Parteien und Parlamente mit Acht belegt wurden. Der Berliner Rektor sah bereits 1928 gemeinschaftsbildende Kräfte am Werk, die eine neue Gliederung des Volkes herbeiführten und die seelenlose Masse zu einer lebendigen »Einheit in der Vielheit« umgestalteten. Trotz dieser heimlichen Vision spielte er gegen die amtierenden Parlamente einen ganz pragmatischen Trumpf aus, dessen Halbwahrheit auf Beifall rechnen konnte: »Der Abgeordnete ist nicht mehr ein Vertreter des Volkes, sondern ein Vertreter seiner Partei, er fühlt sich als solcher und handelt als solcher. Von der Freiheit der Überzeugung, der Rede und der Abstimmung ist kaum ein Rest übriggeblieben.«[206] Staatsrechtler Triepel deutete damit die Vorzüge einer Parlamentsbildung an, die ihm im Grunde kaum sympathischer sein konnte als die gegebene: die der freien Persönlichkeitswahl nach englischem Vorbild. Durch jene würden individualistische und rationalistische Positionen ja noch stärker in den Vordergrund gerückt und das organische Moment völlig zurückgedrängt worden sein. Doch auf die Erwägung solch praktischer Konsequenzen kam es gar nicht an. Entscheidend und wirkungsvoll war vielmehr, daß man auf diese Weise die Republik der Entstellung von ihr selbst proklamierter Prinzipien überführen konnte: denen der Freiheit und der freien Persönlichkeit.

Diesen Faden nahm auch der Gießener Philosoph Ernst Horneffer auf. Er erklärte den englischen Parlamentarismus als »treue Gefolgschaft der Partei gegenüber dem Führer« und zog dann vom Leder: »Was ist der deutsche Parlamentarismus? Die ständige Angst des Führers vor der Partei. Das politische Leben in Deutschland ist zur Zeit die Niederhaltung der Persönlichkeit. Und in dem Grade ist die Persönlichkeit durch dieses Verfahren eingeschüchtert und entmutigt worden, daß niemand mehr persönliche Verantwortungen zu übernehmen wagt. Jeder sucht sich durch die Beschlüsse irgendwelcher Körperschaften, Gruppen, Gemeinschaften zu decken. Jeder versteckt sich hinter Massenentscheidungen.«[207] Horneffer gehörte dem Hauptausschuß der völkischen Akademikerverbände an.

Als Bewahrung der Freiheit in einer Zeit der Mehrheiten und ihrer oft schrankenlosen Gewalt feierte der Agrarwissenschaftler Paul Ehrenberg die Enthaltsamkeit der Professoren von den politischen Parteien und ihre Unbeliebtheit in diesem Kreis. Auf der Verfassungsfeier 1930 von Universität und Technischer Hochschule in Breslau erklärte der reich mit Ehrenämtern – unter anderem im Reichsgesundheitsrat – versehene Gelehrte anschließend in schönem Eigenlob: »Ich bin überzeugt, daß die Freiheit, wenn sie noch über diese Erde wandelt, die deutschen Professoren unserer Zeit nicht mit anderen Augen anschauen wird, als damals, da sie in großer Zahl nach Frankfurt am Main zur Paulskirche zogen.«[208]

So unglaublich ließ sich bei einiger Selbstherrlichkeit der Begriff von Freiheit wandeln – und juristisch ausnutzen –, daß ein beamteter deutscher Hochschullehrer auf einer Verfassungsfeier der Republik deren demokratische Parteien und sie selbst der Unfreiheit bezichtigen und die republikfeindliche Professorenschaft als Hüter der Freiheit preisen konnte. Das Siegel der Paulskirche auf dieser Infamie rückt den Verfall intellektueller Redlichkeit ins rechte Licht.

Das Erbe der Paulskirche durfte Karl Vossler für sich in Anspruch nehmen – er tat es nicht –, nicht aber Paul Ehrenberg. Der Münchner Romanist, einer der Angesehensten in der internationalen Gelehrtenwelt, hatte 1927 eine Reichsgründungsrede ganz anderen Klanges gehalten. Als Rektor seiner Alma mater sprach er über »Politik und Geistesleben«, und es war leicht zu durchschauen, wem er da die Leviten las. »An zahllosen Bier- und Kaffeetischen kann man seufzen hören, wie schmutzig, wie unheilbar unsauber doch alle politischen Geschäfte seien, wie unwahr die Presse, wie falsch die Kabinette, wie gemein die Parlamente und so weiter. Man dünkt sich, indem man also jammert, zu hoch, zu geistig für die Politik. In Wahrheit ist man kleinmütig, bequem, unlustig und unfähig zum Helfen und Dienen am eigenen Volk. Wenn man noch nicht einmal zum Mitläufer taugt, dann freilich ist es schön, sich einzubilden, daß man über den Parteien steht.«[209]

Das höhere Recht des Geistes . . .

Von deutscher Macht und Sendung

Wie der Parteienabscheu, dessen konkrete Ursache ja wohl im Sozialistenhaß des akademischen Bürgertums zu suchen ist, lebte auch die zweite Maxime Bismarckscher Politik trivialisiert in der Professorenschaft fort: der Machtgedanke, der schon eine Machtvergötzung war. Er entzündete sich natürlicherweise an den demütigenden Bestimmungen des Versailler Vertrags. Hatte dieser Frieden nicht bewiesen, daß auf ausländische Versprechungen nicht zu bauen und mit gütlichen Verhandlungen nichts zu erreichen war? Das Reich war selbst um die bescheidenen Früchte seines heldischen Durchhaltens gebracht worden! Man hatte ihm nicht nur eine undeutsche Regierungsform aufgezwungen, ihm nicht nur erniedrigende Beschränkungen seiner souveränen Rechte – Reichswehr! – auferlegt! Man hatte ihm auch ureigenste Gebiete entrissen und fuhr weiterhin fort, seine Grenzpfähle im Osten mit manipulierten Abstimmungsverfahren weiter zurückzuversetzen! Und die demokratische Reichsregierung sah dem kampflos zu.

All das bestätigte die deutschnationale Überzeugung, daß Recht nur durch Macht zu behaupten sei; und die Dolchstoßlegende, von Ludendorff vor dem Untersuchungsausschuß des Reichstags beglaubigt und von Hindenburg unwidersprochen, gab diesem Machtevangelium seinen antirepublikanischen Akzent. Sie stürzte sich aber nicht nur auf eine Legende, sondern auch auf einen Mythos: den von deutscher Unüberwindlichkeit, wenn nur das Volk einig sei. Es gebar so nicht nur den Revanchismus, sondern auch ein deutschtümelndes Sendungsbewußtsein, das rational kontrollierbare Grenzen politischer Realität durchbrach und totalitären völkischen Ansprüchen die Bahn bereitete.

Die Professoren blieben weiterhin das Sprachrohr dieses Machtfetischismus; und daß in der herrlichen Jugendkraft ihrer Schüler die Zukunft der Nation beschlossen war, beflügelte sie nur in ihrem Kündungseifer. Bei jedem neuen Anlaß rückten sie ein Stückchen weiter ab von alten Zusammenhängen und hin zu neuen Deutungen. Georg Pfeilschifter, Rektor der

Münchner Universität, distanzierte sich auf der Reichsgründungsfeier 1923 von den Irrtümern der Gegenwart. Die Erregung über die Ruhrbesetzung provozierte den katholischen Theologen zu einem Kampfprogramm, in dem er als Vorredner Ludendorffs auf dem Festkommers drei Ecksteine künftigen Wohles setzte: »Der erste heißt: Christlich muß das Reich sein! Unser Volk hat sich versündigt an seiner gottgewollten Bestimmung, als es die Waffen weggeworfen hat. Fort mit der selbstmörderischen Phantasie einer internationalen Verbrüderung der Massen! Fort mit dem Phantom eines die ganze Welt umfassenden Pazifismus! Fort mit der Schande des Völkerbundes! Wir brauchen einen großen Siegfried, aber er darf nicht zu lange säumen. Der zweite Eckstein muß Macht heißen. Arbeiten Sie zusammen mit unseren vaterländischen Verbänden! Auf dem dritten Eckstein unseres Reiches steht schwarz-weiß-rot geschrieben: Deutsch muß er sein! In mühevoller Arbeit müssen wir das Volk erziehen für den Staat, den nationalen Stolz, den nationalen Opfersinn!«[210]

Nicht nur bei Theologen schlich sich diese verbale Verschleierung ein, die brutale Machtforderungen und Kriegstreiberei in den heiligenden Mantel höheren Auftrags kleidete. Der Historiker Otto Scheel – Spezialgebiet: Reformationsgeschichte – nahm die Vertreibung deutscher Volksangehöriger von ihrer polnischen Scholle 1925 zum Anlaß, den Studententag in Berlin zu ermuntern: »Diese Gewalttat und die augenblickliche Ohnmacht, sie zu ahnden, kann den deutschen Willen nur verstärken, der deutschen Nation in Europa den Rang, auf den sie Anspruch hat, wieder zu erstreiten. Diesen Geist zu pflegen ist vornehmste Pflicht der akademischen Jugend. Unsere hohen Schulen sind gleichsam die Gralsburgen Deutschlands, die akademische Jugend die Hüter des heiligen Grals deutscher Größe und Macht.«[211] Scheel appellierte dabei an den Zunftgeist der *universitas docentium et discentium* und bezeichnete seine Pflege in diesem wehrhaften Sinne als »praktischen akademischen Dienst an der Nation«. Der Kieler Gelehrte war nicht irgendwer: sondern Vorsitzender des Deutschen Hochschulverbandes.

Doch man mußte zur Belegung deutschen Welt- und Vergeltungsanspruchs weder die göttliche Vorsehung noch die mythologische Parabel bemühen. Man konnte auch den Auftrag zum

Richtmaß setzen, den die Geistesheroen der Nation hinterlassen hatten. Friedrich Wolters, germanistisch versierter Historiker, Herausgeber der »Stimmen des Rheins – Ein Lesebuch für die Deutschen« und fleißiger nationaler Festredner, feierte auf dem Schleswig-Holsteinischen Universitätstag 1925 »Goethe als Erzieher zum vaterländischen Denken« – eine Rolle, über die sich der Weimarsche Kosmopolit nicht schlecht gewundert hätte. Der Professor aus Kiel entdeckte auch bei Goethe eine heilverheißende Kraft deutscher Art: »Nicht, daß wir einmal siegen werden ist wichtig, daran hat es uns nie gefehlt und wer zweifelt auch daran? – sondern wie wir siegend sein werden, daß wir siegend das höhere Wesen und das höhere Recht des Geistes darstellen, das ist der Sinn der Forderungen unserer Dichter, Täter und Denker, das ist der Sinn unserer Sagen- und Märchengestalten, das ist das lebendige Geheimnis in uns, solange wir wahrhaft Deutsche sind.«[212]

Es ist gar nicht zu leugnen, daß in diesem Aufruf auch eine kritische Mahnung steckte, nur muß man dann fragen, wie weit sie überhaupt gehört werden konnte. Die Chance dafür war doch wohl sehr schlecht, wenn im programmatischen Sammelwerk *Das Akademische Deutschland* noch im Jahre 1930 der selbsterhellend militante Satz zu lesen war: »Nachdem die mächtige Führerschule der Armee zertrümmert worden ist, stellt die Universität unbestritten die oberste Schule der Nationalerziehung dar und ist, in alter Tradition, aber immer freier Wandlung, die Trägerin der höchsten Aufgaben der Führerbildung.«[213] Restliche Zweifel löschte der Münchner Altphilologe Eduard Schwartz, der auf der Reichsgründungsfeier 1925 frank erklärte: »Was sie waren, werden unsere Universitäten erst wieder werden, wenn wieder neben Hörsaal und Laboratorium der Exerzierplatz und das Schulschiff für die volle Ausbildung der Jugend sorgen, die berufen ist, der Nation im Forschen und Erkennen, im Wollen und im Handeln voranzugehen.«[214] Auch die Pflege der Leibesübung, die von den Hochschulen so bereitwillig aufgenommen wurde, war nicht aus dem humanistischen Gedanken des »mens sana in corpore sano« geboren, sondern wurde ausdrücklich als Wehrkraftertüchtigung, als Ersatz für den verbotenen Wehrdienst und Vorbereitung für künftige Militärleistung betrieben.

In diesem allgemeinen Kontext lag die zu leicht übersehene

Gefahr der Mißdeutung, der sich auch gemäßigte Professoren mit ihren Äußerungen zu nationalen Fragen aussetzten. Was sie mit gerechtfertigter Empörung als ein Unrecht bezeichneten, das mit hartnäckigem Bemühen auf friedlichem Wege aus der Welt zu schaffen sei, wurde von ihren Hörern als Aufforderung begriffen, mit allen Mitteln ihr gutes Recht wiederzuerlangen. Wenn sich etwa der Universitätsprofessor Schwartz über den Raub Südtirols, Böhmens, der Außenwerke deutschen Volkstums im Donauraum, des Elsaß und Lothringens, Eupens und Malmedys, Nordschleswigs und des Baltikums entrüstete – »in heiligem Zorn« –, so war das eine ganz andere Sache, als wenn Hermann Oncken in Heidelberg zum Werk der Befreiung der besetzten Gebiete an der Saar, Oberschlesien und Danzig aufforderte, den Anschluß Deutschösterreichs und die Sicherung der Rechte deutscher Minoritäten im Ausland verlangte. Es wurde aber nicht als etwas anderes verstanden, sondern die Identität der Gegenstände wurde auch als gleichgeartete Offerte zur Wiederherstellung offensichtlichen Unrechts gewertet. Man hörte dann bei Oncken nicht den Satz, daß man »vom Rechtsboden des gegenwärtigen deutschen Staates aus das stolze Erbe von 1871 in Ehren halten müsse, sondern nur jenen anderen: »Ein Befreiungskampf – wahrlich eine Aufgabe, des Schweißes der Edlen wert!«[215] Der Schweiß wurde in diesem Mißverständnis zum Blut, Onckens Mäßigung nicht mehr unterschieden von der Forderung des Jenaer Lehrers Gustav von Zahn, Großdeutschland müsse im Sinne Arndts werden: So weit die deutsche Zunge klingt.

Nicht nur die geographischen Grenzen verwischten sich in dieser Problematik. Wiedergutmachung des Unrechts von Versailles, Machtvergötterung und Deutschtumsmetaphysik ballten sich zu einem Gemengsel, das schließlich keine reinlichen Scheidungen mehr zuließ. Mancherorts wurde diese Mischung auch wissenschaftlich sanktioniert, so in Marburg mit dem Institut für Grenz- und Auslandsdeutschtum. Sein Leiter war Johann Wilhelm Mannhardt, der mit Hilfe von Begriffen wie Gesamtvolksbewußtsein, Gesamtvolksverpflichtung, Volksstaat und Volksgenosse neue Wege deutscher politischer Wissenschaft und Erziehung aufzuzeigen bestrebt war. Bei der Einweihung des Studentenheims »Deutsche Burse« 1927 umriß er sein visionäres Forschungsziel: »Indem wir erkennen, wollen wir werten, und indem wir werten, werden wir wollen. Das deutsche Gesamtvolk auf der Erde ist vorläufig nur eine Idee, für deren Verwirklichung die Sehenden in erster Linie verantwortlich sind.«[216] Der Marburger Professor ist sicher kein typischer Fall; doch die Deformierung des Wissenschaftsbegriffes und die Verbindung mit der Volksidee kamen nicht von ungefähr.

Die unmittelbare Empfindung des Lebensstromes ...

Irrationaler Volksbegriff

Der Staat von Weimar hatte in den Umsturzversuchen von links und rechts eine vielen Konservativen unerwartete Beharrungskraft bewiesen. Das veranlaßte sie zwar mitnichten, die Republik und ihre Grundrechte als gültig zu akzeptieren. Wohl aber beschleunigte es ihre Einsicht, daß der Obrigkeitsstaat Wilhelminischer Prägung tatsächlich tot war und Appelle zu seiner Wiedererrichtung keine Erfolgschancen mehr hatten. Die Bekenntnisse der Hohenzollerntreue versickerten, und das Ideal des alten Kaiserreiches verlor an Überzeugungskraft. Im Konservatismus setzten sich neue, doch nicht minder reaktionäre Strömungen durch, die bei kulturpessimistischen Denkern wie Lagarde, Langbehn und Moeller van den Bruck, aber auch in den Programmschriften des ultrarechten Alldeutschen Verbandsvorsitzenden Heinrich Claß bereits angelegt waren.

Bestimmend blieb für das Professorendenken auch weiterhin die antirationalistische Grundhaltung, die gegenaufklärerische Position. So erklärte Geheimrat Seeberg: »Die Aufklärung lehrt, auf das einzelne und die konkrete Wirklichkeit zu achten, das Leben nach den verständigen Grundsätzen der Nützlichkeit einzurichten, und sie führt schließlich zur Auflösung des Gottesglaubens und zum praktischen Materialismus.«[217] Gegen diesen niederen Realismus, der angeblich nur eine Zersetzung des Lebens in willkürliche Einfälle und dreiste Umdeutungen der Wirklichkeit bedeutete, stellte der Gelehrte einen höheren, den echten Realismus. Die als Idealismus gefeierte und zur Richtschnur erhobene Weltanschauung behauptete von sich, gegenüber den Mechanisierungstendenzen rationalistischer Vereinzelung die Wirklichkeit des Ganzen wahrzunehmen und unter dem Gesetz der leitenden Ideen und großen Zusammenhänge in Leben und Geschichte zu stehen. In diese höheren Sinnzusammenhänge gehörte dann allerdings auch die völkische Einstellung, an deren Kritik der Berliner Professor rügte: »Wir rationalisieren zuviel auf diesem Gebiete. Wir neigen bei derartigen Dingen, glaube ich, überhaupt zu sehr dazu, uns in französischer Weise von logischen Gründen abhängig zu machen und dann zäher und treuer als die Franzosen an ihnen zu hängen. In Wirklichkeit ist es auch hier nicht die Verstandeserkenntnis, sondern die unmittelbare Empfindung des Lebensstromes, was unser Wollen bestimmt.«[218]

Diese Orientierung an einer Glaubenswirklichkeit lag Theologen gewiß besonders nahe, doch war sie keineswegs ihr alleiniges Vorrecht. Auch in der Staatstheorie wurde oft genug das demokratisch-egalitäre System mit der Begründung abgelehnt, es verhelfe lediglich individualistischen Interessen zur Herrschaft, entbehre aber einer inneren Moral, weil es den Begriff des Ganzen vernachlässige. Und das widersprach deutscher Art. Die Teilnehmer des Deutschen Akademikertages 1924 belehrte Othmar Spann über den Unsinn einer deutschen Republik: »Es gibt nur Einzelne oder einzelne Gruppen, kein Ganzes, und das ist dem deutschen Wesen fremd, vielmehr eine Nachahmung der französischen, in den Stürmen von 1789 gebildeten Verfassung, die den Deutschen immer mehr sich selbst und seiner Art entfremdete.«[219] Eine strittige Behauptung erfuhr ihre Rechtfertigung durch ein unerforschliches Merkmal völkischen Wesens.

Am einfachsten war die Verurteilung des politischen Rationalismus, wenn das Thema Vaterlandsliebe hieß; hier befand man sich ohnedies auf einem emotionalen Sektor. Es hieß dann etwa, das Gleichheitsprinzip gefährde den natürlich gewachsenen Zusammenhalt der Nation. Übergeordnete Ideen wurden abgelehnt, weil sie die Verabsolutierung des vaterländischen Idols erschwerten. »Die sittliche Tugend der Vaterlandsliebe«, behandelte der Würzburger Rektor Ludwig Ruland auf der Reichsgründungsfeier 1923. In seiner Rede fand sich auch das

Bekenntnis zum organischen Volksbegriff: »Alles Internationale ist farblos und wertlos. Denn wir müssen das urwüchsig Bodenbeständige, das Wirkliche erst in Atome zerschlagen, um es dann einzwängen zu können in die Schablone der internationalen Gleichmacherei.«[220]

Dieser Irrationalismus hatte eine gefährliche Konsequenz. Die Abneigung der Professoren gegen das System der Parteiorganisationen und der Mehrheitsbeschlüsse, gegen die Herrschaft rationaler Prinzipien in der Ordnung des Staates, trieb sie zu einer Mystifikation, die durch Begriffe wie organisch und Ganzheit gekennzeichnet ist und auf die haltlose Behauptung hinauslief, diese Staatsordnung entspreche nicht dem Charakter des Volkes. Das Volk aber sei der lebendige Träger des Staates, und nach seiner Wesensart müsse sich der staatliche Organismus ausrichten. Das Volk wurde über *diesen* Staat gestellt, es wurde absolut gesetzt. Aus seinen inneren Kräften erhoffte man sich ein neues Werden.

Die ablehnende Haltung gegenüber der Rationalität der politischen Zustände war nicht auf reaktionäre Professoren beschränkt, sie war in der Professorenschaft allgemein. Auch der Pädagoge Eduard Spranger schrieb zustimmend: »Gerade die Abneigung gegen das Rechenhafte in der Politik ist es, die viele Akademiker mit dem Stil unseres gegenwärtigen Staatslebens unzufrieden macht. Man möchte wieder tatbereite und der Augenblickslage gewachsene Köpfe an der Spitze des Staates sehen, nicht Doktrinäre und nicht Parteifunktionäre; vor allem aber Menschen, in denen die überindividuelle Wucht und Würde des Staates zum Lebenselement geworden ist, und die sich in diesem sittlichen Dienst verzehren. In dieser Hinsicht besteht überall in Deutschland eine geradezu messianische Erwartung.«[221]

Es deutet sich schon an – überindividuelle Wucht, messianische Erwartung –, daß auch in Sprangers Schrift von 1928 romantisch-mythische Elemente enthalten waren, die in der Nüchternheit der Republik schwerlich zu verwirklichen waren, aber einer allgemeinen Reaktion entsprachen und sich – wie hier – als Ahnung des kommenden Neuen verstanden. Die Aufgabe der Studenten in diesem Prozeß heiße Lernen und Dienen, meinte der Berliner Professor und beschrieb das hohe Ziel: »Das Höchste zumal, was der deutsche Geist hervorge-

186

bracht hat, war das Ethos des freien Dienens. Das war der alte Ordensgedanke der Deutschritterschaft, es war die Idee des echten Königstums und der Sinn jeder adligen Gefolgschaft, es war der gute Kern im alten Preußentum. Wenn es in Zukunft irgendeine Art von Adel gibt, so wird es wieder ein Dienstadel sein.«[222]

Bei derartigen Archaisierungen war es nur ein kleiner Schritt zur Propagierung des Prinzips von Führer und Gefolgschaft. Er war um so wahrscheinlicher, als die Geschichtswissenschaft ja schon seit Jahrzehnten vom Heroenkult geprägt war; nun war zudem noch an die Stelle, die früher der Militärstaat als »Stoff des Helden« eingenommen hatte, das Volk als die wahre Quelle des Staates getreten. Der unmittelbare Bezug bot sich an. »Mit begeistertem Volke kann der Heros alles.«[223] So verkündete auf der Reichsgründungsfeier 1928 in Erlangen der Althistoriker Adolf Schulten. »Held und Volk« hieß sein Thema, und er unterstrich: »Der Held ist etwas Wunderbares, das wir nie verstehen werden, etwas Göttliches. Um so mehr wollen wir den Helden verehren, uns an seinem Werk erbauen und auf einen neuen Helden hoffen.«[224]

Eine in diesem Zusammenhang erwähnenswerte Leistung besonderer Art war die Interpretation, die der Theologe Hans Preuß bei der Dürerfeier desselben Jahres für die Christusidee des Nürnberger Meisters fand. Mit Dürer, so erkannte er, komme etwas Heroisches in die Christuskunst, etwas Großes, Freies. »Männisch« nannte er das auch. Das Antlitz Christi aber sei bei Dürer »deutsch« und zeige eine deutliche »Vernordung«. Ganz frei von weltanschaulichen Vorurteilen war diese Kunstdeutung wohl nicht.

Es gab viele Wege, auf denen sich die irrationale politische Mentalität der Professoren Ausdruck schuf. Indem sie in ihrer Wendung gegen die Aufklärungsideen der demokratischen Verfassung das Volk und seine gewachsene Eigenart gegen die Republik ausspielten und als die wahre, in ihrem Wesen jedoch mißachtete Verkörperung des deutschen Staates proklamierten, halfen sie mit bei der Begründung des völkischen Gedankens. Mit der archaisch-mythischen Verherrlichung von Gefolgschaft und Führertum und der charismatischen Kraft des Helden erteilten sie einem absoluten Führerprinzip die akademische Legitimation. Es war nicht beabsichtigt; aber es war die Folge einer reaktionären Schwarmgeisterei, von der Karl Vossler gesagt hat: »Immer in neuen Verpuppungen die alte Unvernunft: ein metaphysisches, spekulatives, romantisches, fanatisches, abstraktes und mystisches Politisieren.«[225]

Der politische Irrationalismus war seit je eng mit dem politischen Antisemitismus liiert gewesen, und dies besonders in akademischen Kreisen. Die Grenzen zwischen beiden waren leicht zu überspringen, wie das Beispiel des Berliner Gelehrten Wilhelm His bewies. In seinem Rektoratsbericht 1929 hatte er Wissenschaft als überpolitisch und überparteilich definiert. In seiner Antrittsrede »Über die natürliche Ungleichheit der Menschen« plädierte His für Eugenik und Rassenhygiene und lobte die Lehren des Grafen Gobineau, der »der nivellierenden Milieulehre einen tödlichen Stoß nach dem andern« versetzt hätte. Der überpolitische Professor war Direktor der ersten medizinischen Klinik und Herausgeber der »Zeitschrift für klinische Medizin«.

Es war selbstverständlich, daß die aufkommenden völkischen Ideologien in dem bereits vorhandenen Antisemitismus an den Hochschulen eine wesentliche Stütze hatten, und es gab auch Universitätslehrer, die unzweideutige völkisch-rassische Bekenntnisse ablegten – lange bevor der Rassenforscher Hans F. K. Günther vom nationalsozialistischen Innenminister Frick in Thüringen auf einen Lehrstuhl für soziale Anthropologie berufen wurde. Günther hatte in seiner *Rassenkunde des deutschen Volkes*, 1922 erschienen und schnell zum Standardwerk seines Faches aufgestiegen, eine Rettung vor dem drohenden Untergang nur in der Stärkung nordischen Blutes gesehen und daraus die auch sprachlich beeindruckende Verbesserung des Kantschen Imperativs geschöpft: »Handle so, daß du die Richtung deines Willens jederzeit als Grundrichtung einer nordrassischen Gesetzgebung denken könntest!«[226]

Verwandtes Gedankengut entwickelte der Jenaer Philosoph Max Wundt in seiner *Deutschen Weltanschauung*, jedoch war er rassisch nicht so auf der Höhe. Er konstatierte noch konventionell, das Judentum sei eine Blutsgemeinschaft kraft seiner Religion. Das änderte nicht, daß er ebenso wie Günther den jüdischen Geist als dem deutschen schlechthin feindlich und eine zerstörende Macht brandmarkte. Jüdischer Geist war »Wortführer aller fremden Einflüsse in Deutschland, ebenso

der westlichen Aufklärung und ihrer kapitalistischen Gesellschaftsordnung wie des östlichen Bolschewismus und seines
sozialistischen Chaos.«[227] Gegenüber einer solchen Zusammen-
ballung widersprüchlicher Kräfte der Zerstörung verkündete
der Universitätslehrer seine Maxime: Es gibt eine völkische
Wahrheit.

Im Antisemitismus neuer völkischen Abart vereinten sich
alle denkbaren und undenkbaren herkömmlichen Varianten:
von der christlichen Spielart (Christustöter) bis zur rassisti-
schen (Blutsfremde), von der politischen (Kräfte nationaler
Dekomposition) bis zum nackten Konkurrenzneid, der vor allem
bei den akademischen Berufen immer wieder aufflackerte. Der
Deutsche Akademikertag 1925 beschloß einstimmig: »Der
Überfremdung der deutschen Hochschulen durch jüdische Lehr-
kräfte und Studierende ist ein Riegel vorzuschieben. Weitere
Lehrer jüdischer Abstammung sind nicht mehr zu berufen. Für
die Studierenden ist der Numerus clausus einzuführen.« Der
Dritte Akademikertag 1927 bekräftigte diesen Entschluß mit
der Willenskundgebung: »Der Weg zu Volk, Staat und Freiheit
geht durch Kampf, Kampf für wahre völkische Weltanschauung, Kampf gegen die Internationalisierung, gegen die über-
staatlichen Mächte, die den deutschen Nationalstaat aushöhlen
und das deutsche Volkstum zersetzen. Ziel ist die allgemeine
geistige und sittliche Erneuerung des deutschen Volkes.«[228]

Die völkischen Akademikerverbände und ihre professoralen
Mentoren wußten gewiß, in welche Komplizenschaft sie sich
mit solchen Kampfprogrammen begaben; allerdings meinten
sie in langerprobter Arroganz, durch ihre geistige Überlegenheit den Gesamtprozeß steuern zu können. Der Mehrzahl der
Professorenschaft jedoch wurde kaum klar, daß ihre heftigen
Attacken auf die Grundlagen der Republik und ihre irrationalen Zielsetzungen just den Schlagworten der nationalsozreli-
stischen Parteiführer entsprachen und deren völkischen Seins-
deutungen den Boden bereiteten. Die Ahnungslosigkeit der
Gelehrten änderte nichts daran, daß ihre Republikfeindschaft
gerade die breite völkische Front stärkte. Insofern traf auch sie
der Vorwurf, den der Jurist Alfred Manigk 1930 in einer Marburger Verfassungsrede erhob: »Im deutschen Volke lebt eine
romantische Neigung zu politischem Kurpfuschertum, das auf
Verblendete und Zusammengebrochene anziehend wirkt. Es

mehrt sich die Gefolgschaft, solange es sich um billige Opposition gegen den Staat handelt. Aber eines Tages, wenn sich die unverantwortliche, betörende Negation zur verantwortlichen Tat wandeln soll, wird den Anhängern solcher Propheten die Täuschung bitter offenbar. Auch die Anhänger werden dann aber schuldig sein.«[229]

Die heutige Verfassung bildet ein großes Hindernis . . .

Die Verfassungswirklichkeit

Nicht nur die traditionellen gesellschaftlichen Klischees des akademischen Bürgertums, nicht nur die ständisch-autonomen Interessen der Ordinarienuniversität und nicht nur die jüngst kreierten reaktionär-romantischen Ideale der nationalistischen Professorenschaft waren unvereinbar mit den Existenzbedingungen und Grundrechten einer Republik. Auch das Verhalten von Deutschlands Professoren als Lehrer und Erzieher an den Hochschulen des demokratischen Staates stand de facto außerhalb der Grenzen der Legalität. Diese fundamentale Abweichung trat allerdings vornehmlich als inneruniversitäre, als wissenschaftliche Auseinandersetzung in Erscheinung, weil die Gelehrten es verstanden, unter Ausnutzung ihres Ansehens und der Selbstverwaltungsrechte ihrer akademischen Körperschaften die Freiheit von Forschung und Lehre mit dem garantierten Schutz der Meinungsfreiheit dergestalt zu verquicken, daß auch verfassungswidrige Tendenzen geduldet werden mußten. Der ohnmächtige Zorn vor allem sozialdemokratischer Kreise über die politische Haltung der Universitäten kam aus diesem Spannungsverhältnis. Es spricht für das taktische Geschick der Hochschulen, daß sie es verstanden, diesen immanenten Konflikt in der Öffentlichkeit mit der Behauptung zu kaschieren, er habe seine Ursache allein in den Bemühungen der demokratischen Unterrichtsministerien, die akademischen Lehrstühle nach parteipolitischen Gesichtspunkten zu besetzen.

Man mußte der national gesinnten Professorenschaft billigerweise eine Karenzfrist zugestehen, in der sie ihre mentale

Anhänglichkeit an das – für sie – abrupt beendete Kaiserreich und die obrigkeitliche Rechtsordnung überwinden konnte. Die Erwartung war, daß die geistige Elite der Nation die Notwendigkeit der rechtsstaatlichen Umgestaltung im Laufe der Jahre einsehen und sich, wenn schon nicht aus Begeisterung, so doch aus Vernunftgründen auf den Boden der Demokratie stellen würde. Es fehlte denn auch nicht an Lippenbekenntnissen – in der ersten Zeit. Sie wurden immer seltener, und der Kreis überzeugter Anhänger der Republik nahm kaum zu.

Es war ein trügerisches Stillhalten, welches nicht einmal duldende Enthaltsamkeit, sondern geschickt getarnte Mißbilligung bezeugte. Etwa so, wie Reinhold Seeberg seine studentischen Hörer über »Die Bildungshöhe des Akademikers und ihre Pflichten« aufklärte: »Der junge Mann muß irgendwie Stellung gewinnen zum Staat und zu den sozialen Fragen. Das heißt nicht, daß er Studien über die beste Verfassung macht, oder daß er sich der einen oder der anderen Partei zur Verfügung stellt. Das, was der geistige Mensch auf diesem Gebiete von sich verlangen muß, ist einfacher, aber auch tiefer. Er muß verstehen, daß sein Volk zu seinem Leben fester Ordnungen bedarf, er muß den Willen in sich wachrufen zu Tat. Es sei nun, daß er der gegenwärtigen Staatsordnung beipflichte oder daß er ihr widerspreche, mitbildender Faktor im Leben der Welt wird sein Volk nur in den festen Formen eines mächtigen Staates. Darum muß sein persönliches Wollen auf einen starken Staat eingestellt sein.«[230] Das war nicht weniger als eine kaum verhüllte Aufforderung zum Verfassungswiderspruch. Nicht nur deshalb, weil der Lehrer es seinen Schülern freistellte, dem staatlichen Grundgesetz zuzustimmen oder nicht. Die Direktive war eindeutiger und unmißverständlich durch die Chiffre vom starken Staat.

Das akademische Bürgertum hatte sich ja längst den Popanz aufgebaut, der für die Beurteilung der Republik maßgeblich war: Monarchie bedeutete Stärke, Demokratie hingegen Schwäche; eine straffe Staatsleitung und der Aufstieg wahrer Staatsmänner wurde durch die demokratische Ordnung mit ihrer öden Gleichmacherei und Parteimaschinerie verhindert; die Demokratie war unnational oder gar widernational.

Unter den wenigen Professoren, die gegen solche ressentimentgeladenen Versimpelungen antraten, war Gerhard

Anschütz. Der Jurist war bereits durch seine Darstellung des Bismarckschen Reichsstaatsrechts hervorgetreten, er hatte die preußische Verfassungsurkunde kommentiert. Er wußte, wogegen er ankämpfte, als er nun die Weimarer Verfassung vom Standpunkt des juristischen Positivismus verteidigte. Es war unter den konservativen Gelehrten des Staatsrechts üblich geworden, die Verfassung der Republik als eine umzuwandelnde zu erklären; sei es, indem man sich des Vorwandes einer Unterdrückung föderalistischer Aspekte bediente oder daß man ihr anderweitig die Rücksichtslosigkeit gegenüber gewachsenen Komponenten staatlicher Ordnung vorwarf. Das war scheinbar eine ganze wissenschaftliche Diskussion, die sich durch das Argument absicherte, auch die Verfassung selbst sehe mögliche Notwendigkeiten ihrer Revision vor.

Anschütz, dem man die Kenntnis seiner gelehrten Kollegen wohl zugestehen kann, sah in diesen Unternehmungen primär den Versuch, die nationale Einheit und Eintracht zu zerrütten. Anders gesagt: Die Gültigkeit des demokratischen Staatsgrundgesetzes zu untergraben. Als Rektor der Universität Heidelberg richtete er bei deren Jahresfeier 1923 darum an die Festversammlung den verzweifelten Appell: »Das Werk von Weimar ist zustande gebracht worden als mühsamer, schließlich aber mit achtunggebietender, ja imponierender Mehrheit beschlossener Kompromiß zwischen großen staatsbildenden Kräften, zwischen Bürgertum und Arbeiterschaft; es gilt, diesen Kompromiß zu ehren in dem allbeherrschenden Interesse der im Inneren zu bewahrenden, nach außen zu bewährenden nationalen Einheit.«[231] Des Juristen Anschütz Aufruf drang über seinen Hörerkreis nicht hinaus. Denn so angesehen er als Staatsrechtler auch immer war: Er vertrat das falsche Prinzip, und die akademischen Gelehrten waren nicht willens, diesem Kompromiß einer »Notverfassung« ihre Zustimmung zu geben.

Der Vorschlag war darüber hinaus anrüchig, weil er ausgerechnet aus Heidelberg kam. Die Gelehrtenschaft dieser Alma mater, der ältesten des deutschen Reiches, vergaß offenbar immer mehr ihre nationale Verpflichtung. Das zurückhaltende Urteil im Falle Lessing sprach nur zu deutlich dafür und erregte den Unwillen der Schwesteruniversitäten. Das Wirken Max Webers schien der Ruperto Carolina einen Stempel aufgeprägt zu haben, dessen wertneutrale und verantwortungsethische

Markierungen das spontane Mißfallen der nationalistischen deutschen Gelehrten»republik« auslöste. Hervorragende Wissenschaftler wie Ludwig Curtius, Hermann Oncken, Alfred Weber, Gerhard Anschütz und Gustav Radbruch, deren politische Divergenzen bekannt waren, fanden sich dort freundschaftlich in einem privaten Zirkel zusammen und diskutierten über die Fragen der Nation. Der deutschnationale Archäologe Ludwig Curtius berichtet aus dem Jahre 1928: »Uns schwebte für den Reichstag eine große neue Gruppierung vor, die vom linken Flügel der Deutsch-Nationalen weit in die Sozialdemokratie reichen und die von Nationalsozialismus und Kommunismus drohenden Gefahren überwinden sollte.«[232]

Diese Form verständnisvoller Toleranz und vernünftig-pragmatischen Denkens war dem deutschen Professorentum fremd und vor 1933 offenbar nur in der Atmosphäre Heidelbergs möglich. Das Gegenbeispiel lieferte etwa die Universität Königsberg, wo es ungeschriebenes Verbot und ein Sakrileg war, republikbejahende oder gar sozialdemokratische Äußerungen zu tun. Fern von den Zentren der Entwicklung hatte der monarchische Gedanke im Osten seine stärkste Bastion.

Untypisch allerdings sind beide Exempel; sie zeigen nur die Extreme. Dabei ist selbst der Heidelberger Ausnahmefall eines aufgeschlossenen Professorenzirkels – der übrigens durch den Rang, nicht aber durch die Zahl seiner Mitglieder so auffallend war – für die bedrückende Vorbelastung politisierender deutscher Hochschullehrer bezeichnend. Friedrich Gundolf, der Literarhistoriker des Georgekreises und Geisteswissenschaftler an der Universität Heidelberg, fand für ihn eine treffende Charakterisierung, als er ihn eine Versammlung politischer Halbtäter nannte. Sogar die Gelehrten, die aufrecht für ihre politische Überzeugung einstanden und sich zur Republik als der rechtmäßigen und notwendigen Ordnung der Gesellschaft bekannten, konnten sich nicht von den Fesseln befreien, die ihnen die anerzogene akademische Enthaltsamkeit in politicis auferlegte. Ihre kollegiale Anständigkeit verwehrte ihnen die Frontstellung gegen die akademischen Gefährten, und die schlachteten unterdes ungerührt das freiheitliche Erbe der Göttinger Sieben und der 48er Professoren aus.

Im Februar 1926 luden neun Berliner Universitätslehrer zu einer Tagung deutscher Hochschullehrer ein. Sie taten es in persönlichen Einladungsschreiben, doch mehr als die Auswahl beschränkte die Absicht ihrer Tagung den Teilnehmerkreis. In dem Brief hieß es: »Ernste Gefahren, die unser nationales, politisches, soziales und akademisches Leben erschüttern, drängen dazu, den Einfluß der verfassungstreuen Hochschullehrer durch wirksam organisierte Gemeinschaftsarbeit zu steigern. Allzu stark haben sich die Stimmungen des Mißtrauens und der inneren Abneigung gegen die Neuordnung unseres Staatslebens in den Kreisen der Hochschullehrer festgesetzt. Allzusehr wirken sie auch auf den Kreis der akademischen Jugend und leiten ihr ehrliches und kräftiges nationales Wollen in ungesunde, ja verderbliche Bahnen.«[233] Unter dem Dokument stehen die Namen Delbrück, von Harnack, Herkner, Kahl, Gustav Mayer, Meinecke, Nernst, Stählin und Weisbach.

Auf dieser Weimarer Tagung verfassungstreuer Hochschullehrer erschienen im April kaum siebzig Universitätsprofessoren, und man muß einige hervorragende Namen einfach nennen, um den geringen Umfang und – wie sich bereits in den Unterschriften der Einladung gezeigt hatte, die samt und sonders die Namen bekannter Verfechter des Verständigungsfriedens waren – die im Grunde unveränderte Zusammensetzung dieser Gruppe zu zeigen: Anschütz, Aschoff, Baumgarten, Brentano, Eckert, Goetz, Hellpach, Kaehler, Koellreutter, Wilhelm Mommsen, Radbruch, Schnabel, Sinzheimer, Tönnies, Waentig, Alfred Weber.

Das Einleitungsreferat hielt Wilhelm Kahl, der sowohl als Rechtspolitiker (DVP) wie als Wissenschaftler (Theologe) allgemeine Wertschätzung besaß. Kahl sprach in aller Offenheit von dem Riß, der durch die akademischen Reihen ging: »Der Antagonismus hat sich bereits bis eben an den Zentralnerv der grundsätzlichen Stellung zu Staats- und Volkstum vertieft und hier mit einer gewissen Verbissenheit festgesetzt. Nicht wenige stehen dem aus dem Zusammenbruch hervorgegangenen Staate nicht nur mißtrauisch, sondern feindselig gegenüber und leben des ehrlichen Glaubens, dem Vaterlande am besten dadurch zu dienen, daß sie den Staat wie er ist, und seine Anhänger wer sie sind, grundsätzlich bekämpfen. Erst aus den Ruinen dieses Staates soll neues Leben blühen.«[234]

Das Votum war mutig und unzweideutig. Der Berliner Gelehrte klagte seine Kollegen an, die Zerstörung des Staates zu betreiben, um einen neuen nach ihren Idealen bauen zu können. Daß es tatsächlich um nichts weniger als um die Verfassungsfeindlichkeit, ja Staatsfeindschaft der Professorenschaft ging und man in Details den Widersachern durchaus ihre Vorbehalte lassen wollte, bezeugte auch die anschließende Erklärung Friedrich Meineckes: »Nur auf dem Boden der nationalen Demokratie kann die nationale Gesundung fortan erfolgen. Deswegen legen wir so großes Gewicht darauf, daß vor allem die *Grundlagen* unserer neuen Verfassung unbedingt und entschlossen anerkannt werden.«[235] Eben diese Grundrechte aber wollten die beamteten Hochschullehrer nicht akzeptieren, und dabei war von Loyalität gar nicht die Rede. Der Staat hätte durchaus das Recht und die Rechtsmittel gehabt – und ein starker Staat nach den Vorstellungen der Gelehrten hätte es gewiß auch getan – gegen seine ungetreuen Beamten und feindlichen Bürger vorzugehen.

Die Weimarer Versammlung endete in einer Entschließung, in der erneute Treffen angekündigt und die Professorenschaft zur Mitarbeit am Ausbau des Verfassungslebens ermuntert wurden. Das gut gemeinte Unternehmen war damit – auch wenn man sich 1927 noch einmal traf – bereits gescheitert. Ein paar Hochschullehrer hatten ihren guten Willen demonstriert und eine Diagnose der katastrophalen politischen Haltung der Akademiker geliefert. Zu einem wirksamen positiven Handeln aber reichte ihr Protest nicht aus. Gustav Radbruch hatte angeregt, die verfassungstreuen Hochschullehrer sollten sich zu einer festen Vereinigung zusammenschließen, um systematisch für die demokratisch-republikanische Staatsordnung eintreten und wirken zu können. Der Vorschlag wurde abgelehnt. Man fürchtete, die Kollegen dadurch zu provozieren; im Grunde stand dahinter wohl die Noblesse, daß man den Hader in der Gelehrtenkorporation nicht in aller Öffentlichkeit manifestieren und dergestalt das eigene Nest beschmutzen wollte.

Es lag aber noch eine andere Schwäche vor, die von vornherein die Halbheit selbst dieser verfassungstreuen Kundgebung bedingte. Im Zeichen der Verfassungsbejahung hatten sich Professoren aller parteipolitischen Couleurs zusammengefunden; und ein gut Teil waren jene Vernunftrepublikaner, die sich aus Liebe zum Vaterland und Sorge um den Bestand des Staates zum republikanischen Bekenntnis überwunden hatten.

Ihr Standpunkt: »Das schlechthin Notwendige ist der Staat als solcher, nicht die Staatsform.«[236] Das war eine höchst zwiespältige Argumentation und zur Vorwärtsverteidigung eines demokratischen Systemes gewiß nicht geeignet.

Die reaktionären Kollegen jedenfalls waren mit dieser konservativen Behauptung nicht zu überzeugen, denn selbstverständlich konterten sie sofort mit ihrer höheren Weisheit, daß diese Staatsform aber den deutschen Staat als solchen deformiere und gerade darum geändert werden müsse. In der deutschnationalen Wochenschrift *Eiserne Blätter* reagierte Georg von Below prompt mit dieser Entstellung: »Wir sind mit Meinecke in dem Ziel, ›den heutigen Staat zu kräftigen‹, einig. Aber die heutige Verfassung bildet ein großes Hindernis für die Kräftigung des heutigen Staats. Unsere Verhältnisse können nur gebessert werden, wenn die Kritik bei den Unwahrheiten der extremen Demokratie und des extremen Parlamentarismus und der Unwahrheit der Verbindung beider kräftig einsetzt ... Die Arbeit der dringend notwendigen Kritik als Feindschaft gegen den heutigen Staat zu bezeichnen, das geht denn doch nicht an. Wenn irgend etwas aus den letzten Jahren erfreulich ist, so ist es die Selbständigkeit, mit der die nationalen Hochschullehrer und die nationalen Studenten sich den Ideen und den Machthabern der Revolution gegenübergestellt haben.«[237]

Der Staatsrechtler Rudolf Smend meinte 1930 im *Akademischen Deutschland*, die in Weimar versammelten Professoren hätten die Lage verkannt. Die Spannungen zwischen Hochschule und Republik seien im Abzug begriffen gewesen und die feindselige Haltung der Lehrerschaft gerade maßvoller geworden. Karl Vossler kann diesen Eindruck schwerlich gehabt haben, als er 1927 seine Rektoratsrede hielt. Er war besorgt über den Mangel an Nüchternheit, den er im politischen Denken akademischer Kreise entdeckte, und rief dazu auf: »Die einzig mögliche und gute Politik unserer Universität ist, wie mich dünkt, daß sie nach außen verwirkliche, schütze und zur Geltung bringe, was sie ihrem inneren Geiste nach will: die Erziehung zum selbständigen, kritischen und wahrhaftigen Denken.

Darum kann die Universität mit keinem politischen Mythus, mit keiner politischen Partei sich verbinden, auf keine politische Gruppe sich festlegen.«[238]

Kapitel VII

Zeitgenössische Bekenntnisse

Den deutschen Hochschulen ist die selbstgestellte Aufgabe, zu selbständigem, kritischem und wahrhaftigem Denken zu erziehen, aufs Ganze gesehen kläglich mißlungen. Sicher, sie entließen ihre Absolventen mit guten bis ausgezeichneten Fachkenntnissen, die sie für die Ausübung der akademischen Berufe tüchtig machten und das internationale Ansehen des deutschen Studienganges aufrechterhielten. Sie bildeten auch Wissenschaftler heran, die zu selbständiger und kritischer Forschungsarbeit hervorragend begabt waren und den großen Ruf deutscher Wissenschaft bestätigten. Als gesellschaftsfähigen Wesen jedoch, als politischen Menschen gebrach es diesen Akademikern gänzlich an der Fähigkeit zu selbständigem, kritischem und wahrhaftigem Denken und vernunftgemäßem Handeln. Den Beweis dessen führen die zunehmende Begeisterung der Studentenschaft für die nationalsozialistischen Kampfziele, die Loyalität der Akademikerschaft zum Dritten Reich und die Passivität der Hochschullehrerschaft gegenüber dem Vordringen faschistischer Mythen und einer totalitären Staatsumwandlung.

Die Schuld an diesem Versagen lag weder in der Überfüllung der Hochschulen noch in der Überlastung ihrer Lehrer, die immer wieder als das entscheidende Erschwernis deutscher Universitätsbildung in der Weimarer Zeit angeführt wurden. Es lag auch nicht an der vielbeklagten Spezialisierung des Unterrichts, die das humanistische Bildungsideal zur Fiktion werden ließ. Denn was half es schon, wenn der Gelehrte auch die Ergebnisse und Entwicklungen weiterer Gebiete überblickte, aber doch kein rationales Verhältnis zu gesellschaftlichen Phänomenen besaß? Was hätte schon ein Studium generale genutzt, wenn der Student bei Philosophen wie Juristen, bei Staats- wie bei manchem Naturwissenschaftler auf die nämliche politische Grundhaltung stieß?

Die Majorität deutscher Professoren pflichtete den Anschauungen jener zahlreichen vaterländischen Kollegen bei, die in Vorlesungen und Festtagsreden den Geist des blinden Nationalismus verkörperten, die das Credo der wehrhaften Macht und der großdeutschen Sendung, das Bekenntnis zum ständischen Staat und zur heroischen Führergestalt predigten und dabei die Verachtung öden Massengeistes und demokratischer Gleichmacherei lehrten. Sie trat damit nur die Erbschaft der gesellschaftlichen Vorstellungen und politischen Axiome an, die schon in den Universitäten der Bismarck-Zeit entwickelt worden waren und sich im Ersten Weltkrieg verfestigt hatten.

Nach seinem Selbstbild freilich war der deutsche Professor eine unpolitische Erscheinung. Die meisten glaubten dem Genüge zu tun und es zu beweisen, indem sie sich vor öffentlicher Stellungnahme zurückhielten. Das hinderte jedoch nicht, daß all diese Begriffe romantischer Gesellschaftsvorstellungen und irrationaler Reichsverheißungen in ihrem Denk- und Lehrrepertoire enthalten waren und weitergegeben wurden. Darin lag ja eben das Zerstörende der professoralen Haltung. Die Gelehrten taten ihre Animosität gegen das Ordnungssystem der Republik und ihre Parteienführung nicht als subjektiven Widerwillen kund und stellten dagegen nicht politische Argumente zur Diskussion; sondern sie verkleideten als Resultate wissenschaftlicher Erkenntnis zu Fragen der Nation, was nur aus Ressentiment und Emotionen geboren war. Ludwig Marcuse sagt: »Eine der großen Chausseen, auf welchen der Terror vordrang, war mit jener ›Objektivität‹ gepflastert, die paralysierten Professoren das erhebende Bewußtsein schenkte, die Tugend des Wissenschaftlers zu haben.«[238a]

Als eine Werbung für die genannte Partei mißverstanden . . .

Die Probe kritischen Geistes

Die Appelle verfassungstreuer Professoren an Kollegen und Kommilitonen, der bestehenden Rechtsordnung mit Verständnisbereitschaft zu begegnen, wurden mit Beginn der dreißiger

198

Jahre zwar keineswegs häufiger, aber sie wurden dringlicher. So forderte im August 1930, elf Jahre nach der Verabschiedung der Verfassung und zu ihrer Feier in Frankfurt Friedrich Dessauer, man solle endlich den Widerstand aufgeben und die eigenen Interessen zurückstellen. Wirklicher Patriotismus verlange es, auch Opfer zu bringen und nicht zu warten, »bis einem das Kleid des Vaterlandes ganz gefällt«. Gegenseitige Ehrfurcht und Toleranz legte der Physiker besonders seinen jungen Freunden nahe, die in Scharen den nationalsozialistischen Einbläsern zuliefen.

Doch wo sollten diese am Volkstum erkrankten und von leidenschaftlichem Tatwillen erfüllten Studenten weltanschauliche Toleranz in politischen Auseinandersetzungen gelernt haben? An ihren Universitäten gewiß nicht, denn die waren weder bereit, die Weimarer Republik noch andersdenkende Kollegen zu tolerieren. In Halle lieferten die Theologen ein Exempel, das diese Unduldsamkeit nur unterstützen konnte. Pfarrer D. Günther Dehn, Inhaber eines Lehrstuhls für praktische Theologie, hatte davor gewarnt, dem Kriege ein christliches Gesicht zu geben: wer getötet werde, habe auch töten wollen, so daß die Behauptung des reinen Opfertodes in Frage gestellt sei und auch die Kriegsdienstverweigerung nach lutherischer Auffassung nicht einfach abgelehnt werden könne. Bei Vorlesungsantritt Dehns im Wintersemester 31/32 setzten die Studenten mit wüsten Krawallszenen und Rücktrittsforderungen die Universität unter Druck. Die Kirche rügte, Pfarrer Dehn habe es bei der Behandlung ernster vaterländischer Probleme an der rechten Besonnenheit fehlen lassen. Dehn wurde beurlaubt.

Die rapide sich verschärfende »vaterländische« Intoleranz konnte sich stützen auf die Lehren des prominenten Staatsrechtlers Carl Schmitt. Als der Bonner Professor 1926 auf den Lehrstuhl von Hugo Preuß an die Berliner Handelshochschule berufen wurde, war seine Antrittsvorlesung eine Lobrede auf den Begründer der Weimarer Verfassung gewesen. Doch Schmitt wurde zum immer schärferen Gegner des Pluralismus und des Parteienstaates und entwickelte Vorstellungen von Parlamentarismus und Diktatur – »der totale Staat« –, welche die Staatsrechtslehre stark beeindruckten und von Schmitt selbst dann zur Rechtfertigung der nationalsozialistischen Herrschaft weiter entwickelt wurden.

Seine ungeheuerlichste – zeitnahe – Leistung war jedoch »Der Begriff des Politischen«. Er reduzierte alle politischen Handlungen und Motive auf die Unterscheidung zwischen Freund und Feind. Für demokratische Grundvorstellungen wie Kompromiß oder Toleranz war da kein Platz mehr. Der Feind »ist eben der andere, der Fremde, und es genügt zu seinem Wesen, daß er in einem besonders intensiven Sinne existentiell etwas anderes und Fremdes ist, so daß im extremen Fall Konflikte mit ihm möglich sind ... Den extremen Konfliktsfall können nur die Beteiligten selbst unter sich ausmachen ... Zum Begriff des Feindes gehört die im Bereich des Realen liegende Eventualität eines Kampfes.«[238b] Die Schrift aus dem Jahre 1932 liest sich wie eine Rechtfertigungsfibel für den völkischen Kampf, auch für den Bürgerkrieg, für die Machtergreifung. Die staatsrechtliche Erkenntnis konnte für viele Interessen herangezogen werden. Nur eben für eines nicht: für die Bewahrung einer demokratischen Ordnung.

Die Verfassung des Reiches galt auch in der einschlägigen Jurisprudenz durchaus nicht als die einzig mögliche Grundlage des staatlichen und persönlichen Lebens und war schon gar nicht »der feste Boden unserer Existenz«, wie der Frankfurter Pathologe Bernhard Fischer-Wasels 1931 meinte. Zwar erkannte er, daß der politische Streit auch in die Universitäten eingedrungen sei, doch er war auch überzeugt: »Wenn politische Diktaturen Hochschulen zur Erziehung einer akademischen Jugend mit vorgeschriebenen Gesinnungen nötig haben, so ist jedenfalls die deutsche Universität für diesen Mißbrauch denkbar ungeeignet.«[239]

Das war zunächst nur eine Vermutung, deren Erprobung bevorstand. Feststellbar war allerdings, daß die deutsche Universität die Ausbreitung tendenziell totalitärer politischer Ideologien in ihrer Studentenschaft nicht verhindert, sondern erleichtert hatte. Daran waren nicht nur ausgesprochen konservative oder reaktionäre Professoren schuld. Auch staatsbejahende Hochschullehrer veranstalteten aus stets bereitem Mißtrauen gegen regierungsseitige Eingriffe in die akademische Selbstverwaltung mißverständliche und mißverstandene Solidaritätskundgebungen, bei denen sie vor lauter Empörung gar nicht merkten, daß sie den vermeintlichen Teufel mit dem echten Beelzebub austrieben. Das Bedenkliche an dem »Fall

Krieck« war nicht, daß die Gelehrten für die akademischen Rechte eintraten, sondern daß sie offenbar gar kein Organ für seine offenkundige politische Wirkung haben wollten.

Ernst Krieck, Professor an der Pädagogischen Akademie in Frankfurt, hatte gerade seine nationalsozialistische Programmschrift »Völkischer Gesamtstaat und nationale Erziehung« veröffentlicht, als er eine militante Sonnwendrede in der Mittsommernacht 1931 mit dem Feiergruß beschloß: »Heil der deutschen Jugend – Heil dem deutschen Volk – Heil dem Dritten Reich!«[240] Er zog sich durch seine Schrift eine sozialdemokratische Anzeige zu, doch die verfahrenslose strafweise Versetzung des Pädagogen nach Dortmund nahm seine Rede zum Anlaß. Krieck stellte dankbar fest, das Aufsehen des Falles habe seine Arbeiten weiten Kreisen bekannt gemacht. Hans Grimm – »Volk ohne Raum« – beschrieb die Hintergründe des Verfahrens so: »Bei diesem Antigermanismus geht es schlechthin um einen blinden Haß gegenüber einer erwachenden Seele, die anders ist als die eigene, um einen Haß, als wenn man wachsendes Korn hassen wollte oder jungen Wald, die, da ihre Zeit gekommen ist, von sich aus sich erfüllen müssen.«[241]

Deutschlands Hochschulprofessoren der Pädagogik erkannten – wohl als einzige – diese Komponente des Falles nicht. Sie leugneten sie sogar und entschlossen sich zu geharnischtem Protest: »Professor Krieck ist strafweise nach Dortmund versetzt worden, nicht weil er in einer Ansprache vor Studenten für die NSDAP geworben hätte, sondern lediglich deshalb, weil die Nennung des jahrhundertealten Begriffes ›Drittes Reich‹ als eine Werbung für die genannte Partei mißverstanden werden konnte. In Wahrheit ist ein Mißverständnis dieser Art bei urteilsfähigen Hörern schon deshalb nicht zu befürchten gewesen, weil auf die ausdrückliche Bezugnahme auf Joachim von Floris, Lessing und Moeller van den Bruck der erwähnte Begriff in einen großen ideengeschichtlichen Zusammenhang eingestellt war ... Es bedeutet ein unerträgliches Maß von Bevormundung, zu schweigen von den Rechten, die aus der Verantwortlichkeit des Volkserziehers folgen, wenn sogar mögliche Mißverständnisse einer Festrede Anlaß zu disziplinarischer Verfolgung geben können.«[242] Zu den Unterzeichnern gehörten nicht nur Alfred Baeumler und Erich Jaensch, sondern auch Flitner, Kerschensteiner, Litt und Spranger.

Die törichte Auslegung des Vorganges gipfelte darin, daß die Gelehrten zwar zum einen eine besondere Verantwortlichkeit des »Volkserziehers« konstatierten, sie aber andererseits nicht einmal so weit wahrzunehmen imstande waren, in Kriecks Bezug auf mittelalterliche Reichsmystik allein die gelegene Überhöhung des ganz konkret-politischen Ziels zu sehen, welches er als nationale, soziale und revolutionäre Zeitenwende und unmittelbar bevorstehend in seinen Schriften deutlich genug verfocht. Es ist bezeichnend nicht für die Befangenheit akademischen Denkens in rein geistigen Sphären, sondern für seine erschreckende Korrumpierung durch die ständige Pflege dieser irrationalen Ideenverbindungen.

Es hieße den Gewissenskampf der Studentenschaft nur erschweren, meinte der Marburger Germanist Harry Maync im Januar 1932, wollten auch die Professoren in ihn eingreifen: »Sie sind die Unruhe in der Uhr, wir die Hemmung; eine Uhr, der einer dieser beiden Bestandteile fehlt, kann unmöglich richtig gehen.«[243] Die Uhr ging schon längst falsch, und sie tickte unentwegt dem Dritten Reich entgegen.

Zum selben Datum der Reichsgründungsfeier hielt in Erlangen der Geograph Robert Gradmann die Gedenkrede unter dem verräterischen Titel »Wissenschaft im Dienste der deutschen Volkspolitik«. Er rügte darin »Herder und die deutsche Romantik, die beide eine warme Liebe zu jeglichem Volkstum, aber eine kaum verzeihliche Schwäche für das Slaventum besessen haben ... Unter dem perversen Drang, alles Fremde höher zu achten als das eigene, so wertvolle Volkstum, haben es ihm andere Deutsche nachgeredet und ihn in der Verhimmelung des Slaventums noch überboten.«[244]

Und wiederum am selben Tag glaubte in München der Philosoph Aloys Fischer in seiner Festansprache, die aus »historischem Gewissen« eine Revision des Versailler Vertrages forderte, gegen den Bolschewismus Stellung nahm, aber sonst kein Wort für die bedrohlichen innerpolitischen Verhältnisse – der Harzburger war gerade die Eiserne Front gegenübergestellt worden – übrig hatte: »Die Hochschulen haben sich keinen Augenblick aus der Verantwortung ausgeschaltet, und unter allen Erschwerungen, trotz allen Mißtrauens nicht irre machen lassen in ihrer nationalen Aufgabe, zu wissenschaftlich-kritischer Besinnung und zu innerer Wahrhaftigkeit zu führen, auch wenn diese Einstellung inopportun schien und in den Konflikten und Kompromissen der Tages- und Klassenpolitik sie unpopulär machte.«[245] Dabei gab es wohl gerade in München Anlaß zu entschiedeneren Kommentaren bei einem dies academicus. Kaum ein halbes Jahr zuvor war es zu schweren studentischen Krawallen gekommen, nachdem der Staatsrechtler Hans Nawiasky in seiner Vorlesung festgestellt hatte, beim Friedensschluß mit Rußland in Brest-Litowsk habe das Deutsche Reich genauso seine Übermacht ausgespielt wie es nachher die alliierten Feindmächte in Versailles taten. Der *Völkische Beobachter* hatte diesen Kommentar mit einer gehässigen Verdrehung entstellt und damit die von Nationalsozialisten angeleiteten Studenten aufgeputscht. Am 31. Juni mußte die Universität geschlossen werden. Rektor Albert Rehm hatte sich mannhaft vor seinen Kollegen gestellt, der Senat die nationalsozialistischen Rädelsführer bestraft. Gab es nach diesem Auftakt sechs Monate später schon nichts weiteres zu sagen, als daß die Universität sich nicht aus ihrer Verantwortung ausgeschaltet habe?

Die Beschuldigungen der nationalistisch verhetzten Studenten hatten ihre Ergänzung gefunden in einer Interpellation der NSDAP- und der DNVP-Fraktion im Bayerischen Landtag, die gegen Professor Nawiasky gerichtet war. Die Begründung hatte der deutschnationale Abgeordnete Professor Lent aus Erlangen übernommen. Pfingsten 1932 hielt Lent einen Vortrag, dessen Inhalt er nach »der großen Umwälzung in unserem Vaterland« 1933 unverändert referierte. Zum Thema »Hochschule und Politik« steuerte er die Erkenntnis bei: »Die Wissenschaft ist das Rüstzeug für den Akademiker, um den ihm gestellten besonderen und höheren Aufgaben gerecht zu werden. Diese liegen aber auf dem Gebiete der Arbeit für Staat und Volk. Die Erziehung zum Staats- und Volksbewußtsein muß gerade bei denjenigen besonders tief und planmäßig einsetzen, die die führenden Schichten des Volkes darstellen. Niemand kann in Zukunft Führer in einem für die Gemeinschaft wichtigen Berufe werden, wenn er nicht eine klare Vorstellung von der Gemeinschaft, also Volk und Staat, besonders von seinem, dem deutschen Volk und Staat hat.«[246] Gewiß war es beachtenswert, daß der Gelehrte auch 1933 noch die Unabhängigkeit der Hochschule vom Staat verlangte; aber seinen Beitrag zur Deformierung des Wissenschaftsbegriffs – »nur das Mittel zum Zweck, nicht Selbstzweck« – hatte er im Sinne nationaler Erziehung bereits geleistet.

Es gab eine Grenze, an der die Universität vernünftigerweise und ihrem eigenen Gesetz zufolge die politische Zurückhaltung hätte aufgeben müssen. Der liberale Philosoph Ernst Hoffmann hat sie im Jahre 1931 – als sie in Heidelberg, einer Hochburg des Nationalsozialistischen Deutschen Studentenbundes (NSDStB), bereits allenthalben gefährdet war – eindringlich nachgezogen: »Neben der Politik steht von jeher ihre Entartungserscheinung, die Demagogie, d. h. diejenige Form eines Mangels an Takt, wo jemand den eigenen Standpunkt unter Gebrauch wahlloser Mittel und unter Beschimpfung des Gegners verabsolutiert. Tritt an irgendeiner Universität ein Fall ein, der auch nur dem Scheine nach einem demagogischen Verhalten ähnlich sieht, so ist das für die Universität lebensnotwendige Niveau verlassen, auf dem allein Toleranz möglich ist. Es kommt dann zu Zuständen, wo nicht mehr eine Seite schuld hat, sondern beide.«[247]

Dieser Zustand war 1931/32 bereits gegeben. Der NSDStB entfaltete an den Universitäten nicht nur alle propagandistischen Mittel, sondern er trieb die in ihrer Mehrheit völkisch gesinnte Studentenschaft auch zu rabiater Agitation an. Nationalsozialistische Studenten hatten nicht nur im Juli 1931 den Vorsitz im antirepublikanischen Dachverband der Deutschen Studentenschaft übernommen, sondern verfügten inzwischen auch in den meisten lokalen Organisationen der Deutschen Studentenschaft über die Mehrheit; der größte Teil der studentischen Korporationen rangelte sich zwar mit den NS-Führern, teilte jedoch deren praktizierte Zielsetzungen.

An den Hochschulen breitete sich eine üble Hetze gegen jüdische oder sonstwie mißliebige – pazifistische, sozialdemokratische, demokratische – Dozenten aus. Theodor Litt, Rektor der Leipziger Universität, regte darum auf dem Hochschulverbandstag im Oktober 1932 eine Erklärung an, in der gegen die Unzuverlässigkeit und Lügenhaftigkeit der NS-Gruppe Stellung genommen werden sollte. Der Vorschlag wurde abgelehnt. Eduard Spranger erinnerte sich: »Diesem Plan widersprach ich in der Diskussion, weil ich die Bewegung der nationalen Studenten noch im Kern für echt, nur in der Form für undiszipliniert hielt. Auch hätte es eine sehr schädliche Wirkung für die Hochschule gehabt, wenn sie sich zu der nationalen Welle, die damals noch viel Gesundes mit sich führte und mit heißen Erwartungen begrüßt wurde, nur schulmeisterlich geäußert hätte.«[248]

Diese Erklärung, niedergeschrieben nach dem Zusammenbruch von 1945, spricht für sich. Sowohl daß ein eingeschworener Humanist wie Spranger im Oktober 1932 die hemmungslosen nationalistischen Rüpeleien an den Hochschulen lediglich für undiszipliniert, aber in ihrer Intention wünschenswert hielt; wie daß er noch 1945 meinte, diese Welle sei zu jenem Zeitpunkt noch gesund gewesen: das zeigt überdeutlich die geistig-politische Verfassung der deutschen Professorenschaft vor 1933. Was war denn noch von ihrer republikfeindlichen Majorität zu erwarten, wenn schon Spranger die Entwicklung von 1932 im besseren Grunde erfreulich fand? War es verwunderlich, daß in ihren Reihen ein Hygiene-Professor an der Hessischen Landesuniversität Gießen stand, Philaletes Kuhn, der nach langer Erfahrung in des Reiches Afrika-Kolonien nun der Studentenschaft »gute Wehr und Waffen zu ihrem Kampfe für Deutschlands Erneuerung« von dieser Art vorgaukelte: »Ich verlange von den deutschen Studenten auch auf den Hochschulen völkische Arbeit und verurteile die Bestrebungen derjenigen meist fremdstämmigen Hochschullehrer, welche diese Betätigung als ›Politik‹ verbieten wollen ... Es wird im Dritten Reiche nur eine große gewaltige Bewegung geben, auf die der Name Partei nicht mehr paßt, die den von Minderwertigen und Fremdblütigen gereinigten Volkskörper umfaßt.«[249]

Als der Wirtschaftswissenschaftler Wilhelm Gerloff im November 1932 das Rektorat der Universität Frankfurt antrat, beklagte er den Mangel an politischer Einsicht und die politische Unreife eines Volkes, in dem die einen offen mit dem Gedanken der Diktatur spielten und die anderen es sich gleichmütig gefallen ließen. Er monierte die Programme radikaler Parteien, die ohne Rücksicht auf die Realitäten Forderungen stellten und Zweifeln mit heftiger Kritik an den bestehenden Zuständen begegneten. Gerloff gab damit den Situationsbericht einer liberal-demokratischen Gesellschaft, der kurz darauf bei dem emigrierten Soziologen Karl Mannheim die gültige Charakteristik fand: »Die Allerweltsprogramme der oppositionellen Gruppen verlassen sich auf die Gedankenlosigkeit des Durchschnittsmenschen, zu dem sich oft der gebildete, aber in staatspolitischen Dingen nicht urteilsfähige Spezialist gesellt. In der letzten Phase einer demagogischen Bewegung gilt es dann als höhere Weisheit, überhaupt keine Aussagen mehr zu machen, die Rationalität in bezug auf die Zukunft schlechthin zu verachten und blinden Glauben zu verlangen. Man genießt dann den doppelten Vorteil, die Rationalität nur bei der Kritik des Gegners verwenden zu müssen und gleichzeitig hemmungslos alle verneinenden Formen des Hasses und des Ressentiments im eigenen Interesse mobilisieren zu können, durch die sich eine Masse viel leichter zur Einheit gestalten läßt als durch positive Zielsetzungen.«[250]

Deutschlands Universitätsgelehrte durchschauten diese Konsequenzen nicht; selbst die kritischsten Geister unter ihnen nicht. Von dem Romanisten Ernst Robert Curtius stammt eines der allzu wenigen Dokumente der Warnung. *Deutscher Geist in Gefahr* hieß seine Schrift, die viel, aber dennoch zu wenig Aufsehen erregte. Curtius ging scharf mit dem »sturen völkischen Getue« ins Gericht; aber er fand auch die »fürchterliche Gedankenarmut und Kleinlichkeit unserer Politik nachgerade unerträglich«. Er verurteilte die »destruktiven Formen des Nationalismus«; aber er beklagte auch die schuldvolle Rolle der Juden, »von denen leider gesagt werden muß, daß sie zum überwiegenden Teile und in maßgebender Betätigung der Skepsis und der Destruktion verschworen« sind. Dabei war der große Humanist gewiß kein Antisemit; nur sah er als Partner des »völkischen Kulturhasses« den »sozialistischen Kulturhaß« als Oppositionswissenschaft in den Vertretern des »Soziologismus« auftreten und führte gegen dessen Exponenten, den Juden Karl Mannheim, eine heftige Fehde.

Ernst Robert Curtius erkannte die drohende Gefahr und erkannte auch die Selbstverschuldung der Intellektuellen, die im modernen Irrationalismus des *Tat*-Kreises, der sogenannten Konservativen Revolution, den Geist selbst bekämpften. Und dennoch zielte der enragierte Kritiker falsch. Er zielte zu hoch.

»Ein irregeleitetes und von Gegnern umstelltes Deutschland kann nicht mehr tun, als mit Aufbietung aller Kräfte sein kulturelles Existenzminimum wahren. Wir müssen unsere Träume und Ideale zurückstellen, um der Not des Tages Rede zu stehen.«[251] Der Gelehrte wollte die Not des Tages in der geistigen Auseinandersetzung durch eine Wiederbelebung des echten, mit Liebe zu erfüllenden Humanismus beheben und blieb damit doch seinen Idealen verhaftet. Daß in den radikalisierten Massen, von denen er selbst sprach, die Entscheidung über den deutschen Geist fallen würde; daß sie bestimmt sein würde von Demagogen, denen jeder geistige Anspruch fern lag: das vermutete Ernst Robert Curtius nicht. Er sprach von den kommenden und gewissen Entscheidungen des Jahres 1932 – doch aus dem untergegangenen Geiste des Humanismus sollte seine gewünschte nationale Erneuerung kommen. Ein Jahrzehnteziel im Entscheidungsjahr.

Ludwig Curtius, der Heidelberger Archäologe, hat geglaubt, die Ursache des Versagens der Universität vor dem Nationalsozialismus dadurch erklären zu können, daß die Hochschule zu schwach als geistige Körperschaft und zu schwach in ihrer Wirkung auf die Nation gewesen sei. Wäre die Wirkung noch größer gewesen, und das heißt: hätte sie außer dem Bürgertum auch noch die Arbeiterschaft erfaßt, so wäre entweder die Universität eine andere geworden oder der Eklat noch gewisser gekommen. Daß der überlastete Universitätsbetrieb von geistigen Mittelmäßigkeiten bestimmt war, ist schwer zu bestreiten; daß jedoch eine geistige Aristokratie Schutz vor der Krise gewährt hätte, sehr wohl. Ludwig Curtius mochte aus seinen persönlichen Heidelberger Erfahrungen Anlaß zu der Behauptung haben; die Beispiele Sprangers und E. R. Curtius' zeigen jedoch, daß auch Gelehrte von überragender Kraft und Integrität selbst die Symptome der Krise nur schlecht oder gar nicht zu erfassen vermochten. Woran es der deutschen Hochschule fehlte, war nicht die akademische Höhe des Geistes, sondern seine politische Reife, über die auch Volksschullehrer und Maschinenmeister verfügen konnten – und in größerem Maße als sie verfügten.

Auf Deutschlands Professoren traf die Gedankenlosigkeit gebildeter, aber in staatspolitischen Dingen nicht urteilsfähiger Spezialisten zu, die Mannheim als Voraussetzung für den Erfolg radikaler Oppositionsgruppen gekennzeichnet hatte. Bestenfalls das, denn es mutet doch gar zu harmlos an, wenn der Freiburger Konservative Below 1928 in einer *Geschichte*

207

der rechtsstehenden Parteien definiert: »Eine Abspaltung aus der DNVP stellt die Völkische Freiheitspartei, die Nationalsozialistische Partei, dar. Es ist hier nicht der Ort, die Unterschiede zwischen beiden eingehend zu erörtern. Nur soviel sei bemerkt, daß die völkische Freiheitspartei als nationale Partei den Grundsatz, daß der nationale Gedanke Schichtung verlangt, nie verleugnen darf und wird. Darin wird stets die Grenze liegen, die sie gegenüber allem Sozialismus einhält. Eine Sozialdemokratie marxistischer Art bleibt mit dem nationalen Gedanken unvereinbar.«[252]

Die Professorenschaft bot dem Nationalsozialismus auch die Chance, alle verneinenden Formen des Hasses und des Ressentiments im eigenen Interesse mobilisieren zu können.

Zeit der Erfüllung ...

Das Versagen kritischen Geistes

Am 30. Januar 1933 wurde Adolf Hitler Kanzler des Deutschen Reiches. Die Tarnungsmanöver der neuen Herren wurden von den Hochschulen trotz mehrjähriger Erfahrung mit nationalsozialistischen Kampfmethoden und Zielrichtungen im Universitätsbetrieb unbedenklich akzeptiert. Die Schlagworte von der nationalen Revolution und nationaler Erneuerung fanden vollstes Verständnis: die Nacht der Schmach war endlich beendet, die Morgendämmerung deutscher Zukunft zog herauf. Hitlers Bekenntnis zum Christentum (5. und 23. März 1933) wurde gläubig hingenommen; der »Tag von Potsdam« (21. März) überzeugte auch den letzten deutschnationalen Konservativen. Das Ermächtigungsgesetz (23. März) wurde bereitwillig im Sinne seines offiziellen Titels verstanden: Gesetz zur Behebung der Not von Volk und Staat. Schaltete es doch endlich den destruktiven Parlamentarismus aus und ermöglichte eine straffe Führung.

Auch die Eingliederung des Erziehungswesens in den nationalsozialistischen Staat vollzog sich ohne akademischen Widerspruch. Es begann zügig mit der Gleichschaltung der

Länder und traf die Hochschulen unmittelbar mit dem »Gesetz zur Wiederherstellung des Berufsbeamtentums« (7. 4. 1933). Das Gesetz verfügte die Versetzung nichtarischer Beamter in den Ruhestand und enthielt Generalklauseln, die die Entlassung jedes Beamten und damit auch jedes Professors zu jeder Zeit und aus jedem Grund ermöglichten. Die Hochschulverfassung wurde ein wenig umgebaut: Rektoren ernannte der Staat, und für die Berufung wurde die »charakterliche Eignung« maßgebend. An den autonomen Universitäten setzte sich auf einmal die Erkenntnis durch, daß die Selbstverwaltungsrechte der Hochschulen durch die staatlichen Interessen begrenzt sein müßten. Der Münchner Physiologe Philipp Broemser: »Tatsächlich war die Auswahl der Universitätsdozenten zu allen Zeiten von politischen Gesichtspunkten abhängig.«[253]

Unterdessen sorgten das »Gesetz über die Bildung von Studentenschaften an den wissenschaftlichen Hochschulen« (22. 4. 1933) und das »Gesetz gegen die Überfüllung deutscher Schulen und Hochschulen« dafür, daß auch die akademische Schülerschaft von fremdstämmigen Mitgliedern gereinigt werden konnte und die fanatisierten Studenten als rechtlich gesicherte Organisation der Hochschullehrerschaft Paroli bieten konnten, das heißt: sie im Parteisinne kontrollieren. Die Deutsche Studentenschaft verschickte einen »Spionageerlaß«, der zur Denunziation jüdischer, kommunistischer, sozialdemokratischer oder sonstwie parteifeindlicher Hochschullehrer aufforderte und um die Nennung solcher Dozenten ersuchte, »deren wissenschaftliche Methode ihrer liberalen, d. h. insbesondere pazifistischen Einstellung entspricht, die daher für die Erziehung des deutschen Studenten im nationalen Staate nicht in Frage kommt.«[254]

Die Methode war ausgesprochen erfolgreich. In Kiel verlangten die Studenten vom Rektor unter Gewaltandrohung die Entlassung von 28 Dozenten; in der *Deutschen Allgemeinen Zeitung* vom 24. 4. 1933 war zu lesen, daß 24 emeritiert worden seien. Eine Schlagzeile des folgenden Tages lautete: 25 Hochschullehrer beurlaubt. Aufgeführt waren Professoren der Universitäten Frankfurt, Marburg und Göttingen. Und am 26. April wurde von 30 beurlaubten Dozenten pädagogischer Akademien berichtet. Die Studenten sorgten des weiteren dafür, daß die Universitätsbibliotheken von undeutschem Schrifttum gesäubert wurden. In den Bücherverbrennungen des 10. Mai landeten nicht nur die Werke jüdischer und zersetzender Autoren wie Tucholsky und Ossietzky, Heinrich Mann und Erich Kästner, die jedem patriotischen Gelehrten ein Greuel waren. Die Flammen verschlangen auch Arbeiten, die,seit kurzem oder langem zum festen Wissenschaftsbestand gehörten: von Freud und Einstein, von Voltaire und Spinoza. Daß in Berlin der neuernannte Professor für politische Pädagogik, Alfred Baeumler, das Autodafé anführte, verwundert kaum. Aber auch daß in Bonn der Germanist Hans Naumann den Flammensegen sprach, schien niemanden zu erschrecken.

Es zeigte sich nun, wie tiefgreifend die deutsche Universität durch ihre vorgeblich unpolitische Haltung, in Wahrheit durch ihren deutsch-völkischen Nationalismus, durch ihren politischen Irrationalismus, durch ihre Machtgläubigkeit und die besinnungslose Verachtung der Demokratie und Ablehnung der Republik korrumpiert war. Sie besaß weder das Talent, das Drohende zu begreifen, noch die Kraft, dem Schrecklichen zu widerstehen, das sich unter ihren Augen abspielte oder abzeichnete.

Die Nationalsozialisten, auf allen Gebieten geschickt in der Aufnahme und Ausnützung schon vorhandener Stimmungen, machten sich auch die kritischen Forderungen zu eigen, die von den konservativ-idealistischen Professoren selbst zur Verbesserung der Hochschulen erhoben wurden. Sie propagierten die nähere Berührung der Fakultäten und die Synthese der Wissenschaften, den weltanschaulichen Ernst alles Wissenwollens, die Aufgeschlossenheit für das Volk und die große Geschichte und die Verehrung der großen Persönlichkeiten. Der neue Referent für Hochschulreform, Geschichtsprofessor Adolf Rein, bestätigte den Gelehrten ihre heimliche Sehnsucht als Aufgabe im neuen Staat: »Die Professoren sollen sein die Propheten der Gemeinschaft, die Auguren des Staates, in diesem Sinne die ›Priester‹, welche neben, aber nicht über dem König stehen, welche als auf das Absolute gerichtet eine unantastbare innere Freiheit besitzen, aber zugleich dem Staat völlig und ganz zugehören, insofern diese Macht, das heißt geistige Wesenheit und Gewalt ist. Die Staatsideologie, welche die Universitäten entwickeln, darf nicht sein eine ›Ideologie ex eventu‹. Nicht eine politische Idee ist in die Wissenschaft einzuführen, son-

210

dern die Idee des Staates als ihr innerstes ›prinzipium‹, ihre Grundursache zu setzen.«[255]

Selbstverständlich gefiel es den Hochschullehrern, als Inauguration des wahren Staatsgedankens betrachtet zu werden, und auch an der Aufgabe, die ihnen Ernst Krieck zuwies – mit Alfred Baeumler Programmatiker des neuen Erziehungs- und Bildungsideals –, fanden sie kaum etwas auszusetzen: »An die Stelle der humanistischen Universität tritt die völkisch-politische Universität, die durch Wissenschaft, durch Erziehung und Bildung der Ausleseschicht ihren Anteil zu leisten hat am Aufbau des völkisch-politischen Gemeinwesens der Deutschen. Nationale Willensbildung und Charakterbildung ist die Aufgabe der neuen Universität.«[256] Die Elite der Nation zu einer deutschvölkischen Gemeinschaft heranzuziehen – hatten die Professoren je etwas anderes gewollt?

Den antihumanistischen Affekt dieser Verlautbarungen überhörten sie um so leichter, als er stets mit heftigen Angriffen auf Liberalismus und Intellektualismus gekoppelt war und scheinbar auf eine höhere Ebene gehoben wurde durch so nichtssagende, aber rattenfängerische Plattheiten wie die Alfred Baeumlers: »Nicht die Verwissenschaftlichung des Geistes, sondern die Entgeistigung der Wissenschaft ist die Ursache der Krise.«[257] Die Trennung vom Humanismus fiel den Hochschulen wohl auch nicht mehr schwer; sie durften ein altes Ideal, den Gedanken der Volksgemeinschaft, endlich absolut setzen.

Das Überraschende war, daß die NS-Ideologen die Empfänglichkeit der Hochschullehrer für die völkische Verankerung ihrer Bildungsziele weit unterschätzt hatten. Bei Rein, Krieck oder Baeumler wurde immer wieder die Unabhängigkeit der Wissenschaft betont und nur auf dem Umweg über eine selbstverständliche Bindung an den Staat vorsichtig, wenn schon unmißverständlich eingeschränkt. Die Wissenschaftler selbst kannten diese Scheu nicht. Sie legten ungefordert ihr persönliches Bekenntnis zur völkischen Ordnung und zum Dritten Reich ab, und sie dehnten es auch auf die Wissenschaft aus. Deutlicher läßt sich kaum zeigen, wie wenig der Positivismus, ein kritischer Rationalismus, in die Wissenschaften eingedrungen war. Das abstruse Stichwort lautete nun Heroischer Rationalismus.

Der Philosoph Hans Freyer – er hatte schon 1931 die »Revolution von rechts« angekündigt – definierte das Ethos der Wissenschaft neu: »Die Wissenschaft ist das theoretische Organ ihres Volkes in einer bestimmten Epoche seiner Geschichte.«[258] Wissenschaft bedürfe nicht der Wertfreiheit, sondern der Mitte eines verantwortlichen Erkenntniswillens. Wie das positivistische Wissensideal sei auch das humanistische Bildungsideal verlorengegangen. Die Bildungsreform habe eine neue Gestalt des Menschen zu schaffen: »Einordnung in die konkreten Aufgaben der Gegenwart und Zukunft, Verwurzelung im eigenen Volk und seinem geschichtlichen Schicksal, willenmäßiger Einsatz aus verantwortlichem geschichtlichem Situationsbewußtsein heraus – das sind für uns die Forderungen, die gelten, und die das Ideal der Bildung auszumachen haben.«[259]

Bei dem Heidelberger Geheimen Hofrat Heinrich Rickert, einem der führenden Vertreter idealistischer Philosophie, klang es kaum anders. Das philosophische Bemühen um Werterkenntnis sollte nach seiner neukantianischen Lehre über die geschichtlichen Werte hinaus zu absolut gültigen führen. 1934 fand er jedoch in seiner Arbeit »Grundprobleme der Philosophie« zu der verblüffenden Gebrauchsanweisung: »Falls des Deutschen Weltanschauung mit dem, was ›Forderung des Tages‹ ist, nicht übereinstimmt, hat er seine Ansichten der historischen Situation anzupassen. Sonst muß er überhaupt auf jede Wirksamkeit im Kulturleben verzichten, da eine solche auf die Dauer nur innerhalb seines Volkes und seines Staates möglich ist.«[260]

Die Philosophie als freier Prozeß des Erkennens verleugnete sich damit selbst. Sie betrieb gewissermaßen Realpolitik, indem sie ihre Aufgabe nach ihrer konkreten Erfolgschance bemaß. Arnold Gehlen bekannte das – 1935 – ganz offen als »konkrete Philosophie«, die den Verzicht des Denkers auf die Ideale seiner Sehnsucht fordere, damit er in Volk und Staat seine Wahrheit entdecke: »Der Staat ist die vorentscheidende Gewalt für den engen Spielraum der Entschlüsse aller, die in ihn hineingeboren werden, Volkstum und Rasse die vorgegebenen Konstanten zu einem erstaunlich weiten Bereich der Daseinsbezüge und Entschlußmöglichkeiten des einzelnen.«[261] Wohl dem, der sich solchen Einsichten fügte; er war ein idealer

Bürger des völkisch-totalitären Staates. Der Nationalsozialismus brauchte sich demnach um die philosophische Rechtfertigung seiner Praxis nicht zu bemühen. Die unabhängigen Professoren lieferten sie freiwillig und übermittelten sie überdies der akademischen Jugend. Und es waren nicht etwa Hochschullehrer, die nach 1933 berufen wurden, sondern solche, die schon lange vorher Ruf und Ansehen besaßen.

Wenn bereits der Wertbegriff der Philosophen sich auf die Erfordernisse des Dritten Reiches einpendelte: Für die Germanisten lag es noch viel näher, ihm als die Auferstehung deutschen Volkstums zu huldigen. Die Germanistik war von Anbeginn mit einem totalen Aspekt belastet gewesen, nämlich alles zu umfassen, was von deutscher Art handelte. Auch nachdem die Altertümer germanischer Rechtsordnung ausgegliedert waren und das Fach sich zur Sprachwissenschaft hin orientierte, blieb es doch »Deutschtumswissenschaft« und bewahrte seinen umfassenden Anspruch auf Erforschung und Erklärung deutscher Vergangenheit – und Gegenwart. Die Germanisten besaßen einen starken Anteil am Erwachen des deutschen Nationalgedankens und behaupteten ihn auch bei der Ausbreitung des Nationalismus. Das Thema der Germanistik war nicht die deutsche Sprache oder Literatur, sondern die – auch darin offenbarte – Kultur und der Geist des deutschen Volkes; eine Gegenstandsbestimmung, die ebenso verschwommen und offen, definitiven Grenzen und methodischer Erfassung unzugänglich ist wie der Begriff, unter dem seine Erkenntnis betrieben wird: Germanistik.

Der deutsche Staat aus der Kraft deutschen Volkstums, das Dritte Reich aus der Verheißung mittelalterlicher Mystik; das Ganze bewußt errichtet im Gegensatz zu westlerischer Vernünftigkeit und aufklärerischem Materialismus: darin lag für die Deutschwissenschaftler eine ungeheure Faszination. Der Berliner Ordinarius Julius Petersen schilderte »Die Sehnsucht nach dem Dritten Reich in deutscher Sage und Dichtung« und jubelte 1934: »Nun ist das Morgen zum Heute geworden; Weltuntergangsstimmung hat sich in Aufbruch verwandelt; das Endziel tritt ins Blickfeld der Gegenwart ... In der Tiefe des Volkstums sind alle Kräfte einstiger Sehnsucht lebendig, und die Traumbilder, in denen die Vergangenheit sich wiegte, werden neu an den Tag gezogen ... Das neue Reich ist gepflanzt. Der ersehnte und geweissagte Führer ist erschienen.«[262]

Für Ernst Bertram, den Freund Thomas Manns, bedeutete 1933 das »Sonnwendjahr«; für Hans Naumann, dessen Bonner Alma mater Thomas Mann den Titel des Ehrendoktors entzog, bedeutete 1933 »Wandlung und Erfüllung.« Und Gerhard Fricke urgründelte: »Das Antlitz der Nation beginnt sich aus der Tiefe zu wandeln. Unfruchtbare, verwesende, schmarotzende Oberflächenschichten werden unwiderstehlich hinuntergepflügt und eingeschmolzen in den erloschen geglaubten, aber jugendlich glühend hervorgebrochenen Kern jener völkischen Unwirklichkeit, aus der wir alle leben, die vor uns war, über uns ist und nach uns sein wird.«[263]

Wie Philosophen und Philologen reduzierten auch Historiker ihren Erkenntnisspielraum auf den Boden des Volkes. In den Preußischen Jahrbüchern, die einst Treitschke und Delbrück herausgegeben hatten, schrieb nun der Danziger Preuße Erich Keyser: »Die völkische Geschichtsauffassung bekennt sich zu einer bewußten Einseitigkeit. Wir fordern von jedem Historiker völkische Gesinnung. Es darf in Zukunft nur noch politische Historiker geben nicht in dem überholten Sinne, daß jeder Historiker ausschließlich oder vornehmlich Staatengeschichte zu treiben hätte, sondern in dem Sinne, daß er seine Forschung und seine Lehre stets und überall auf die politischen Notwendigkeiten seines Volkes abstellt.«[264]

Auch in anderen Wissenschaftszweigen erlitten Wahrheits- und Wertbegriff arge Defekte. In der Medizin fanden faschistische Theorien vom Lebensrecht des Menschen Anklang und bereiteten die Ärzteschaft auf das Euthanasie-Programm vor. Der Physiologe Philipp Broemser über die Volksgesundheit: »Daß die Sorge für das Individuum keineswegs immer mit dem Interesse des ganzen Volkes gleichbedeutend ist, geht am deutlichsten aus der übertriebenen Pflege Erbkranker, Idioten und Minderwertiger im Zeitalter des Liberalismus hervor.«[265]

Selbst in den Naturwissenschaften wurden völkische Grundlagen entdeckt. Nobelpreisträger Philipp Lenard, unterstützt von seinem Nobel- und Fachkollegen Johannes Stark, verfocht eine »Deutsche Physik«, derzufolge die Relativitätstheorie auch deshalb falsch sein mußte, weil sie der Jude Einstein aufgestellt hatte.

Hervorragende Juristen gaben sich zur Begründung und Auslegung der nationalsozialistischen Rechtspraxis her – auch ein Mann wie Otto Koellreutter, der 1926 noch auf der Versammlung verfassungstreuer Hochschullehrer erschienen war. Carl Schmitt, Staatsrat von Görings Gnaden, feierte nach dem blutigen Ausgang des sogenannten Röhm-Putsches 1934 Hitler als Träger des Rechts und Verkörperung der Gerechtigkeit. Gleich ihm gab sich der ausgezeichnete Soziologe Werner Sombart als Inspirator der Nationalsozialisten aus.

Wie den Wissenschaften legten die Professoren auch der Universität bereitwillig die völkische Verpflichtung als oberstes Gesetz auf. Die Hochschulen haben zu ihrer Verteidigung oft darauf verwiesen, daß vor der Machtergreifung unter den mehr als 2000 deutschen Ordinarien kein einziger Mitglied der Nationalsozialistischen Partei gewesen sei. Um so aufschlußreicher und eindrucksvoller ist dann die Begeisterung und Überzeugungskraft, mit der bereits amtierende Rektoren für die nationale Reform und die Formen ihrer Erneuerung eintraten. In Erlangen erhob sich Eugen Locher im Rückblick auf sein Rektoratsjahr 1932/33 über die Sorgen des Alltags: »Aus diesem Zustand der Unfertigkeit, des Nebeneinander von Altem und Neuem, ergaben sich naturgemäß manche Spannungen und Schwierigkeiten. Sie müssen als Übergangserscheinungen gewertet werden und dürfen den Blick nicht trüben für die geschichtliche Tat, daß die nationalsozialistische Revolution dem nationalen Ideengut wieder zum Durchbruch verholfen hat, auf das unsere deutschen Hochschulen gegründet sind. Wir stehen wieder auf festem weltanschaulichem Boden und fühlen uns eins mit dem Denken und Fühlen des ganzen Volkes.«[266]

Die schwache Zurückhaltung war rasch überwunden, wenn der folgende Redner und Rektor, Johannes Reinmöller, emphatisch ausrief: »Dem deutschen Volk ist in tiefster Not ein Held erstanden, scharen wir uns um ihn, werfen wir alles ab, was undeutsch ist, vor allem die deutsche Zwietracht, dann ist der Sieg unser.«[267]

Die neuen Rektoren verpflichteten ihre Hochschulen nicht vage auf eine völkische Idee – ihre Erklärungen waren weit präziser. So bestimmte in Königsberg Hans Heyse: »Die deutsche Universität wird wahrhaft hineingestellt in den Raum und in die Verantwortung des echten geschichtlichen Lebens. Sie hat nur ein Gesetz: den tiefsten Absichten und Zielen des Führers zu dienen – der Idee und Wirklichkeit des Neuen Reiches.«[268] Und der Gießener Rektor Heinrich Bornkamm wies der Universität eine militante Sendung zu: »In der Gemeinschaft des politischen Soldatentums und der leidenschaftlichen Arbeit an den rätselhaft gegebenen menschlichen und völkischen Grundordnungen kann und wird aus Lehrerschaft und Studentenschaft die Sturmtruppe einer neuen Hochschule gestellt werden.«[269]

Diese Erklärungen des Jahres 1933 lassen sich weder als erzwungene Lippenbekenntnisse noch als die Äußerungen von einigen irregeleiteten Außenseitern abstempeln. Die Zustimmung der Professorenschaft war allgemein, und Anflüge von Zweifel wurden mit der beruhigenden Volksweisheit beschwichtigt, daß Späne fielen, wo gehobelt werde. Den wenigen Gelehrten, die Widerspruch erhoben, wurde durch ihre Kollegen diese traurige Wahrheit bestätigt.

Im Senat der Universität Leipzig hatte noch vor der Machtergreifung eine Minderheit von Professoren den Rektor aufgefordert, gegen die randalierenden und terrorisierenden Studenten vorzugehen. Seine Antwort: Er könne die Studenten doch nicht relegieren, denn sie seien ja national! Kommentar des Ordinarius für mittelalterliche Geschichte, Walter Goetz: »Es war eine vollkommen vergebliche Sache, an der Universität gegen den Nationalsozialismus aufzutreten, denn ein erheblicher Teil der Dozentenschaft neigte den Ideen dieser radikalen Rechtspartei zu oder hatte keinerlei Lust, sich gegenüber der sichtbar aufsteigenden neuen Macht die Finger zu verbrennen.«[270] Der Nationalökonom Gerhard Kessler hatte in einer Leipziger Zeitung scharfe Angriffe gegen den Nationalsozialismus gerichtet und war daraufhin verhaftet worden. Goetz berichtet, daß der Universitätsrektor Hans Achelis der Tochter Kesslers, die sich darüber beschwerte, erklärt habe: Sie möge diese Angelegenheit von der komischen Seite sehen.

Der Rektor der Berliner Handelshochschule erlebte bei seinem Kollegium ähnliches. Moritz Julius Bonn war Jude und hoffte, durch seinen freiwilligen Rücktritt in den ersten Tagen des April noch Vorteile für den einen oder anderen Kollegen herauszuschlagen, dem gleichfalls Entlassung drohte. »Einige von ihnen waren anderer Meinung. Sie hofften, ihre eigenen Stellungen zu behalten, wenn sie mich loswürden. Sie waren klüger als ich. Einer von ihnen, der kein Arier war, sich aber sehr stark für meine Verabschiedung einsetzte, durfte in der Tat im Amt bleiben, selbst nachdem er das pensionsfähige Alter um zwei Jahre überschritten hatte.«[271] Bonn trat zurück und floh ins Ausland.

Einen wesentlich anderen Verlauf nahm das Rücktrittsersuchen Eduard Sprangers, doch es war von vergleichbaren Erscheinungen begleitet. Spranger war erbittert über die Pressionen der Studentenschaft gegen die Dozenten und insbesondere über ihre »12 Thesen gegen den undeutschen Geist«, die am 13. April in der Berliner Universität angeschlagen wurden und unter Punkt 5 behaupteten: »Der Jude kann nur jüdisch denken. Schreibt er deutsch, dann lügt er.« Der Gelehrte war in Maßen empört: »Dieser Aushang erschien mir als eine Entwürdigung des wissenschaftlichen Geistes, für den die Hochschule einzutreten hat. Auch wenn ich beklagenswerter Vorfälle gedachte, deren sich kurz zuvor einzelne jüdische Dozenten schuldig gemacht hatten und die ich scharf mißbilligte, konnte ich nicht anders urteilen.«[272]

Des Pädagogik-Professors Empörung entlud sich allerdings erst, als Spranger zehn Tage später erfuhr, daß ohne sein Wissen und seine Befragung neben seinem Lehrstuhl ein Institut für politische Pädagogik errichtet und Alfred Baeumler zu seiner Leitung berufen worden war. Spranger reichte am 25. 4. sein Rücktrittsgesuch ein und begründete es damit, daß die Entwicklung an Preußens Universitäten ihm keine Wirksamkeit mehr gestatte, die er mit seinem Gewissen vereinbaren könne; unmittelbaren Anlaß gebe ihm die Nachricht von der Einrichtung des Institutes. In der *Deutschen Allgemeinen Zeitung* stellte er dann am 28. 4. seinen primären Beweggrund heraus – der in der Eingabe für den Minister merkwürdig unklar war –: »Es bekümmert mich, daß die Studentenschaft gegenüber den Professoren eine Haltung einzunehmen beginnt, die merkwürdig an die Stellung erinnert, wie sie ein Metternich gegenüber den Studenten einnahm. Mich erfüllt ernsteste Sorge um die Kraft des von mir ethisch hoch geachteten Führerprinzips, wenn es weder dem Herrn Rektor noch dem

Herrn Minister gelang, einen Aufruf zu beseitigen, der bei aller guten Gesinnung ein paar Sätze enthält, die auch beim nationalsten Leser schwersten Anstoß erregen müssen.«[273]

Sprangers Rücktrittsgesuch wurde im Ministerium zunächst einmal auf die lange Bank geschoben, und inzwischen lernte der Protestant seine Kollegen kennen. Dem Dekan der philosophischen Fakultät war Sprangers Schritt gleich übereilt erschienen, und er erinnerte: Auch 1918 habe man laviert. Die Spranger zugesicherte kollegiale Unterstützung seiner Kritik an den Verhältnissen blieb aus: die Kollegen zogen sich aus der Gefahrenzone zurück. Sie desavouierten Spranger sogar. Der Berliner Professor hatte auf einer Vorstandssitzung des Deutschen Hochschulverbands in Würzburg Ende April 1933 eine öffentliche Erklärung entworfen, die von allen begrüßt und unterzeichnet worden war. Sie enthielt den Satz: »Aus den inneren Kräften unserer Volksverbundenheit heraus werden wir um unseres Volkes und Reiches willen den Kampf aufnehmen nicht nur gegen Bedrückung von außen, sondern auch gegen die Schädigung des Volkes durch Lüge, Gewissensdruck und ungeistige Art.«[274]

Dieser Passus erregte den Unwillen des Ministeriums, zumal man den Fall Spranger politisch nahm; was den Gelehrten selbst höchst verwunderte, ·denn er beabsichtigte das nicht. Der Vorstand des Hochschulverbandes berief eine neue Sitzung ein, ohne dazu Spranger zu laden. Das Ergebnis war die Offizielle Erklärung des Verbandes vom 21. Mai 1933: »Wenn Herr Prof. Spranger mit gewissen Wendungen des Aufrufes vom 22. April die Deutsche Studentenschaft gemeint hat, so ist das seine persönliche Auffassung, mit der der Vorstand des Hochschulverbandes nichts zu tun hat und die er bei der Erörterung des Aufrufes überhaupt nicht gekannt hat. Der Vorstand des Deutschen Hochschulverbandes hat in seinem Aufruf durchaus keine Vorwürfe gegen die Deutsche Studentenschaft erheben wollen. Wenn wir es für möglich gehalten hätten, daß man einen Angriff gegen die Deutsche Studentenschaft oder sogar gegen die nationale Regierung aus dieser Kundgebung herauslesen könnte, so wäre der Aufruf nicht beschlossen und nicht veröffentlicht worden. Der Aufruf sollte vielmehr ein Bekenntnis der deutschen Hochschulen zur nationalen Regierung und den Willen zur Mitarbeit beim Aufbau unseres Staates zum

Ausdruck bringen. 21. Mai 1933.«[275] Das war Mannesmut vor Fürstenthronen.

Nicht gegen das Bekenntnis, wohl aber gegen den Versuch, die Verantwortung für den umstrittenen Passus allein auf Spranger abzuwälzen, entrüstete sich auch der Berliner Senat. Sogar Rektor Eugen Fischer, dessen nationalsozialistische Sympathien nicht fraglich waren, betrachtete diese Unterstellung als »unkollegial und dem Ansehen der deutschen Professorenschaft abträglich« und lehnte ihn moralisch ab.

Spranger kam nach all diesen Ernüchterungen zu der Einsicht, daß er der Idee von Wissenschaft und Hochschulerziehung am besten dadurch diene, daß er an der Universität verbliebe. Anfang Juni ließ er sich von Minister Rust versichern, daß der gerade dabei sei, die Disziplin der Studenten wiederherzustellen, und zog darauf – wie geplant – sein Rücktrittsgesuch zurück.

Außer der Demaskierung der Professorenschaft, in der sich gerade im Anfangsstadium des Nationalsozialismus ein wankelmütiger Opportunismus hervorragend ergänzte mit einer prinzipiellen Hinneigung zu den Ideen des Dritten Reiches, lieferte dieser Vorfall doch noch einen viel erschreckenderen Aufschluß. Die Kritik Sprangers an der antisemitischen Agitation der Studenten und der Tendenz ihrer 12 Thesen war sehr untertrieben; aber das gewiß nicht bewußt, denn er mißbilligte ja selbst ein beklagenswertes Verhalten jüdischer Dozenten und interpretierte den insgesamt radikalen Inhalt dieser haßvollen Thesen noch als primär national. Noch verblüffender ist, daß Spranger im Juni 1933 an die Beruhigung der randalierenden Studentenschaft glauben konnte oder wollte. Ihr Kampf für die Säuberung der Hochschule von undeutschen Elementen hielt zu diesem Zeitpunkt unverändert an; er war lediglich systematisiert worden.

Die Entlassungswelle jüdischer und republikfreundlicher Dozenten hatte bereits Anfang April 1933 eingesetzt und schwoll zusehends an; die Handhabe bot das neue Gesetz »zur Wiederherstellung des Berufsbeamtentums«. Keine Hochschule blieb von willkürlichen »Beurlaubungen« verschont; doch nicht eine einzige erhob Protest, wenn man vom Versuch der evangelisch-theologischen Fakultät in Marburg absieht.

Schon im ersten Jahr wurden rund 1700 Wissenschaftler

dispensiert: Das waren bald 20 Prozent der akademischen Lehrerschaft. Die Universitäten Berlin, Frankfurt, Heidelberg und Breslau verloren 20–30 Prozent ihrer Lehrer. Die »verjudete« Frankfurter Universität war nahe daran, aufgelöst zu werden. Die berühmte naturwissenschaftliche Fakultät in Göttingen schrumpfte zur Bedeutungslosigkeit. Ganze Wissenschaftszweige wie Soziologie und Psychologie verödeten.

Max Planck hat erfolglos zu protestieren gewagt. Der Psychologe Wolfgang Köhler veröffentlichte wie Hans Kessler seinen Widerspruch. Er mußte emigrieren und gesellte sich damit zu der großen Zahl überragender Wissenschaftler, die von den deutschen Hochschulen verstoßen wurden: Albert Einstein, James Franck, Hans Bethe, Max Born, Lise Meitner, Max Horkheimer, Franz Neumann, Herbert Marcuse, Karl Mannheim, Theodor Geiger, Arnold Bergstraesser, Veit Valentin, Sigmund Freud, Max Wertheimer, Martin Buber, Ernst Cassirer, Paul Tillich, Karl Popper, Helmuth Plessner ... Wie viele es am Ende waren, ist noch immer nicht genau erfaßt. Die Schätzungen schwanken zwischen 2000 und 3000 Wissenschaftlern, das sind 30–40 Prozent der gesamten Hochschullehrerschaft von 1933.

Es gab einzelne Gegenstimmen, vereinzelte, die von vornherein keine Aussicht auf Erfolg hatten. Die einzig mögliche und einzig angebrachte Reaktion, ein einhelliger Protest der Hochschullehrer, der Professorenschaft, die sich so gerne als eine nur dem Geist der Wahrheit und der Redlichkeit verpflichtete Korporation betrachtete und 15 Jahre lang bewiesen hatte, wie hartnäckig und geschlossen sie für ihre Interessen zu kämpfen imstande war – diese Reaktion blieb aus. Sie war auch nicht zu erwarten. Nicht wegen der Loyalität eines Beamtenstandes gegenüber dem Staat; um diese Formalität hatten sich die Gelehrten ja eine Republik lang nicht gekümmert. Ebensowenig, weil der Zwang des Gewaltregimes eine solche Aktion unmöglich machte; diese Macht besaßen die Nationalsozialisten noch nicht.

In dem beschämenden Schweigen von Deutschlands Professoren zu der massenweisen, würdelosen Vertreibung ihrer jüdischen und antifaschistischen Kollegen offenbarte sich die Wirkung der völkischen Ideen und des latenten Antisemitismus, denen an deutschen Hochschulen seit Jahrzehnten gehuldigt wurde. Es steckten darin die bürgerlichen und beruflichen Ressentiments gegen die tüchtigen und erfolgreichen Juden. Es sprach daraus der Widerwille gegen alles, was demokratisch, was aufklärerisch, was rationalistisch war. Und es war darin auch das beflissene Bemühen enthalten, nicht anders zu sein als die andern; der als »sozial« behauptete Wille, ganz zum Volk zu gehören und dann vielleicht als Elite noch ein wenig völkischer zu sein als das Volk. Man wollte zur Volksgemeinschaft gehören, und etwaige Skrupel wurden mit der Beschwichtigung geheilt, dies seien nur unbedeutende Entartungen des Übergangs, die am guten Kern der Sache nichts änderten: bedauerliche Trümmer am Wege der Nation zu ihrer endlichen Selbstverwirklichung.

Es war da auch die Einstellung, von der Ludwig Marcuse berichtet: »Da gab es Oberschlaue, Liberale, welche die ausgefallene Idee hatten, die Feinde der Nazis zu bekämpfen, um den Nazis den Wind aus den Segeln zu nehmen.«[276] Denn in der Regierung der nationalen Konzentration – so lautete die beschönigende Spekulation – saßen ja auch die nationalen Konservativen Papen und Hugenberg, und die würden mit Hindenburgs Hilfe den Gefreiten aus Böhmen schon rechtzeitig zähmen. Und es gab die lauen »Gleichgesinnten«, unter denen sich nach Drieschs Erinnerung nun ein viel engerer geistiger Kontakt einfand: »Alle früheren Differenzen, *sogar* die zwischen Monarchisten und Republikanern, waren vergessen gegenüber der Gegnerschaft gegen den gemeinsamen Feind der deutschen Kultur und des deutschen Weltansehens.«[277] Sie zogen sich in ihre Zirkel zurück. Doch das Taktieren der einen und die Verständigungsbereitschaft der anderen kamen zu spät und bedeuteten zu wenig. Zu wenig vor der kritischen Verantwortung, die sich die Universität gestellt hatte, vor dem nationalen Anspruch, den sie nun verschleuderte.

Am 3. März 1933 hatten sich 300 Hochschullehrer in einem Wahlaufruf für Adolf Hitler erklärt. Der Hochschulverband war mit seinem Bekenntnis zum Dritten Reich gefolgt und hatte sich von jeglichen Einschränkungen distanziert. In der Aula der Marburger Universität begeisterte sich zum Nationalfeiertag der Arbeit am 2. Mai 1933 Professor Mannhardt: »In welch eine ungeheuer reiche Zeit ist das Geschlecht hineingeboren, das im letzten Fünftel des Jahrhunderts sein Erdenwallen antrat. Aus dem Wandel ergibt sich der dröhnende Rhythmus unserer Zeit. Welches Datum auch immer von späteren Geschichtsschreibern als Symbol der Zeitwende genannt werden wird: wir sind dabei gewesen, ja manche von uns dürfen sagen: wir haben die Wende mit heraufgeführt.«[278]

Mannhardt gehörte zur Reihe jener Universitätslehrer, die durch ausdrückliche Erklärungen geholfen hatten, die Wende mit heraufzuführen: Der Münchner Geopolitiker Karl Haushofer und der Kieler Strafrechtsprofessor Georg Dahm, der Tübinger Philosoph Max Wundt und der Bonner Erich Rothacker, der baltische Philologe Georg Gerullis und die Marburger Kollegen Max Deutschbein, Max Hildebert Boehm und Erich Rudolf Jaensch und andere.

Da die Wende endlich gekommen war, bekannten sich zu ihr viele. International am meisten Aufsehen erregte die Antrittsrede des neuen Freiburger Rektors: Martin Heidegger. Der berühmte Schüler des kaum weniger angesehenen Phänomenologen Edmund Husserl – der als Jude gerade von seinem Lehrstuhl verstoßen worden war – begrüßte am 27. Mai 1933 den Vorwärtsdrang der nationalsozialistisch aktiven Studenten: »Die deutsche Studentenschaft ist auf dem Marsch ... Aus der Entschlossenheit der deutschen Studentenschaft, dem deutschen Schicksal in seiner äußersten Not standzuhalten, kommt ein Wille zum Wesen der Universität ... Die vielbesungene akademische Freiheit wird aus der deutschen Universität verstoßen; denn diese Freiheit war unecht, weil nur verneinend.«[279] Die Wahrheit studentischer Freiheit liege in Bindung und Dienst: an Volksgemeinschaft, an Ehre und Geschick der Nation und an dem geistigen Auftrag des deutschen Volkes und seines volklich-staatlichen Daseins.

Der Philosoph des Existentialismus sorgte selbst dafür, daß seine Erklärung nicht als peinliche Entgleisung mißverstanden werden konnte. Rund 1000 akademische Lehrer legten im Oktober 1933 ein »Bekenntnis der Professoren an den deutschen Universitäten und Hochschulen zu Adolf Hitler und dem nationalsozialistischen Staat« ab. Es war das dritte derartige Dokument in der Geschichte der deutschen Professorenschaft: Das erste war 1914 ein Bekenntnis zum preußischen Militarismus gewesen, das zweite 1918 ein Protest gegen deutsche Demütigung. Das Manifest von 1933 wandte sich an die

Gelehrten der ganzen Welt und ersuchte um ihr Verständnis für den Kampf der deutschen Nation für Freiheit, Ehre, Gerechtigkeit und Frieden. Beiträger des Appells waren der Berliner Rektor Eugen Fischer und der Göttinger Friedrich Neumann, der Leipziger Zoologe und nachherige Rektor Arthur Golf, der Münchner Kunsthistoriker Wilhelm Pinder, der Berliner Chirurg Ferdinand Sauerbruch, der Hallenser Theologe Friedrich Karl Schumann – und Martin Heidegger. Er zeigte die moralische Komponente der neuen Zeit: »Und so bekennen wir, denen die Bewahrung des Wissenwollens unseres Volkes künftig anvertraut sein soll: Die nationalsozialistische Revolution ist nicht bloß die Übernahme einer vorhandenen Macht im Staat durch eine andere dazu hinreichend angewachsene Partei, sondern diese Revolution bringt die völlige Umwälzung unseres deutschen Daseins. Von nun an fordert jedwedes Ding Entscheidung und alles Tun Verantwortung.«[280]

Es war ein schreckliches Zeichen, unter dem da Entscheidung und Verantwortung postuliert wurden, doch ist es müßig zu fragen, weshalb sich die Hochschullehrer erst jetzt darauf besinnen sollten: Dieser Staat, so wie sie ihn sehen wollten, war offenbar die Erfüllung ihrer Wünsche. Und sie sahen nur, was sie sehen wollten. Nicht die Auflösung und das Verbot der Parteien; sondern nur die Verwirklichung der großen nationalen und sozialistischen Einheitspartei des deutschen Volkes. Nicht die Liquidation der Gewerkschaften; sondern die Bildung einer allumfassenden Deutschen Arbeits-Front. Die Stärkung der Landwirtschaft durch Reichsnährstand und Reichserbhofgesetz entsprach ihren romantisch-ständischen Autarkie-Vorstellungen. Und sie sahen unter solch zukunftsvollen Ereignissen gelassen darüber hinweg, daß ihre autonomen Hochschulrechte Stück für Stück schwanden und der Staatsdirigismus immer unverhüllter hervortrat. Der Göttinger Theologe Emanuel Hirsch schwärmte von der großen Zeit: »Wenn man die politische Tat der letzten Wochen erlebt hat und in den heißen Worten des Führers ihren großen, mächtigen Sinn vernommen hat, wie er die Beziehungen der Völker auf Ehre und Wahrhaftigkeit neu bauen will, wie da sich nicht mehr Lüge Wahrheit nennen darf, und Wahrheit nicht mehr geschändet und entstellt wird, wie auch wir Deutsche vor aller Welt wieder

unsre Ehre haben sollen, dann bricht es wieder heraus: Gott sei
Dank, hier ist ein neuer ehrlicher Grund im Werden, hier fan-
gen die großen heiligen Worte wieder an, Gewicht und Kurs zu
bekommen.«[281]

Die Erfolge Hitlers im ersten Regierungsjahr waren für die
Zeitgenossen fraglos beeindruckend. Die politischen Verhältnisse wurden stabilisiert, die wirtschaftliche Depression über-
wunden – das Regime profitierte hier vom Aufschwung der
Weltwirtschaft und den Sanierungsplänen der Regierung Brü-
ning. Die Mittel, mit denen diese Verfestigung der äußeren
Verhältnisse erzwungen worden war, fielen nicht ins Gewicht.
Der Erfolg rechtfertigte sie – das war ein alter Grundsatz. Er
galt auch für die Professoren, die sich nicht als kritisches
Gewissen der Nation, sondern als Hohepriester des Überzeitli-
chen aufführten. Der abtretende Rektor der Universität Leipzig,
Hans Achelis, bewies seine Erkenntnis der großen Entwick-
lungslinie:»Das Jahr zerlegt sich in zwei Hälften, den Winter
und den Sommer, die Zeit der Vorbereitung und die Zeit der
Durchführung der nationalen Revolution. Man könnte fast in
theologischer Terminologie von der Zeit der Weissagung und
der Zeit der Erfüllung reden.«[282] Das war am 31. Oktober 1933.

Am 25. November 1933 hielt Karl Escherisch seine Antrittsrede als Rektor der Ludwig-Maximilians-Universität in München. Seit 1914 schon arbeitete Escherisch in München als
ordentlicher Professor für Zoologie. Die unmißverständliche
Klarheit seiner Ausführungen unterschied sich erfreulich von
dem allgemeinen Pathos akademischer Festreden. Escherisch
fand für das System des faschistischen Staates ein eindrucksvol-
les Bild:»Wer je das Glück hatte, ein Termitenvolk zu beob-
achten, wird in Staunen geraten über die absolute Disziplin,
über die absolute Unterordnung jedes einzelnen Individuums
unter einen gemeinsamen Willen und die Ausschaltung jedes
Individualismus und Egoismus, über die Selbstaufgabe und
Selbstaufopferung jedes einzelnen für die Staatsidee. Wenn
man die Hingabe und den Eifer sieht, mit dem jedes einzelne
Individuum seinen Pflichten nachgeht, so kann man sich des
Eindrucks nicht erwehren, daß es starke Lustgefühle sind, die
all den Handlungen zugrunde liegen.

Das oberste Gesetz des Nationalsozialistischen Staates
»Gemeinnutz geht vor Eigennutz« ist hier bis in die letzte

Konsequenz verwirklicht. Der Termitenstaat stellt, äußerlich betrachtet, einen Totalstaat reinster Prägung dar, wie er bei den Menschen bisher noch nicht erreicht war – und dies, obwohl die Termiten schon Millionen von Jahren vor dem Menschen die Erde bevölkerten.«[283] Wenn man durch Terror und Befehl die Menschen in diese Verfassung hineinzwängen wollte, so sei es »Termitenwahn« und Bolschewismus. Es gelte vielmehr, das Individuum zu erhöhen durch die Erziehung zur staatlichen Persönlichkeit, zum politischen Menschen, der den Dienst an der Gemeinschaft als höheres Lustgefühl empfinde und das über seine egoistischen Triebe stelle. »In diesem Sinne ist die Erziehungsarbeit der Hochschule eine eminent politische, mit höchster Verantwortung vor dem ganzen Volke verbunden.«[284]

Deutschlands Professoren konnten sich nicht darauf berufen, nicht gewußt zu haben, was sich hier vorbereitete und ausbreitete. Sie erlebten die Judenhetze an ihren Hochschulen, und sie sahen zu, wie jüdische Kollegen und politische Gegner des Regimes rücksichtslos von ihren Lehrstühlen gestoßen und in die Emigration getrieben wurden. Sie ließen es zu, daß die Rechte akademischer Freiheit und Selbstverwaltung Stück für Stück beschnitten wurden und die Hochschule immer mehr unter die Herrschaft des Staates geriet. Sie beteiligten sich sogar selbst an der Propagierung eines Wissenschaftsbegriffs und eines Bildungsideals, die dem Geist der Wissenschaft und der Idee der Universität strikt zuwiderliefen.

Um zu erkennen, welche Ziele der Nationalsozialismus im Dritten Reich von Anbeginn verfolgte, hätten die Gelehrten nicht einmal *Mein Kampf* oder den *Mythus des 20. Jahrhunderts* mit wachen Augen lesen müssen; obschon auch das dem »Gewissen der Nation« wohl angestanden hätte. Es wäre jedoch nur nötig gewesen, die spürbaren Maßnahmen und die offiziellen Verlautbarungen der Nationalsozialisten zu betrachten und die naheliegenden Schlußfolgerungen daraus zu ziehen.

Die deutschen Professoren waren dazu nicht imstande. Sie waren keine Anhänger des Nationalsozialismus; waren es weder vor noch nach 1933. Dennoch haben sie ihm den Weg bereitet und ihn selber gutgläubig und fast zwangsläufig mißverstanden, weil sie zu tief in ihre romantischen und irrationalen Staatsvorstellungen verstrickt waren. Den Blick für die gesellschaftliche Realität hatten sie längst verloren; ihr politischer Sinn war auf Träume großer Vergangenheit und Zukunft gerichtet, die Gegenwart blieb ihm verschlossen.

Als die befeindete Republik von Weimar endlich zerschlagen war, erkannten die akademischen Lehrer in dem neuen Führer nicht den neuen Gegner, sondern nur den Vollstrecker ihrer Bestrebungen. Die Selbsttäuschung fiel um so leichter, als sich der Nationalsozialismus ihrer eigenen antirationalistischen Argumente und ihres eigenen mystischen Vokabulars bedienen konnte. Es hat Jahre gedauert, bis sich die Universität über die Geistfeindlichkeit und die Inhumanität des totalitären Herrschaftssystems klar wurde. Da aber war es zu spät. Nicht zu spät für den Widerstand, von dem die Professorenschaft weniger gezeigt hat, als nötig gewesen wäre. Aber zu spät für die Professoren, weil ihr bedenkliches Mißverständnis und die offensichtliche Mißdeutbarkeit ihrer politischen Vorstellungen zu sehr an ihrer kritischen und moralischen Kraft gezehrt hatten.

Das Versagen der deutschen Professoren in der Bewährungsprobe von 1933 ist erklärlich; aber es ist nicht schuldlos. Ihr eigenes, zu allen Zeiten wiederholtes Bekenntnis verpflichtete sie zu Wahrheit und Erkenntnis und, wie Jacob Grimm es ausdrückte, auch dazu, die Verhältnisse von Staat und Gesellschaft objektiv zu prüfen und auf das Redlichste zu beantworten. In den Worten ihres großen nationalen Vorbildes, des Professors Johann Gottlieb Fichte: »Ich bin dazu berufen, der Wahrheit Zeugnis zu geben; an meinem Leben und meinem Schicksal liegt nichts, an den Wirkungen meines Lebens liegt unendlich viel.«

Die Universität, sagt Karl Jaspers, hat 1933 ihre Würde verloren.

Anhang

Anmerkungen

1   E. Kessel, Wilhelm v. Humboldt, S. 215
1a ebd., S. 220
1b F. Schnabel, Deutsche Geschichte, Bd. I, S. 299
2   ebd., S. 452
3   H. Kohn, Wege und Irrwege, S. 141
4   A. Grimme, Rettet den Menschen: Vom Sinngehalt der Hoch-schulreform
5   V. Valentin, Das Hambacher Nationalfest, S. 144
6   J. Grimm, Uber seine Entlassung, S. 8
7   F. Schnabel, Deutsche Geschichte, B. III, S. 131
8   J. Grimm, Uber seine Entlassung, S. 19 f.
9   Gebhardt, Handbuch der deutschen Geschichte, Bd. III, S. 146
10 Appellation an den Geist der Nation . . ., S. 5
11 Historisches Lesebuch 1, S. 280
12 P. Pulzer, Die Entstehung des politischen Antisemitismus, S. 197
13 A. Thimme, Hans Delbrück, S. 43
14 Historisches Lesebuch 2, S. 39
15 ebd., S. 180 f.; M. Seiling, Das Professorenthum, S. 2
16 W. Mommsen, Max Weber, S. 48
17 P. Pulzer, Die Entstehung des politischen Antisemitismus, S. 199 f.
18 ebd., S. 271
19 U. v. Wilamowitz-Moellendorff, Erinnerungen, S. 180
20 ebd.
21 Historisches Lesebuch 2, S. 243
22 A. Dippe, Sozialismus, S. 5
23 F. Tönnies/F. Paulsen, Briefwechsel, S. 331
24 L. Brentano, Mein Leben, S. 162
25 C. Bornhak, Die Rechtsverhältnisse der Hochschullehrer, S. 46 f.
26 F. Tönnies/F. Paulsen, Briefwechsel, S. 73
27 F. Paulsen, Die dt. Universitäten und das Universitätsstudium, S. 320
28 A. Dippe, Sozialismus, S. 8
29 W. Heine, Ein Ketzergericht, S. 10
30 P. Gilg, Die Erneuerung des demokratischen Denkens, S. 150
31 A. Bebel, Akademiker und Sozialismus, S. 13

32 ebd.

33 ebd.

34 F. v. d. Leyen, Deutsche Universität, S. 104 f.

35 F. Tönnies/F. Paulsen, Briefwechsel, S. 332

36 W. Heine, Ein Ketzergericht, S. 5

37 F. Paulsen, Die dt. Universitäten und das Universitätsstudium, S. 321

38 C. Bornhak, Die Rechtsverhältnisse der Hochschullehrer, S. 68

39 W. Heine, Ein Ketzergericht, S. 14

40 »Die Hilfe«, 11. 10. 1908

41 F. Paulsen, Die dt. Universitäten und das Universitätsstudium, S. 456 f.

42 ebd., S. 325

43 F. Tönnies/F. Paulsen, Briefwechsel, S. 128

44 F. v. d. Leyen, Deutsche Universität, S. 20 f.

45 A. Horneffer, Der Verfall der Hochschule, S. 66

46 ebd., S. 23

47 ebd., S. 107

48 F. v. d. Leyen, Deutsche Universität, S. 26

49 H. Driesch, Lebenserinnerungen, S. 55

50 L. Brentano, Mein Leben, S. 282 f. und S. 285

51 F. v. d. Leyen, Deutsche Universität, S. 21

52 Verhandlungen des 1. deutschen Hochschullehrertages, S. 50

53 W. Kahl, Geschichtliches und Grundsätzliches, S. 23

54 L. Curtius, Universitätsreform, in »Die Tat«, Mai 1914

55 »Akademische Rundschau«, H. 1, Okt. 1913, S. 13

56 W. Goetz, Historiker in meiner Zeit, S. 420

57 M. J. Bonn, So macht man Geschichte, S. 165

58 F. Meinecke, Drei Generationen deutscher Gelehrtenpolitik, S. 282

59 F. v. d. Leyen, Deutsche Universität, S. 29

60 F. Meinecke, Die deutsche Erhebung, S. 89

61 F. Paulsen, Die dt. Universität und das Universitätsstudium, S. 331

62 C. Zuckmayer, Als wär's ein Stück von mir, S. 217 ff.

63 C. Bornhak, Deutsche Geschichte, S. 164

64 W. Goetz, Deutschlands geistiges Leben, S. 9

65 »Deutsche Hochschul-Stimmen«, H. 33/1914

66 ebd.

67 ebd.

68 ebd.

69 ebd.

70 F. Meinecke, Um welche Güter kämpfen wir

71 J. Plenge, Der Krieg und die Volkswirtschaft, S. 200

72 Erklärung der Hochschullehrer..., Hrsg. Dietrich Schäfer, S. 1

73 A. Riehl, 1813 – Fichte – 1814, S. 17

230

74 M. H. Boehm, Der Sinn der humanistischen Bildung, S. 52
75 O. v. Gierke, Krieg und Kultur, S. 13
76 H. Preuß, Das deutsche Volk und die Politik, S. 90
77 J. Plenge, Der Krieg und die Volkswirtschaft, S. 82
78 ebd., S. 79
79 A. v. Harnack, Was wir schon gewonnen haben, S. 12
80 M. Sering, Staat und Gesellschaftsverfassung, S. 72
81 bei O. Hintze u. a., Deutschland und der Weltkrieg, S. 89
82 E. Spranger, Das humanistische und das politische Bildungsideal,
    S. 34
83 O. Hoetzsch, Politik im Weltkrieg, S. 9
84 »Deutsche Hochschul-Stimmen«, H. 37/38, 1914
85 J. Plenge, Der Krieg und die Volkswirtschaft, S. 174
86 Unabhängiger Ausschuß für einen Deutschen Frieden; Ges. Auf-
    rufe, Flugblätter, Flugschriften und Broschüren, 1915 ff.
87 Bf. an H. Delbrück v. 28. 6. 1915; zit. A. Thimme, Hans Delbrück,
    S. 121
88 zit. H. Driesch, Lebenserinnerungen, S. 155
89 »Deutsche Hochschul-Zeitung«, H. 27/28, 1916
90 Entschließung v. 16. 10. 1918; a. a. O.
91 E. Niekisch, Die Legende von der Weimarer Republik, S. 43
92 M. Weber, Politik als Beruf, S. 50
93 M. Weber, Wissenschaft als Beruf, S. 26
94 H. Gerland, Die akademische Jugend, S. 9
95 G. Radbruch, Ihr jungen Juristen, S. 13
96 Chr. Eckert, Die neue Universität, S. 20
97 W. Goetz, Historiker in meiner Zeit, S. 54 f.
98 zit. E. Kollmann, Eine Diagnose der Weimarer Republik, S. 310
99 E. Troeltsch, Spektator-Briefe, s. Vorwort
100 W. Kahl, Rede in der Dt. Nationalversammlung am 21. 2. 1919
101 E. Troeltsch, Spektator-Briefe, S. 4
102 Erklärung deutscher Hochschullehrer . . ., S. 8
103 E. Troeltsch, Spektator-Briefe, S. 48
104 R. Seeberg, Die Universitätsreform, S. 10
105 Ed. Meyer, Rektoratsrede 1919, S. 25
106 C. Bornhak, Die Verfassung des Deutschen Reiches, S. 15
107 E. Troeltsch, Spektator-Briefe, S. 107
108 C. Bornhak, Deutsche Geschichte, S. 347
109 Th. Schiemann, Deutschlands und Kaiser Wilhelms II. angebliche
    Schuld, S. 31
110 G. v. Below, Die Hemmnisse der politischen Befähigung, S. 109
111 zit. K. Sontheimer, Antidemokratisches Denken, S. 146
112 ebd.
113 E. Troeltsch, Spektator-Briefe, S. 90 f.

114 D. Schäfer, Mein Leben, S. 234
115 F. Meinecke, Nach der Revolution, S. 109
116 Hans Preuß, Bericht über das Studienjahr 1922/23
117 E. Niekisch, Gewagtes Leben, S. 133 f.
118 Ed. Meyer, Rektoratsrede 1919, S. 45 f.
118a W. Goetz, Historiker in meiner Zeit, S. 422
119 Th. Litt, Hochschule und öffentliches Leben in der Weimarer
     Republik, in: Grimme/Zilius, Kulturverwaltung, S. 51
120 »Deutsche Hochschul-Zeitung«, F. 18/20, 1921
121 ebd., F. 3/1922
122 ebd., F. 4/1922
123 G. v. Below, Deutsche Reichspolitik, S. 53
124 M. Wundt, Vom Geist unserer Zeit, S. 130
125 ebd., S. 142
126 M. Spahn, Denkrede, S. 11
127 M. Spahn, 1648 und 1918, in: Moeller van den Bruck u. a.,
     Die neue Front, S. 1 ff.
128 O. Spann, Der wahre Staat, S. 165
129 ebd., S. 164
130 ebd., S. 175
131 E. Mayer, Vom alten und vom kommenden Deutschen Reich, S. 40
132 C. Bornhak, Deutsche Geschichte, S. 183
133 »Deutsche Hochschul-Zeitung« 1. 2. 22
134 H. Schwarz, Ethik der Vaterlandsliebe, S. 31
134a L. Brentano, Der Judenhaß, S. 14
135 E. Wolff, Über den Beruf der deutschen Universitäten, S. 38
136 ebd., S. 39
137 F. v. d. Leyen, Leben und Freiheit der Hochschule, S. 262
138 U. v. Wilamowitz-Moellendorff, Erinnerungen, S. 184
139 K. Haenisch, Kulturpolitische Aufgaben, S. 13
140 J. Tews, Sozialdemokratie, S. 80
141 C. Bornhak, Deutsche Geschichte, S. 348
142 K. Thieß, Universität im Kampf, S. 26
143 M. J. Bonn, So macht man Geschichte, S. 329
144 E. Troeltsch, Spektator-Briefe, S. 128
145 »Mitteilungen des Verbandes der Deutschen Hochschulen«,
     Sonderheft Juli 1920
146 Chr. Eckert, Die neue Universität, S. 28
147 M. Scheler, Probleme einer Soziologie des Wissens, S. 71
148 »Wingolfs-Blätter«, 2. 5. 1919
149 C. Zuckmayer, Als wär's ein Stück von mir, S. 315
150 K. Haenisch, Staat und Hochschule, S. 100 f.
151 »Deutsche Hochschul-Zeitung«, 24. 7. 1920
152 »Mitteilungen des Verbandes . . .«, Sonderheft Juni 1921

153 »Deutsche Hochschul-Zeitung«, 4. 5. 1920
154 K. Haenisch, Staat und Hochschule, S. 98 f.
155 »Mitteilungen des Verbandes . . .«, 15. 11. 1921
156 zit. »Deutsche Hochschul-Zeitung«, 20. 1. 1922
157 vgl. K. F. Werner, Das NS-Geschichtsbild und die deutsche
    Geschichtswissenschaft, Stuttgart 1967
158 E. Troeltsch, Spektator-Briefe, S. 284
159 »Mitteilungen des Verbandes . . .«, Sept. 1922
160 ebd., März 1924
161 ebd.
162 zit. »Deutsche Hochschul-Zeitung«, 16. 2. 1924
163 ebd., 19. 4. 1924
164 F. Marschall, Vom Kampf des Rechtes, S. 95 f.
165 ebd., S. 177
166 ebd., S. 178
167 ebd., S. 181 f.
168 zit. »Deutsche Hochschul-Zeitung«, 23. 5. 1925
169 zit. »Deutsche Corps-Zeitung«, Aug. 1925
170 »Burschenschaftliche Blätter«, Mitte Juni 1926
171 »Deutsche Hochschul-Zeitung«, 13. 6. 1925
172 ebd.
173 ebd.
174 ebd.
175 ebd.
176 »Deutsche Akademiker-Zeitung«, 11. 7. 1925
177 W. Richter, Wissenschaft und Geist, S. 29
178 W. Schmidt, Die Freiheit der Wissenschaft, S. 183 f.
179 R. Benz, Schriften zur Kulturpolitik, S. 18
180 C. H. Becker, Gedanken zur Hochschulreform, S. 29
181 ebd., S. 55
182 B. Schmeidler, Grundsätzliches zur Universitätsreform, S. 20 f.
183 C. H. Becker, Gedanken zur Hochschulreform, S. 66
184 ebd., S. 17
185 O. Lubarsch, Zur Frage der Hochschulreform, S. 73
186 ebd., S. 11
187 Anonym, Hände weg von den Universitäten, S. 13
188 »Mitteilungen des Verbandes . . .«, 14. 8. 1920
189 ebd., Sonderheft Juni 1921
190 E. v. Drygalski, Zeitfragen der Universität, S. 12
191 K. Wolzendorff, Die Universität in der Demokratie, S. 22
192 K. Jaspers, Die Idee der Universität, S. 66 f.
193 A. Dyroff, Vom Wesen der Universität, S. 15
194 ebd., S. 17
195 L. Bernhard, Akademische Selbstverwaltung, S. 123

196 ebd., S. 139
197 ebd., S. 140
198 Kahl u. a., Die deutschen Universitäten und der heutige Staat, S. 33
199 Doeberl u. a., Das Akademische Deutschland, Bd. III, S. 142
200 ebd.
201 E. Spranger, Der gegenwärtige Stand der Geisteswissenschaften, S. 60
202 K. Thieß, Universität im Kampf, S. 16
203 »Deutsche Hochschul-Zeitung«, 16. 2. 1924
204 Kahl u. a., Die deutschen Universitäten, S. 30
205 G. v. Below, Eine Organisation gegen die rechtsstehenden Hochschullehrer, in: »Eiserne Blätter«, 12. 9. 1926
206 H. Triepel, Die Staatsverfassung und die politischen Parteien, S. 18
207 E. Horneffer, Der Sozialismus, S. 50
208 P. Ehrenberg, Freiheit, S. 24
209 K. Vossler, Politik und Geistesleben, S. 5 f.
210 »Deutsche Hochschul-Zeitung«, 15. 2. 1923
211 »Deutsche Akademiker-Zeitung«, 8. 8. 1925
212 F. Wolters, Vier Reden über das Vaterland, S. 58
213 Doeberl u. a., Das Akademische Deutschland, Bd. III, S. 149
214 E. Schwartz, Rede zur Reichsgründungsfeier, S. 4 f.
215 H. Oncken, Deutsche Vergangenheit und deutsche Zukunft, S. 4 und S. 15
216 J. W. Mannhardt, Hochschule, Deutschtum und Ausland, S. 24
217 R. Seeberg, Die Bildungshöhe des Akademikers und ihre Pflichten, S. 9
218 ebd., S. 8
219 »Deutsche Hochschul-Zeitung«, 19. 4. 1924
220 L. Ruland, Die Vaterlandsliebe als sittliche Tugend, S. 11
221 E. Spranger, Hochschule und Staat, S. 19
222 ebd., S. 35
223 A. Schulten, Held und Volk, S. 14
224 ebd., S. 4
225 K. Vossler, Politik und Geistesleben, S. 4
226 H. Günther, Rassenkunde des deutschen Volkes, S. 365
227 M. Wundt, Deutsche Weltanschauung, S. 69
228 »Der Weltkampf«, Mai 1928, S. 11 und S. 13
229 A. Manigk, Revolution und Aufbau des Staates, S. 27
230 R. Seeberg, Die Bildungshöhe des Akademikers, S. 12 f.
231 G. Anschütz, Drei Leitgedanken, S. 26
232 L. Curtius, Deutsche und antike Welt, S. 372
233 Kahl u. a., Die deutschen Universitäten, S. 3

234

234 ebd., S. 8 f.
235 ebd., S. 29
236 ebd., Wilhelm Kahl, S. 11
237 »Eiserne Blätter«, 12. 9. 1926
238 K. Vossler, Politik und Geistesleben, S. 11
238a L. Marcuse, Mein zwanzigstes Jahrhundert, S. 143
238b C. Schmitt, Der Begriff des Politischen, S. 13, 15, 17
239 B. Fischer-Wasels, Mittel und Wege zur Förderung der Wissen-
     schaft, S. 13
240 E. Krieck, Völkischer Gesamtstaat und nationale Erziehung, S. 44
241 ebd., zit. Vorwort
242 »Deutsche Akademiker-Zeitung«, 1. 11. 1931
243 H. Maync, Goethe und Bismarck, S. 15
244 R. Gradmann, Wissenschaft im Dienste der deutschen Volks-,
     politik, S. 18 f.
245 A. Fischer, Über Sinn und Wert geschichtlicher Bildung, S. 4
246 Lent, Hochschule und Politik, S. 18
247 E. Hoffmann, Die Freiheit der Forschung und Lehre, S. 21
248 E. Spranger, Mein Konflikt mit der nationalsozialistischen
     Regierung, S. 457
249 Ph. Kuhn, Die Führerfrage der Deutschen, S. 48 und S. 55
250 K. Mannheim, Mensch und Gesellschaft, S. 131 f.
251 E. R. Curtius, Deutscher Geist in Gefahr, S. 56 f.
252 Arnim/Below, Deutschnationale Köpfe, S. 21
253 Ph. Broemser, Über die Aufgaben der Hochschulen, S. 8
254 »Vossische Zeitung«, 28. 4. 1933; zit. E. Spranger, Mein Konflikt,
     S. 460
255 A. Rein, Die Idee der politischen Universität, S. 32 f.
256 E. Krieck, Die Erneuerung der Universität, S. 10.
257 A. Baeumler, Männerbund und Wissenschaft, S. 142
258 »Deutsche Akademiker-Zeitung«, 1. 4. 1933
259 ebd.
260 zit. H. Kohn, Wege und Irrwege, S. 24
261 zit. H. Lieber, in: Nationalsozialismus und deutsche Universität,
     S. 105 f.
262 zit. H. Kohn, Wege und Irrwege, S. 19
263 zit. K. O. Conrady, in: Germanistik, eine deutsche Wissenschaft,
     S. 74
264 zit. K. F. Werner, Das NS-Geschichtsbild, S. 45
265 Ph. Broemser, Über die Aufgaben der Hochschulen, S. 11
266 bei: J. Reinmöller, Ins Dritte Reich, S. 10
267 ebd., S. 3
268 H. Heyse, Über Geschichte und Wesen der Idee des Reiches, S. 24
269 H. Bornkamm, Die Sendung der deutschen Universität, S. 13

270 W. Goetz, Historiker in meiner Zeit, S. 268
271 M. J. Bonn, So macht man Geschichte, S. 344
272 E. Spranger, Mein Konflikt, S. 460
273 »Deutsche Allgemeine Zeitung«, 28. 4. 1933
274 E. Spranger, Mein Konflikt, S. 459
275 ebd., S. 470
276 L. Marcuse, Mein zwanzigstes Jahrhundert, S. 140
277 H. Driesch, Lebenserinnerungen, S. 279 f.
278 J. W. Mannhardt, Nationalsozialismus und Universität, S. 32
279 M. Heidegger, Die Selbstbehauptung der deutschen Universität,
     S. 14
280 Bekenntnis der Professoren, S. 14
281 ebd., S. 16
282 H. Achelis, Jahresbericht 1933
283 K. Escherisch, Termitenwahn, S. 13 f.
284 ebd., S. 20

Literaturverzeichnis

ACHELIS, Hans, Jahresbericht des abtretenden Rektors, 31. 10. 1933, Leipzig 1933

ANONYM: Freie Bahn dem Untüchtigen, in: Das Neue Tagebuch, H. 29, 25. 9. 1937

ANONYM (Christoph Emeritus): Hände weg von den Universitäten!, Freiburg 1919

ANRICH, Ernst, Universitäten als geistige Grenzfestungen, Stuttgart/Berlin 1936

ANSCHÜTZ, Gerhard, Drei Leitgedanken der Weimarer Reichsverfassung, Tübingen 1923

Appellation an den Geist der Nation wider den Geist der Universitäten, Hamburg 1863, aus:»Grenzboten«, Nr. 41, 42, 44/1862

ARNIM, Hans von / BELOW, Georg von, Deutschnationale Köpfe, 2. Aufl. Leipzig/Wien 1928

ARONS, Leo, Universitäten heraus!, Berlin 1918

Ausschuß für einen Deutschen Frieden, Unabhängiger, Gesammelte Aufrufe, Flugblätter, Flugschriften und Broschüren, 1915 ff.

BAEUMLER, Alfred, Männerbund und Wissenschaft, Berlin 1934

BAUCH, Bruno, Der Geist von Potsdam und der Geist von Weimar, Jena 1926

BAUCH, Bruno, Kultur und Nation, Langensalza 1929

BAUER, J., u. a., Die Erziehung im nationalsozialistischen Staat, Leipzig o. J.

BAUER, Karl Heinrich (Hrsg.), Vom neuen Geist der Universität, Berlin/Heidelberg 1947

BEBEL, August, Akademiker und Sozialismus, Berlin 1898

BECKER, Carl Heinrich, Gedanken zur Hochschulreform, Leipzig 1919

BECKER, Carl Heinrich, Kulturpolitische Aufgaben des Reiches, Leipzig 1919

BECKER, Carl Heinrich, Vom Wesen der dt. Universität, Leipzig 1925

Bekenntnis der Professoren an den deutschen Universitäten und Hochschulen zu Adolf Hitler und dem nationalsozialistischen Staat (hrsg. v. NS-Lehrerbund), Dresden Okt. 1933

BELOW, Georg von, Recht und Notwendigkeit der Deutschnationalen Volkspartei, Berlin 1919

BELOW, Georg von, Soziologie als Lehrfach, München/Leipzig 1920
BELOW, Georg von, Die parteiamtliche neue Geschichtsauffassung,
Langensalza 1920
BELOW, Georg von, Deutsche Reichspolitik einst und jetzt,
Tübingen 1922
BELOW, Georg von, Die Hemmnisse der politischen Befähigung der
Deutschen und ihre Beseitigung, Langensalza 1924
BELOW, Georg von, Eine Organisation gegen die rechtsstehenden Hoch-
schullehrer, in: Eiserne Blätter, 12. 9. 1926
BENZ, Richard, Schriften zur Kulturpolitik, Jena 1920
BERGMANN, Ernst, Fichte, der Erzieher zum Deutschtum, Leipzig 1915
BERGMANN, Ernst, Deutschland, das Bildungsland der neuen Mensch-
heit, Breslau 1933
BERGSTRAESSER, Arnold / PLATZ, Hermann, Jugendbewegung und Uni-
versität, Karlsruhe 1927
BERNHARD, Ludwig, Akademische Selbstverwaltung in Frankreich und
Deutschland, Berlin 1930
BETHE, Erich, Wissenschaft und Staat, Leipzig 1927
BINDER, Julius, Die Gerechtigkeit als Lebensprinzip des Staates,
Langensalza 1926
BLEUEL, Hans Peter / KLINNERT, Ernst, Deutsche Studenten auf dem
Weg ins Dritte Reich, Gütersloh 1967
BOEHM, Max Hildebert, Der Sinn der humanistischen Bildung,
Berlin 1916
BOEHM, Max Hildebert, Volksdeutsche Forderungen zur Hochschul-
erneuerung, Stuttgart 1933
BOELITZ, Otto, Der Aufbau des preußischen Bildungswesens nach der
Staatsumwälzung, Leipzig 1924
BOELITZ, Otto, Abbau oder Aufbau unseres Bildungswesens?,
Leipzig 1924
BONN, Moritz Julius, Die Auflösung des modernen Staates, Berlin 1921
BONN, Moritz Julius, So macht man Geschichte, München 1953
BORNHAK, Conrad, Die Rechtsverhältnisse der Hochschullehrer in
Preußen, Berlin 1901
BORNHAK, Conrad, Die Verfassung des Deutschen Reiches vom 11. Au-
gust 1919, München/Berlin/Leipzig 1921
BORNHAK, Conrad, Deutsche Geschichte unter Kaiser Wilhelm II.,
Leipzig/Erlangen 1921
BORNKAMM, Heinrich, Die Sendung der deutschen Universität in der
Gegenwart, Leipzig 1934
BRACHER, Karl Dietrich, Die Auflösung der Weimarer Republik,
Stuttgart 1960
BRACHER, Karl Dietrich / SAUER, Wolfgang / SCHULZ, Gerhard,
Die nationalsozialistische Machtergreifung, Köln/Opladen 1962

BRANDT, Otto, »Herr, mach uns frei!«, Erlangen 1929

BRANDT, Otto, Selbstbestimmungsrecht der Völker und Nationalitäts-prinzip, Erlangen 1930

BRAUN, Otto, Der Student und die neue Zeit, Stuttgart 1920

BREITSCHEID, Rudolf, Von der akademischen Freiheit, in: Das Freie Wort, Nr. 10, August 1908

BRENTANO, Lujo, Walther Rathenau und seine Verdienste um Deutsch-land, München 1922

BRENTANO, Lujo, Der Judenhaß, Berlin 1924

BRENTANO, Lujo, Mein Leben im Kampf um die soziale Entwicklung Deutschlands, Jena 1931

BROEMSER, Philipp, Über die Aufgaben der Hochschule im national-sozialistischen Reich, München 1939

BUMM, Ernst, Über das deutsche Bevölkerungsproblem, Berlin 1916

BUSCH, Alexander, Die Geschichte des Privatdozenten, Stuttgart 1959

BUSSMANN, Walter, Politische Ideologien zwischen Monarchie und Weimarer Republik, HZ Bd. 190/1960

COHN, Gustav, Universitätsfragen und Erinnerungen, Stuttgart 1918

COSACK, Konrad, Universitätsreform – Ein Programm, Jena 1921

CURTIUS, Ernst Robert, Deutscher Geist in Gefahr, Stuttgart/Berlin 1932

CURTIUS, Ludwig, Universitätsreform, in: Die Tat, H. 2, Mai 1914

CURTIUS, Ludwig, Deutsche und antike Welt, Stuttgart 1950

DACQUÉ, Edgar, Lebensform und Todesform der Hochschulwissenschaft, in: Deutsche Rundschau, Mai 1932

DELBRÜCK, Hans, Über den kriegerischen Charakter des deutschen Vol-kes, Berlin 1914

DESSAUER, Friedrich, Deutscher Weg seit 1918, Frankfurt/M. 1930

Die deutsche Freiheit. Fünf Vorträge (hrsg. v. Bund deutscher Gelehr-ter und Künstler), Gotha 1917

DIPPE, Alfred, Sozialismus und Philosophie auf den deutschen Univer-sitäten, Leipzig 1895

DITTRICH, Ottmar, Die neue Universität, Leipzig 1919

DOEBERL, M., u. a. (Hrsg.), Das Akademische Deutschland, 4 Bde., Berlin 1929 ff.

DOHNA, Alexander Graf zu, Die Revolution als Rechtsbruch und Rechts-schöpfung, Heidelberg 1923

DOHNA, Alexander Graf zu, Die Weimarer Reichsverfassung und die Krisis des Parlamentarismus, Karlsruhe 1927

DREVERMANN, Fritz, Universität und Gegenwart, Frankfurt/M. 1927

DRIESCH, Hans, Lebenserinnerungen, München/Basel 1951

DRYGALSKI, Erich von, Zeitfragen der Universität, München 1922

DYROFF, Adolf, Wege und Abwege der Universitätsreform, Karlsruhe 1928

DYROFF, Adolf, Vom Wesen der Universität, Karlsruhe 1928

Eckert, Christian, Die neue Universität, Köln 1921

Eckert, Christian, Alter und neuer Imperialismus, Jena 1932

Ehrenberg, Paul, Freiheit, Breslau 1930

Erhardt, Otto, Das Dienststrafverfahren gegen Hochschullehrer, Berlin 1932

Erklärung der Hochschullehrer des Deutschen Reiches (hrsg. v. Dietrich Schäfer), Berlin 1914

Erklärung deutscher Hochschullehrer zur Auslieferungsfrage: Für Ehre, Wahrheit und Recht, Berlin 1919

Escherisch, Karl, Termitenwahn, München 1934

Eulenburg, Franz, Der »akademische Nachwuchs«, Leipzig/Berlin 1908

Faber, Karl Georg, Realpolitik als Ideologie, HZ Bd. 203/1966

Fischer, Aloys, Über Sinn und Wert geschichtlicher Bildung in der Gegenwart, München 1932

Fischer, Eugen, / Krüger, Wilhelm, Reden zur feierlichen Rektoratsübergabe der Friedrich-Wilhelm-Universität zu Berlin am 1. April 1935, Berlin 1935

Fischer-Wasels, Bernhard, Mittel und Wege zur Förderung der Wissenschaft, Frankfurt/M. 1931

Flach, Johannes, Der deutsche Professor der Gegenwart, Leipzig 1886

Flexner, Abraham, Die Universitäten in Amerika – England – Deutschland, Berlin 1932

Foerster, Friedrich Wilhelm, Die deutsche Jugend und der Weltkrieg, Kassel 1915

Frank, Walter, Kämpfende Wissenschaft, Hamburg 1934

Franz, Ludwig, Der politische Kampf an den Münchener Hochschulen von 1929–1933 im Spiegel der Presse (ungedr. Diss.), München 1949

Freudenthal, Berthold, Der Student als Staatsbürger, Frankfurt/M. 1919

Freyer, Hans, Der Staat, Leipzig 1925

Freyer, Hans, Revolution von rechts, Jena 1931

Freyer, Hans, Das politische Semester, Jena 1933

Frick, Wilhelm, Student im Volk, Langensalza 1934

Friedländer, Otto, Die Hochschule im Volksstaat, Jena 1930

Frischeisen-Köhler, Max, u. a., Das englische Gesicht, Berlin/Wien 1915

Gehrig, Hans, Student und Vaterland, Leipzig 1919

Gerlach, Kurt A., Staat und Universität, in: Die Tat, H. 2, Mai 1914

Gerland, Heinrich, Die akademische Jugend und die Demokratie, Berlin 1919

Gerloff, Wilhelm, Wirtschaftswissenschaft und politische Bildung, Frankfurt/M. 1932

Germanistik – eine deutsche Wissenschaft. Beiträge von Eberhard Lämmert, Walther Killy, Karl Otto Conrady und Peter von Polenz, Frankfurt 1967

240

GIERKE, Otto von, Krieg und Kultur, Berlin 1914

GILG, Peter, Die Erneuerung des demokratischen Denkens im Wilhelminischen Deutschland, Wiesbaden 1965

GOETZ, Walter, Deutschlands geistiges Leben im Weltkrieg, Gotha 1916

GOETZ, Walter, Historiker in meiner Zeit, Köln/Graz 1957

GOLF, Arthur, Nationalsozialismus und Universität, Leipzig 1933

GRADMANN, Robert, Volkstum und Rasse in Süddeutschland, Erlangen 1926

GRADMANN, Robert, Die Wissenschaft im Dienste der deutschen Volkspolitik, Erlangen 1932

GRIEWANK, Karl, Staat und Wissenschaft im Deutschen Reich, Freiburg 1927

GRIEWANK, Karl, Deutsche Studenten und Universitäten in der Revolution von 1848, Weimar 1949

GRIMM, Jacob, Über seine Entlassung, Berlin 1945

GRIMME, Adolf, Rettet den Menschen, Braunschweig/Berlin/Hamburg 1949

GRIMME, Adolf / ZILIUS, Wilhelm (Hrsg.), Kulturverwaltung der Zwanziger Jahre, Stuttgart 1961

GROTJAHN, Alfred, Der Wehrbeitrag der deutschen Frau, Berlin 1915

GUMBEL, Emil Julius (Hrsg.), Freie Wissenschaft, Straßburg 1938

GUMBEL, Emil Julius, Die Gleichschaltung der deutschen Hochschulen, in: Freie Wissenschaft, Straßburg 1938

GUMBEL, Emil Julius, Arische Naturwissenschaft, in: Freie Wissenschaft, Straßburg 1938

GÜNTHER, Hans, Rassenkunde des deutschen Volkes, München 1922

HANFFSTENGEL, Georg von / HEZNER, Adolf, Die neuzeitlichen Aufgaben der deutschen Hochschulen, Berlin 1931

HAENISCH, K., u. a., Auf der Schwelle der neuen Zeit, Berlin 1919

HAENISCH, Konrad, Kulturpolitische Aufgaben, Berlin 1919

HAENISCH, Konrad, Die Not der geistigen Arbeiter, Leipzig 1920

HAENISCH, Konrad, Staat und Hochschule, Berlin 1920

HANNOVER, Heinrich / HANNOVER-DRÜCK, Elisabeth, Politische Justiz 1918–1933, Frankfurt 1967

HARMS, Bernhard, Universitäten, Professoren und Studenten in der Zeitwende, Jena 1936

HARNACK, Adolf von, Was wir schon gewonnen haben und was wir noch gewinnen müssen, Berlin 1914

HARNACK, Adolf von, Wilsons Botschaft und die deutsche Freiheit, in: Die deutsche Freiheit. Fünf Vorträge, Gotha 1917

HARTSHORNE, Edward Yarnall, The German Universities and National Socialism, London (1937)

HASBACH, Wilhelm, Der erste Hochschullehrertag, in: Die Zukunft, Nr. 48 v. 31. 8. 1907

HAUSHOFER, Karl, Erdkunde, Geopolitik und Wehrwissenschaft, München 1934

HEIDEGGER, Martin, Die Selbstbehauptung der deutschen Universität, Breslau 1933

HEINE, Wolfgang, Ein Ketzergericht, Stuttgart 1900

HELLMANN, Siegmund, Eine Bewegung der deutschen Hochschullehrer, in: Süddeutsche Monatshefte, H. 5/Mai 1908

HELLPACH, Willy, Die Parlamentskrise und die Verfassung von Weimar, Karlsruhe 1927

HEYSE, Hans, Die Idee der Wissenschaft und die deutsche Universität. Rektoratsrede 4. 12. 1933, Königsberg 1933

HEYSE, Hans, Über Geschichte und Wesen der Idee des Reiches, Königsberg 1933

HINTZE, Otto, Imperialismus und deutsche Weltpolitik, in: Die deutsche Freiheit. Fünf Vorträge, Gotha 1917

HINTZE, Otto / MEINECKE, Friedrich / ONCKEN, Hermann / SCHUMACHER, Hermann (Hrsg.), Deutschland und der Weltkrieg, Leipzig/Berlin 1915

HIPPEL, Ernst von, Der Sinn des Staates und die Lehre von den Staatsformen bei Platon, Langensalza 1927

HIPPEL, Ernst von, Die Universität im neuen Staat, Königsberg 1933

HIRSCH, Emanuel, Die Liebe zum Vaterlande, Langensalza 1924

HIRSCH, Paul, Für Republik und Demokratie! Gegen Reaktion und Terror!, Berlin 1919

HIRSCHFELD, Magnus, Kriegspsychologisches, Bonn 1916

HIS, Wilhelm, Bericht über das Amtsjahr 1928/29, Berlin 1929

HOFFMANN, Ernst, Die Freiheit der Forschung und Lehre, Heidelberg 1931

HOLLDACK, Felix, Die neue Universität, Dresden 1930

HOPPMANN, Karl, Proletarier und Akademiker – Wege zur neuen Front, in: Der Weltkampf, Mai 1929

HORNEFFER, August, Der Verfall der Hochschule, Leipzig 1907

HORNEFFER, Ernst, Der Sozialismus und der Todeskampf der deutschen Wirtschaft, Leipzig 1931

HOETZSCH, Otto, Politik im Weltkrieg, Bielefeld/Leipzig 1916

HOETZSCH, Otto, Deutsche Außenpolitik und nationale Opposition, Berlin 1926

HÜBNER, Rudolf, Widerstände gegen den Einheitsstaat, Jena 1929

JAEGER, Werner, Stellung und Aufgaben der Universität in der Gegenwart, Berlin 1924

JAENSCH, Erich Rudolf, Die Wissenschaft und die deutsche völkische Bewegung, in: Die deutsche Hochschule, H. 2, Marburg 1933

JAENSCH, Erich Rudolf, Zur Neugestaltung des deutschen Studententums und der Hochschule, Leipzig 1937

Jaspers, Karl, Die Idee der Universität, Berlin 1923

Jesinghaus, Walter, Unsere Universitätsprofessoren, Leipzig 1895

Kahl, Wilhelm, Geschichtliches und Grundsätzliches aus der Gedankenwelt über Universitätsreformen, Berlin 1909

Kahl, Wilhelm, Reden in der Deutschen Nationalversammlung, Berlin 1919/20

Kahl, Wilhelm / Meinecke, Friedrich / Radbruch, Gustav, Die deutschen Universitäten und der heutige Staat, Tübingen 1926

Kahler, Erich von, Der Beruf der Wissenschaft, Berlin 1920

Karo, Georg, Grundzüge der Kriegsschuldfrage, Halle 1925

Karo, Georg, Der geistige Krieg gegen Deutschland, Halle 1926

Kehr, Eckart, Der Primat der Innenpolitik, Berlin 1965

Kessel, Eberhard, Wilhelm von Humboldt, Stuttgart 1967

Klemperer, Klemens von, Konservative Bewegungen, München/Wien o. J.

Klose, Werner, Freiheit schreibt auf eure Fahnen, Oldenburg 1967

Knick, Arthur, Die Universität einst und jetzt, Leipzig 1937

Knittermeyer, Hinrich, Universitäts-Reform, Marburg 1919

Koch, Max, Richard Wagners geschichtliche völkische Sendung, Langensalza 1927

Kohn, Hans, Wege und Irrwege, Düsseldorf 1962

Kollmann, Eric C., Eine Diagnose der Weimarer Republik, HZ Bd. 182 / 1956

König, René, Vom Wesen der deutschen Universität, Berlin 1935

Kötschau, Karl, Zum nationalsozialistischen Umbruch in der Medizin, Stuttgart/Leipzig 1936

Kotowski, G. / Pöls, W. / Ritter, G. A., Historisches Lesebuch, Bd. 1 und 2, Frankfurt 1966/67

Kraepelin, Emil, Die Zukunft der deutschen Hochschulen, in: Süddeutsche Monatshefte XVII, 1919/20

Krieck, Ernst, Völkischer Gesamtstaat und nationale Erziehung, Heidelberg 1932

Krieck, Ernst, Die Erneuerung der Universität, Frankfurt/M. 1933

Krieck, Ernst, Wissenschaft, Weltanschauung, Hochschulreform, Leipzig 1934

Kuhn, Philaletes, Die Führerfrage der Deutschen, Stuttgart 1933

Kurucz, Jenö, Struktur und Funktion der Intelligenz während der Weimarer Republik, o. O. (Grote) 1967

Lent, Hochschule und Politik, Langensalza 1933

Lerner, Daniel, The Nazi Elite, Stanford/Cal. 1951

Leumann, Ernst, Religion und Universität, Frankfurt/M. 1902

Leyen, Friedrich von der, Deutsche Universität und deutsche Zukunft, Jena 1906

Leyen, Friedrich von der, Leben und Freiheit der Hochschule, Köln 1960

LILGE, Frederic, The Abuse of Learning, New York 1948

LINCK, Gottlob, Gedanken zur Universitätsreform, Jena 1919

LITT, Theodor, Nationale Erziehung und Internationalismus,
Berlin 1920

LITT, Theodor, Wissenschaft, Bildung, Weltanschauung, Leipzig 1928

LITT, Theodor, Die Stellung der Geisteswissenschaften im nationalsozialistischen Staate, Leipzig 1933

LUBARSCH, Otto, Zur Frage der Hochschulreform, Wiesbaden 1919

LÜBBE, Hermann, Politische Philosophie in Deutschland,
Basel/Stuttgart 1963

LUIBLE, Martin (Hrsg.), Beiträge zur Frage der Hochschulreform,
München 1931

MANIGK, Alfred, Revolution und Aufbau des Staates, Marburg 1930

MANNHARDT, Johann Wilhelm, Hochschule, Deutschtum und Ausland,
Marburg 1927

MANNHARDT, Johann Wilhelm, Hochschulrevolution, Hamburg 1933

MANNHARDT, Johann Wilhelm, Nationalsozialismus und Universität,
in: Die deutsche Hochschule, H. 1, Marburg 1933

MANNHEIM, Karl, Das konservative Denken, in: Archiv für Sozialwis-
senschaft und Sozialpolitik, Bd. 57/1927

MANNHEIM, Karl, Mensch und Gesellschaft im Zeitalter des Umbaus,
Darmstadt 1958

Marburger Hochschulgespräche, 12. bis.15. Juni 1946,
Frankfurt/M. 1947

MARCUSE, Ludwig, Mein zwanzigstes Jahrhundert, München 1963

MARSCHALL von BIEBERSTEIN, Fritz Frhr., Vom Kampf des Rechtes gegen
die Gesetze, Stuttgart 1927

MAYER, Ernst, Vom alten und vom kommenden Deutschen Reich,
Langensalza 1922

MAYER, Ernst, Vom Adel, Langensalza 1923

MAYER, Ernst, Kleinstadt und Großstadt, Langensalza 1926

MAYNC, Harry, Goethe und Bismarck, Marburg 1932

MEINECKE, Friedrich, Um welche Güter kämpfen wir?, Berlin 1914

MEINECKE, Friedrich, Die deutsche Erhebung von 1914,
Stuttgart/Berlin 1914

MEINECKE, Friedrich, Die deutsche Freiheit, in: Die deutsche Freiheit.
Fünf Vorträge, Gotha 1917

MEINECKE, Friedrich, Preußen und Deutschland im 19. und 20. Jahrhundert, München/Berlin 1918

MEINECKE, Friedrich, Nach der Revolution, München/Berlin 1919

MEINECKE, Friedrich, Drei Generationen deutscher Gelehrtenpolitik, in:
HZ 125 / 1922

MEINECKE, Friedrich, Republik, Bürgertum und Jugend,
Frankfurt/M. 1925

MEYER, Arnold Oskar, Versailles, München 1930

MEYER, Eduard, Deutschland und der Krieg, Berlin 1914

MEYER, Eduard, Rede bei Antritt des Berliner Rektorats, Berlin 1919

MOELLER van den Bruck, Arthur / GLEICHEM, Heinrich von / BOEHM, Max Hildebert (Hrsg.), Die neue Front, Berlin 1922

MOLISCH, Paul, Politische Geschichte der deutschen Hochschulen in Österreich von 1848 bis 1918, Wien/Leipzig 1939

MOMMSEN, Wilhelm, Größe und Versagen des deutschen Bürgertums, München 1964

MOMMSEN, Wolfgang J., Max Weber und die deutsche Politik 1890 bis 1920, Tübingen 1959

MOSSE, Werner E. (Hrsg.), Entscheidungsjahr 1932, Tübingen 1965

NAUMANN, Hans / LÜTHGEN, Eugen, Kampf wider den undeutschen Geist, Bonn 1933

NAWIASKY, Hans, Die Zukunft der politischen Parteien, München 1924

NAWIASKY, Hans, Die Stellung des Berufsbeamtentums im parlamentarischen Staat, München 1926

NAWIASKY, Hans, Die Münchener Universitätskrawalle, München 1931

NEUMANN, Friedrich, Deutsche Dichtung und deutsche Wirklichkeit, Göttingen 1933

NEUMANN, Friedrich / SOMMER, Otto, Die Aufgaben des Rektors in der deutschen Universität, Göttingen 1938

NIEKISCH, Ernst, Die Legende von der Weimarer Republik, Köln 1968

NORDEN, Eduard, Bericht über das Amtsjahr 1927/28, Berlin 1928

OEHLKERS, Friedrich, Gedanken zur Neuorientierung der Hochschulen, Leipzig 1918

ONCKEN, Hermann, Unser Reich, Heidelberg 1921

ONCKEN, Hermann, Festrede zur Jahrtausendfeier der Rheinlande, München 1925

ONCKEN, Hermann, Deutsche Vergangenheit und deutsche Zukunft, München 1926

OTTO, Rudolf, Sinn und Aufgabe moderner Universität, Marburg 1927

PAULSEN, Friedrich, Die deutschen Universitäten und das Universitätsstudium, Berlin 1902

PAULSEN, Friedrich, Die deutschen Universitäten und die Volksvertretung, Preuß. Jahrbücher, Bd. 89, H. 1

PAULSEN, Friedrich, Die höheren Schulen und das Universitätsstudium im 20. Jahrhundert, Braunschweig 1901

PAULSEN, Friedrich, Das moderne Bildungswesen, Berlin/ Leipzig 1904

PENCK, Albrecht, Über politische Grenzen, Berlin 1917

PIPER, Otto, Der politische Radikalismus auf den deutschen Hochschulen, in: Deutsche Rundschau, Febr. 1932

PLENGE, Johann, Der Krieg und die Volkswirtschaft, Münster 1915

PLENGE, Johann, Über den politischen Wert des Judentums, Essen 1920

PLESSNER, Helmuth, Das Schicksal deutschen Geistes im Ausgang seiner bürgerlichen Epoche, Zürich/Leipzig 1935

PREUSS, Eduard, Verbindung des Offizierskorps mit dem Geiste der Universität, in: Deutscher Volkswart, 1. H./1. Jg. 1913

PREUSS, Hans, Bericht über das Studienjahr 1922/23, Erlangen 1923

PREUSS, Hans, Dürers Christusidee, Erlangen 1928

PREUSS, Hugo, Das deutsche Volk und die Politik, Jena 1915

PROSS, Helge, Die Deutsche Akademische Emigration nach den Vereinigten Staaten 1933–1941, Berlin 1955

PULZER, Peter G. J., Die Entstehung des politischen Antisemitismus in Deutschland und Österreich 1867 bis 1914, Gütersloh 1966

RAAB, Friedrich, Politische Bildung auf deutschen Hochschulen, Berlin 1922

RADBRUCH, Gustav, Ihr jungen Juristen!, Berlin 1919

RADBRUCH, Gustav, Der innere Weg, Stuttgart 1951

REIN, Adolf, Die Idee der politischen Universität, Hamburg 1933

REIN, Wilhelm, Zur Neugestaltung unseres Bildungswesens, Jena 1917

REINER, Hans, Die Existenz der Wissenschaft und ihre Objektivität, Halle 1934

REINMÖLLER, Johannes, Ins Dritte Reich, Erlangen 1934

RICHTER, Werner, Wissenschaft und Geist in der Weimarer Republik, Köln/Opladen 1958

RIEDLER, Alois, Unsere Hochschulen und die Anforderungen des 20. Jahrhunderts, Berlin 1898

RIEHL, Alois, 1813 – Fichte – 1914, Berlin 1914

RITTERBUSCH, Paul, Idee und Aufgabe der Reichsuniversität, Hamburg 1935

ROETHE, Gustav, Wege der deutschen Philologie, Berlin 1923

ROTHENBÜCHER, Karl / SMEND, Rudolf / HELLER, Hermann / WENZEL, Max, Das Recht der freien Meinungsäußerung – Der Begriff des Gesetzes in der Reichsverfassung, Berlin/Leipzig 1928

ROTHFELS, Hans, Die Universitäten und der Schuldspruch von Versailles, Königsberg 1929

RÜHLMANN, Paul M., Wege zur Staatsgesinnung, Berlin 1919

RULAND, Ludwig, Die Vaterlandsliebe als sittliche Tugend, Würzburg 1923

RUST, Bernhard / KRIECK, Ernst, Das nationalsozialistische Deutschland und die Wissenschaft, Hamburg 1936

SALZ, Arthur, Für die Wissenschaft, München 1921

SAPPER, Karl Theodor, Das deutsche Reich und das deutsche Volk, Würzburg 1929

SCHAEDER, Erich, Universität und Reichsverfassung, Breslau 1929

SCHAEDER, Hans Heinrich (Hrsg.), Carl Heinrich Becker, Göttingen 1950

SCHÄFER, Dietrich, Mein Leben, Berlin/Leipzig 1926

246

SCHELER, Max (Hrsg.), Versuche zu einer Soziologie des Wissens,
München/Leipzig 1924
SCHELSKY, Helmut, Einsamkeit und Freiheit, Hamburg 1963
SCHENCK, Rudolf, Wissenschaftspolitik und Großwissenschaft,
Münster 1929
SCHIEMANN, Theodor, Deutschlands und Kaiser Wilhelms II. angebliche
Schuld am Ausbruch des Weltkrieges, Berlin/Leipzig 1921
SCHMEIDLER, Bernhard, Grundsätzliches zur Universitätsreform,
Leipzig 1919
SCHMIDT, Walter A. E., Die Freiheit der Wissenschaft, Berlin 1929
SCHMITT, Carl, Legalität und Legitimität, München 1932
SCHMITT, Carl, Der Begriff des Politischen, München 1932
SCHNABEL, Franz, Vom Sinn des geschichtlichen Studiums in der Ge-
genwart, Karlsruhe 1923
SCHNABEL, Franz, Zehn Jahre nach dem Kriege, Karlsruhe 1929
SCHNABEL, Franz, Deutsche Geschichte im Neunzehnten Jahrhundert,
4 Bde., Freiburg 1959
SCHOENBAUM, David, Die braune Revolution, Köln/Berlin 1968
SCHOEPS, Hans-Joachim, Metternichs Kampf gegen die Revolution,
in: HZ 205 / 1967
SCHREIBER, Georg, Die Not der deutschen Wissenschaft und der geisti-
gen Arbeiter, Leipzig 1923
SCHREIBER, Georg, Zwischen Demokratie und Diktatur, Münster 1949
SCHÜCKING, Walther, Die deutschen Professoren und der Weltkrieg,
Berlin 1915
SCHULTEN, Adolf, Held und Volk, Erlangen 1928
SCHULTZE, Walter / LÖHR, Hanns / RITTERBUSCH, Paul, Grundfragen der
deutschen Universität und Wissenschaft, Neumünster 1938
SCHÜRMANN, Artur (Hrsg.), Volk und Hochschule im Umbruch,
Oldenburg/Berlin 1937
SCHWABE, Klaus, Ursprung und Verbreitung des alldeutschen An-
nexionismus in der deutschen Professorenschaft im Ersten Welt-
krieg, in: VfZG 2/1966
SCHWABE, Klaus, Zur politischen Haltung der deutschen Professoren
im Ersten Weltkrieg, in: HZ 1961
SCHWARTZ, Eduard, Rede zur Reichsgründungsfeier der Universität
München am 17. 1. 1925, München 1925
SCHWARZ, Hermann, Ethik der Vaterlandsliebe, Langensalza 1922
SCHWARZ, Hermann, Weltgewissen oder Vaterlandsgewissen?,
Langensalza 1926
SEEBERG, Reinhold, Politik und Moral, Berlin 1918
SEEBERG, Reinhold, Die Universitätsreform im Licht der Anfänge
unserer Universitäten, Berlin 1919
SEEBERG, Reinhold, Wir heißen Euch hoffen, Berlin 1919

SEEBERG, Reinhold, Die Bildungshöhe des Akademikers und ihre Pflichten, Berlin o. J.

SEELIGER, Rolf (Hrsg.), Braune Universität – Deutsche Hochschullehrer gestern und heute, München 1964 ff.

SEILING, Max, Das Professorenthum, »der Stolz der Nation«?, Leipzig 1904

SERING, Max, Staat und Gesellschaftsverfassung bei den Westmächten und in Deutschland, in: Die deutsche Freiheit. Fünf Vorträge, Gotha 1917

SMEND, Richard, Deutsche Universität in Gefahr, in: Deutsche Juristenzeitung, 15. 1. 1932

SONTHEIMER, Kurt, Antidemokratisches Denken in der Weimarer Republik, München 1962

SPAHN, Martin, Denkrede am 50. Gedenktage der Reichsgründung, Köln 1921

SPANN, Othmar, Der wahre Staat, 4. Aufl., Jena 1938

SPECHT, Fritz, Politische Hochschule, Erlangen 1935

SPRANGER, Eduard, Wandlungen im Wesen der Universität seit 100 Jahren, Leipzig 1913

SPRANGER, Eduard, Das humanistische und das politische Bildungsideal im heutigen Deutschland, Berlin 1916

SPRANGER, Eduard, Hochschule und Staat, aus: »Der Staat«, Berlin 1928?

SPRANGER, Eduard, Über Gefährdung und Erneuerung der deutschen Universität, Leipzig 1930

SPRANGER, Eduard, Mein Konflikt mit der national-sozialistischen Regierung 1933, in: Universitas 5/1955

STAPEL, Wilhelm, Die Universität in Gefahr?, in: Zeitwende, März 1932

STAPEL, Wilhelm, Die Wiederherstellung der Universität, in: Deutsches Volkstum, 2. Juniheft 1932

STARK, Johannes, Adolf Hitler und die deutsche Forschung, Berlin 1934

STEDING, Christoph, Politik und Wissenschaft bei Max Weber, Breslau 1932

STERN, Fritz, Kulturpessimismus als politische Gefahr, Bern/Stuttgart/Wien 1963

TEWS, Johannes, Sozialdemokratie und öffentliches Bildungswesen, Langensalza 1921

THIESS, Karl, Universität im Kampf, Köln 1924

THIMME, Anneliese, Hans Delbrück als Kritiker der Wilhelminischen Epoche, Düsseldorf 1955

TÖNNIES, Ferdinand, Hochschulreform und Soziologie, Jena 1920

TÖNNIES, Ferdinand / PAULSEN, Friedrich, Briefwechsel 1876–1908, Kiel 1961

TOPITSCH, Ernst, Hegel und das Dritte Reich, in: Der Monat, H. 213, Juni 1966

Triepel, Heinrich, Staatsrecht und Politik, Berlin 1926

Triepel, Heinrich, Die Staatsverfassung und die politischen Parteien, Berlin 1928

Troeltsch, Ernst, Der Ansturm der westlichen Demokratie, in: Die deutsche Freiheit, Fünf Vorträge, Gotha 1917

Troeltsch, Ernst, Spektator-Briefe (hrsg. v. H. Baron), Tübingen 1924

Unger, Erich, Das Schrifttum zum Aufbau des neuen Reiches 1919–1. 4. 1934, Berlin 1934

Freie Universität Berlin, Nationalsozialismus und die deutsche Universität, Berlin 1966

Universität München, Die deutsche Universität im Dritten Reich, München 1966

Universität Tübingen, Deutsches Geistesleben und Nationalsozialismus, Tübingen 1965

Valentin, Veit, Das erste deutsche Parlament und wir, Leipzig o. J.

Valentin, Veit / Neubecker, Ottfried, Die deutschen Farben, Leipzig 1928

Valentin, Veit, Das Hambacher Nationalfest, Berlin 1932

Verhandlungen des 1. Dt. Hochschullehrertages zu Salzburg im Sept. 1907 (hrsg. von dem engeren Ausschuß für 1907/08), Straßburg 1908

Vierkandt, Alfred, Die sozialpädagogische Forderung der Gegenwart, Berlin 1920

Vossler, Karl, Die Universität als Bildungsstätte, München 1923

Vossler, Karl, Politik und Geistesleben, München 1927

Vossler, Otto, Humboldts Idee der Universität, in: HZ 178, 1954

Waentig, Heinrich, Zur Reform der deutschen Universitäten, Berlin 1911

Waentig, Heinrich (Hrsg.), Die Entwicklungsgeschichte der großen politischen Parteien in Deutschland, Bonn und Leipzig 1922

Wandel, Paul, Der deutsche Imperialismus und seine Kriege – das nationale Unglück Deutschlands, (Ost-)Berlin 1955

Weber, Marianne, Max Weber, Heidelberg 1950

Weber, Max, Wissenschaft als Beruf, München/Leipzig 1919

Weber, Max, Politik als Beruf, 3. Aufl., Berlin 1958

Weil, Hans, Die Entstehung des deutschen Bildungsprinzips, Bonn 1930

Weinreich, Max, Hitler's Professors, New York 1946

Weller, Maximilian, Nationalsozialistische Universitätsreform und Philosophische Fakultäten, Köln 1933

Werner, Karl Ferdinand, Das NS-Geschichtsbild und die deutsche Geschichtswissenschaft, Stuttgart 1967

Wickert, Lothar, Theodor Mommsen und Jacob Bernays, in: HZ 205/ 1967

Wilamowitz-Moellendorff, Ulrich von, In den zweiten Kriegswinter, Berlin 1915

WILAMOWITZ-MOELLENDORFF, Ulrich von, Erinnerungen 1848–1914, Leipzig 1928

WITZMANN, Georg, Probleme des Bildungswesens im Lichte Thüringischer Kulturpolitik, Gotha/Stuttgart 1925

WOLF, Heinrich, Wenn ich Kultusminister wäre!, Leipzig 1919

WOLFF, Emil, Über den Beruf der deutschen Universitäten in der Gegenwart, Hamburg 1923

WOLTERS, Friedrich, Vier Reden über das Vaterland, Breslau 1927

WOLZENDORFF, Kurt, Die Universität in der Demokratie, Frankfurt/M. 1919

WUNDERLE, Georg, Universität und Erziehung zum geistigen Führertum, Würzburg 1933

WUNDT, Max, Vom Geist unserer Zeit, München 1920

WUNDT, Max, Der ewige Jude, München 1926

WUNDT, Max, Deutsche Weltanschauung, München 1926

ZAHN, Gustav von, Was ist des Deutschen Vaterland?, Jena 1927

ZUCKMAYER, Carl, Als wär's ein Stück von mir, Frankfurt/M. 1966

Personenregister

Gothein, Eberhard 61, 74
Göttinger Sieben (W. Albrecht,
F. C. Dahlmann, H. Ewald, G.
G. Gervinus, J. u. W. Grimm,
W. Weber) 23ff., 193
Gradmann, Robert 202
Greil, Max Richard 148f., 151
Grimm, Hans 201
Grimm, Jacob 24ff., 45, 62, 70,
123, 226
Grimm, Wilhelm 24, 123
Gruber, Max von 91
Gumbel, Emil Julius 157ff.
Gundolf, Friedrich 193
Günther, Hans F. K. 188

Haase, Hugo 153f.
Haeckel, Ernst 75, 151
Haenisch, Konrad 121, 126,
128ff., 141ff., 163
Haller, Johann 90f.
Hampe, Karl 83
Hansen, Johannes 92
Harnack, Adolf von 80, 82, 194
Hauff, Wilhelm 123
Haushofer, Karl 222
Häusser, Ludwig 29
Haußner, Robert 150
Hegel, Georg Wilhelm Friedrich
14
Heidegger, Martin 222f.
Heine, Wolfgang 53
Hellpach, Willy 154, 159, 194
Henkel, Max 151
Herder, Johann Gottfried 202
Herkner, Heinrich 194
Heuss, Theodor 98
Heß, Moses 105
Heyse, Hans 215
Hindenburg, Paul von 94, 155,
180, 221
Hintze, Otto 83
Hirsch, Emanuel 223
His, Wilhelm 188

Hitler, Adolf 208, 215, 221ff., 224
Hoetzsch, Otto 85f., 90, 105, 122
Hoffmann, Adolf 128ff.
Hoffmann, Ernst 144, 204
Holstein, Günther 175f.
Horkheimer, Max 220
Horneffer, August 58
Horneffer, Ernst 178f.
Hugenberg, Alfred 221
Humboldt, Wilhelm von 11ff., 58
Husserl, Edmund 91, 222

Immendörfer, Benno 146

Jaensch, Erich Rudolf 201, 222
Jahn, Friedrich Ludwig 123
Jaspers, Karl 7, 159, 169f., 226
Jordan, Silvester 20

Kaehler, Siegfried 194
Kästner, Erich 210
Kahl, Wilhelm 63, 100, 194
Kantorowicz, Hermann 145f.,
161
Kapp, Wolfgang 134, 141f.
Kaufmann, Georg 64, 76
Kerschensteiner, Georg 201
Kessler, Gerhard 216
Kessler, Hans 220
Keyser, Erich 214
Kjellén, Rudolf 78
Klein, Emil 149
Knittermeyer, Hinrich 128
Koellreutter, Otto 154, 194, 215
Kohler, Josef 90
Köhler, Wolfgang 220
Kollmann, Eric 108
Korsch, Karl 148f.
Kotzebue, August von 20
Kraepelin, Emil 165
Krieck, Ernst 201f., 211
Krupp, Alfred 49
Kuhn, Philaletes 205
Kulenkampff, Gustav 91

The Academic Profession

An Arno Press Collection

Annan, Noel Gilroy. **Leslie Stephen:** His Thought and Character in Relation to His Time. 1952

Armytage, W. H. G. **Civic Universities:** Aspects of a British Tradition. 1955

Berdahl, Robert O. **British Universities and the State.** 1959

Bleuel, Hans Peter. **Deutschlands Bekenner** (German Men of Knowledge). 1968

Bowman, Claude Charleton. **The College Professor in America.** 1938

Busch, Alexander. **Die Geschichte des Privatdozenten** (History of Privat-Docentens). 1959

Caplow, Theodore and Reece J. McGee. **The Academic Marketplace.** 1958

Carnegie Foundation for the Advancement of Teaching. **The Financial Status of the Professor in America and in Germany.** 1908

Cattell, J. McKeen. **University Control.** 1913

Cheyney, Edward Potts. **History of the University of Pennsylvania:** 1740-1940. 1940

Elliott, Orrin Leslie. **Stanford University:** The First Twenty-Five Years. 1937

Ely, Richard T. **Ground Under Our Feet:** An Autobiography. 1938

Flach, Johannes. **Der Deutsche Professor der Gegenwart** (The German Professor Today). 1886

Hall, G. Stanley. **Life and Confessions of a Psychologist.** 1924

Hardy, G[odfrey] H[arold]. **Bertrand Russell & Trinity:** A College Controversy of the Last War. 1942

Kluge, Alexander. **Die Universitäts-Selbstverwaltung** (University Self-Government). 1958

Kotschnig, Walter M. **Unemployment in the Learned Professions.** 1937

Lazarsfeld, Paul F. and Wagner Thielens, Jr. **The Academic Mind:** Social Scientists in a Time of Crisis. 1958

McLaughlin, Mary Martin. **Intellectual Freedom and Its Limitations in the University of Paris in the Thirteenth and Fourteenth Centuries.** 1977

Metzger, Walter P., editor. **The American Concept of Academic Freedom in Formation:** A Collection of Essays and Reports. 1977

Metzger, Walter P., editor. **The Constitutional Status of Academic Freedom.** 1977

Metzger, Walter P., editor. **The Constitutional Status of Academic Tenure.** 1977

Metzger, Walter P., editor. **Professors on Guard:** The First AAUP Investigations. 1977

Metzger, Walter P., editor. **Reader on the Sociology of the Academic Profession.** 1977

Mims, Edwin. **History of Vanderbilt University.** 1946

Neumann, Franz L., et al. **The Cultural Migration:** The European Scholar in America. 1953

Nitsch, Wolfgang, et al. **Hochschule in der Demokratie** (The University in a Democracy). 1965

Pattison, Mark. **Suggestions on Academical Organization with Especial Reference to Oxford.** 1868

Pollard, Lucille Addison. **Women on College and University Faculties:** A Historical Survey and a Study of Their Present Academic Status. 1977

Proctor, Mortimer R. **The English University Novel.** 1957

Quincy, Josiah. **The History of Harvard University.** Two vols. 1840

Ross, Edward Alsworth. **Seventy Years of It:** An Autobiography. 1936

Rudy, S. Willis. **The College of the City of New York:** A History, 1847-1947. 1949

Slosson, Edwin E. **Great American Universities.** 1910

Smith, Goldwin. **A Plea for the Abolition of Tests in the University of Oxford.** 1864

Willey, Malcolm W. **Depression, Recovery and Higher Education:** A Report by Committee Y of the American Association of University Professors. 1937

Winstanley, D. A. **Early Victorian Cambridge.** 1940

Winstanley, D. A. **Later Victorian Cambridge.** 1947

Winstanley, D. A. **Unreformed Cambridge.** 1935

Yeomans, Henry Aaron. **Abbott Lawrence Lowell:** 1856-1943. 1948